JN047313

鈴木健人

封じ込めの地政学

冷戦の戦略構想

中公選書

はじめに

日本は今、重大な岐路に立たされている。第二次大戦後に出現し、日本も大きな恩恵を受けてきた「リベラルな国際秩序」が重大な挑戦を受けているのだ。ウクライナ戦争に示されているロシアの行動や中国の擡頭である。

二〇二二年二月に開始されたロシアによるウクライナへの軍事侵攻は全世界に衝撃を与えた。それまでにもロシアによる強引なクリミア半島「併合」は世界で問題視されていた。しかし全面的な軍事侵攻は文字通り一夜にして世界を変えたのである。第二次大戦後、冷戦期においてさえ発生しなかった大規模な武力紛争がヨーロッパで発生したのだ。

その一方で、アジア太平洋地域では中国の「挑戦」が続いている。ロシアによるウクライナ侵攻と同時並行的に、中国による台湾「解放」という名の軍事侵攻が発生する可能性がクローズ・アップされた。ユーラシア中心部に存在しているロシア及び中国と、その周辺部に位置するヨーロッパ諸国と日本との対立や、ユーラシア周辺部に同盟国を持つアメリカとの対立が深まっている。世界は再び二つに分かれるのかもしれない。さらに問題を複雑にしているのは、欧米諸国でポピュリズムによる政治が広がっていることだ。民主主義の本拠地で民主主義が危険にさらされている。

様々なリスクを抱えながらも、日本、アメリカ、イギリス、EU諸国、東南アジア、インドなど民主主義と市場経済という共通の価値観を持つ国々の全世界的な連携が重要になっている。日本は新しい状況のなかで自ら新しい戦略を創造し、国際的に生起しつつある「力の配分」の変化が、自国の安全や繁栄を脅かさないような方策を考え、それを実行しなければならない。

そのことは、どのような戦略構想をもって現在の厳しい事態に対応していくかが問われていることでもある。単に防衛力を強化するなどの政策を実行するだけでなく、どのような秩序の形成をめざすかという構想力の問題でもある。

そのような問題意識から、本書は冷戦初期に注目しつつ三つの課題に取り組んでいる。

- 新秩序形成に当たって、アメリカの地政学的条件は、どのようなものだったのか。
- ケナンの封じ込め構想とはどのようなものであったのか。
- 封じ込め構想に基づくアメリカの世界戦略はどのように展開されたのか。

現在の厳しい状況を見たとき、第二次大戦後にアメリカが封じ込め政策を展開したことが、一つの歴史的教訓となるかもしれない。当時アメリカは、その歴史上初めて世界的な超大国となり、世界秩序の維持に直接大きな役割を果たすことになった。建国の父たちの遺訓や孤立主義の伝統を離れて、新しい戦略を創造しようとした。そうしたとき、ジョージ・ケナンという人物が封じ込め構想という新しい構想を打ち出し、それがアメリカ世界戦略の形成と実践に大きな影響を与えた。

しかも封じ込め構想の背景には、地政学的な発想があった。現在、学問としての地政学は復権が進んでいる。本書ではマッキンダーとスパイクマンという、英米系の地政学者の理論を活用しながら、ケナンの構想とアメリカの世界戦略の展開を把握しようとしている。これらを再吟味し、日本が現在置かれている状況の中で生き抜いていくための戦略を考えるための糧としたい。

ウクライナ戦争がどのような形で終結するか、現時点ではまだわからないが、終結した暁には必ず世界秩序の再建もしくは再編が大きな問題となるであろう。そのとき、冷戦初期のアメリカがそれまでの伝統を離れて、新しく秩序形成に取り組んだ歴史を振り返ることは、大きな意義があると思われる。日本も第二次大戦後の安保外交政策を転換させ、たとえ戦後の伝統から離れるとしても、自ら戦略を考えねばならない。もちろん自由、民主主義、基本的人権の尊重などの基本的価値観を維持し、さらに発展させなければならないが、安全保障問題については、戦後の伝統から離れる面が出てくるかもしれない。困難な状況の中で生存を維持し、今後三〇年、五〇年という長期にわたって安全を確保するための戦略を考える必要がある。第二次大戦直後から冷戦初期にかけてのアメリカ外交戦略を振り返ることで、日本の将来戦略を考えるための材料を提供したい。

本書は、大国が秩序形成に向けて模索する過程を、ケナンの封じ込め構想を軸にして考えてみようとするものである。

目次

序章

1　大戦略（世界戦略）と地政学

大戦略とは何か

戦争や国際的大変動にあたって、あるいは平時においてさえ、国家は戦略を持たなければならない。ここで言う国家とは、政治的、経済的、社会的、文化的な一体感を持つ人々から構成される共同体としておく。また戦略とは、単なる軍事戦略ではない。本書で扱うのは、いわゆる大戦略（Grand Strategy）のことである。世界戦略と言ってもよい。国家の持つ最高度の戦略であり、政治、経済、軍事などすべての活動領域を包摂し、長期的に国家の安全と繁栄を確保するための、総合的なプランのことである。大戦略の失敗は、文字通り国家の命運に関わる。無謀な戦争に突入して大敗北を喫した歴史を持つ日本にとって、その意義を理解することは切実な課題であろう。

二一世紀に入って二〇年が経過した現在、国際社会は巨大な変動期を迎えている。アメリカを中心としたリベラルな国際秩序が、ロシアと中国から重大な挑戦を受けているのだ。二〇二二年二月に開始された、ロシアによるウクライナ侵攻は、既存の国際秩序に対する正面からの挑戦である。また中国は、ユーラシア大陸やインド洋（「一帯一路」）、南シナ海や東シナ海だけでなく、太平洋島嶼諸国へも影響力を拡大しようとしており、アジア太平洋地域で力を背景とした影響力の拡大を図っている。世界は再び大国間競争の時代に入った。日本は否応なく、こうした権力政治の真っただ中に置かれている。日本、アメリカ、西欧など、自由と民主主義という価値観を共有する西側諸国は、再びロシアや中国を封じ込めなければならないのかもしれない。

大戦略とは、まず国家の達成すべき目的と、それを実現するための手段の間で、何らかの折り合いをつけることである。目的は手段と釣り合ったものでなければならない。目的は国家が達成したい願望を含んでおり、願望は無限に拡大させることができる。しかし、国家が現実に持っている手段は有限であり、限りある手段を用いて達成できる目的は限定されることになる。

次に重要な点は、国際環境は常に動いており、常に変容していくということである。むしろ常に変容するのが国際政治の本質だと言ってもよい。大戦略は変容を常とする国際環境の中で、国家の向かうべき方向を定めるものであり、長期的なヴィジョンを提供してくれる。だがそれと同時に、国家は短期的で突発的な事件にも対応しなければならない。明確な大戦略を持っている国家は、単にその都度起こる出来事に対応するだけではない。突発事態に対応しながらも、長期的で基本的な方向性は変化させることなく、追求していくことができる。そうした国家は、その場しのぎの対応しかできない国家よりも、長期的に有利な位置を占めることができるようになるであろう。

イギリスのソールズベリー侯が言ったように、「あらかじめ決まった政策のようなものは存在しない。なぜなら政策というものは、あらゆる有機体がそうであるように、常に生成の途中にある」からである。そのために必要なのは、現状に対する適切な認識と、自国の目標達成に関する現実的な評価である。孫子の「彼を知り己を知れば……」である。だが実際の政策決定では、計算違いや誤判断、誤認識が避けられない。優れた大戦略は、政策決定者がある程度のミスをしても、それが致命的にならないような方向性を示すものである。なお大戦略というと、戦争に勝つためという印象を与えるかもしれないが、そうではない。大戦略は戦争に勝つために考えられるだけではなく、むしろ戦争を避けるために考えられるものである。

ではどのようにしたら大戦略を学ぶことができるのであろうか。研究者は、次のような四つの視座があると指摘している。第一に歴史家による歴史的アプローチである。歴史を振り返り、そこから帰納的に教訓を得ようとする。第二が社会科学者によるアプローチである。まず理論を立て、それを現実に当てはめて考えるという演繹的な手法を取る。第三が、実際の政策決定者によるアプローチである。キッシンジャーのように実際の政策決定に参加した人物が語っていることに注目する。第四が軍事戦略家によるアプローチである。視野はやや狭いが、実際に戦争することを念頭に置いて戦略を考えるので、大戦略を考えるうえで極めて重要な役割を果たす。

ここで、社会科学者でもあり軍事戦略家でもあるロバート・アートが、二〇〇三年の自著で提示したアメリカの大戦略を見てみよう。アートはまずアメリカの国益を考え、それを守るために実現可能な三つの大戦略を提示している。アメリカの国益とは次のようなものである。（1）アメリカ本土への攻撃を防止すること。（2）ユーラシアにおける大国の戦争を防止すること。また可能であれば、そうした戦争を起こしやすくする安全保障上の厳しい競争も防止すること。（3）適正な価格による石油入手のアクセスを確保するとともに、その安定供給を保つこと。（4）開かれた国際経済秩序を維持すること。（5）民主政治の拡大と、海外における人権の尊重を広めるとともに、内戦におけるジェノサイドや大量殺戮を防止すること。（6）地球環境を保護すること。とりわけ地球温暖化や過酷な気候変動をもたらす悪影響から保護すること。

これらの国益を守るための、現実的な大戦略は、次の通りである。

- 孤立主義　ほとんどの戦争について局外に立ち、行動の自由を確保する。
- オフショアバランシング　ほとんどの戦争について局外に立つが、台頭するユーラシアの覇権国を無力化する。
- 選択的関与　大量破壊兵器（核・化学・生物）の拡散防止と、大国間の平和維持に加えて、エネルギー安全保障を確保する。

これらは、当時の「アメリカ一極支配」状況と「9・11」の影響を反映している。アート自身も認めているように、これらの国益は「レアルポリティーク」つまりは現実主義と、リベラルな国際主義者の主張が混ざり合っている。二〇〇三年当時のアメリカの国力と軍事力が卓抜していた状況を反映し、また他に強力な大国が出現していない国際環境を前提とした大戦略となっている。

こうした社会科学的アプローチは、様々に異なる状況を一般化し、非常にスマートな理論を作り上げている。その意味で大国の大戦略を考えるうえで、何が必要であり、どのような戦略が可能になるかを明快に語っている。だが、理論的に「きれいに」できているだけに、歴史的に展開される複雑で多様な要因に対する切込みが足りない面も出てくる。こうした観点から、大戦略を研究する人たちは、歴史の重要性を強調している。大戦略の立案や実行、その成功や失敗など、時代や状況に応じて様々な問題を検証し、それを現在の政策立案に生かしたいと考えるからである。

無論、過去を学んだからといって、それが現在や未来に直接当てはまるわけではない。だが歴史は「繰り返さないが、しばしば韻を踏む」と言われる。過去の出来事や、政策決定者の思想や行動や判断を研究することで、現在と将来に向けての教訓を引き出すことができる。優れた大戦略を生み出すための研究は、GDPの規模や国防費の額など、ある程度まで客観的な指標を使って科学的に行うことができる。しかしその一方、究極的には技芸（アート）や「わざ」としての領域があり、それを見極めるには歴史を研究するしかないのだ。

「地政学」の考え方

大戦略を考えるうえで、GDPや国防費とは別次元で客観的な認識に耐えるものがある。それは地理である。プレートテクトニクスの理論によれば、大陸も数億年あるいは数千万年で移動するらしい。しかし、人間が地上で活動する数十年、あるいは歴史を刻んできた数千年という単位で見れば、おおむね地理は不動のものとして、つまり所与の環境として考えてよいだろう。日本はユーラシア大陸の東端で、大陸とは切り離されている島国である。イギリスも同大陸の西端で、やはり大陸とは切り離されている島国である。こうした地理的条件は、大戦略を考えるときに所与の環境として考えることができる。

また地理的に、ある地域にはある種の天然資源が豊富に産出し、ある地域では不毛な砂漠が広がっている。工業が発達している地域もあれば、農業が主要な産業である地域もある。こうした地理的条件は、大戦略を考えるうえでの客観的な条件として認識することができる。ただし農工業の発達は、数年もしくは数十年で変化する可能性があることには留意が必要である。灌漑によって不毛な土地が農産地となったり、鉄道や道路の開通によって未開の地に人が住むようになったりする。

こうしたことを前提にしたうえで、地理を政治的に認識し解釈することも可能であることが思い起こされる。いわゆる「地政学」であり、あるいは地政学的な視点である。「地政学」は、ナチ・ドイツの対外的イデオロギーであった「生存圏」の考え方を正当化したため、第二次大戦後は正規の学問として認知されなくなった。だが近年、見直しが進んでおり、政策決定者の間だけでなく、学問としても認知されるようになっている。

地政学は人文地理学の一分野であり、人文地理の視点から国際政治と地理がどのように関わるかを理解させるものである。人文地理学は、「[ある特定の] 場所を特徴づけ、[その] 場所と [別の] 場所の間のつながりと相互作用を生み出すものに関する体系的研究」として定義される。そして、ある特定の場所の特徴を認識するということは、「西ヨーロッパ」などという場合の地域や、一つ一つの国家という領域を認識することにつながる。さらに領域は何らかの政治的コントロールを必要とし、政治という権力の行使は領域を必要とする。このように考えると、「地政学は領域をコントロールし、それを求めて競争する国家の実践である」ともいえる。また地政学は、一定のイメージを作り出す。領域や人々を分類することによって、「地政学は世界を『見る』一つの見方」となる。

さらに最近では、フェミニズムの視点から、地政学に対する批判も展開されている。地政学は、男性中心主義的な理論と実践であるというのである。確かに二〇世紀初頭から中期にかけての地政学の理論家たちは、西欧やアメリカに暮らし、社会的にもエリート層に属する白人男性たちであった。フェミニストの批判によれば、すべての知識は「状況依存的」であり、したがって「部分的」である。「状況依存的」とは、ある種の知識がどのように獲得されたかは、その知識を持つ者の立場や、その者が置かれた状況や観点に依存していることを意味する。当時の地政学者たち、すなわち二〇世紀半ばまでの米英の軍事外交エリート層は、世界全体を理解していると考えていたが、実は米英を中心にした観点から世界を部分的に理解しているに過ぎなかったということになる。これに対して、現在の地政学は単に国家同士の競争だけを扱う学問ではなくなっている。都市内の人種対立や、NGOの活動やテロリストの活動、民間企業の活動なども領域のコントロールに関与しているという意味で、地政学の対象に含まれている。現在の地政学は多様な課題を扱う学問となったのである。

本書は、第二次大戦後のアメリカの大戦略（世界戦略）が主要なテーマなので、二〇世紀に活躍した地政学者や政策決定者の認識や構想を扱っている。ある特定の国家は、自分が持つ大戦略の観点から地理を理解し、戦略的な意味を把握して、それに基づいて世界や各地域を対象にした戦略を実行する。本書はそのような立場から、特定の場所の性質と、特定の場所の外部世界との関係を、国家による権力の行使という視点から考えていく。その意味で伝統的な地政学の見方を受け継いでいるが、同時にすべての知識が「状況依存的」であるという点を忘れないようにしたい。つまり地理が国家の戦略をすべて決定するわけではないということだ。

なおすべての知識が「状況依存的」であるとしても、ある特定の国家が置かれた地理的条件が、極めて強力な「構造」になる場合があることも忘れてはならない。地理は、主体的行為者としての政策決定者が、何らかの行為をするにあたっての制約として機能する「構造」となる場合がある。たとえばスイスの政策決定者が、巨大な海軍を建設し世界的な海洋戦略を展開するということは、スイスの地理的位置を考えれば、あり得ない。これはあくまで極端な事例だが、国家が領域を持ち、それによって地理的な制約を受けている以上、地理は「構造」として主体的行為者の行為を限定する。この意味で、地理が戦略を規定する場合があることも確かなことである。

国家の大戦略の変化によって、地理的条件に対する意味づけが変化する場合もあれば、地理的条件が大戦略のあり方を規定する場合もある。こうした双方向的なものとして地政学を把握しておきたい。いずれにせよ地政学的な見方が、軍事や外交を考えるうえで重要であることは否定できない。つまり国家の大戦略を考えるとき、地政学的な視点が必要になるのである。

日本列島は、自然地理的にはアジア大陸の外縁部に位置する島かもしれないが、地政学的には異なる解釈が可能になる。一つは、自然地理と同様の視点から、日本を、中国やロシアなどの大陸国家が太平洋に進出するための前進基地として把握する立場である。もう一つは、日本を中国やロシアが太平洋に進出することを妨害する前進基地と考える立場である。後者は、遥か太平洋を隔てたアメリカから見た地政学的視点である。また、日本の政治、経済的活動や外交的な立ち位置は、アメリカとの協調を選択しているため、日本自身も、自らを大陸に対する前進基地として認識し、大陸からの軍事的脅威をどのようにして排除するかが大戦略の基本となる。

本書が参考にする二〇世紀の地政学者たちは、一様に歴史の重要性を強調するとともに、自分たちの「理論」を展開するにあたっても歴史の先例や事例を多く活用している。また現代の大戦略（世界戦略）を考える研究者たちも、歴史を学ぶことの重要性を繰り返し強調している。本書でも既に触れたが、歴史は「韻を踏む」。また、歴史的感覚を養うことで、不確かな未来への方向性を見定め、不測の事態が起こっても長期的な視点から対応することが可能になるのである。

2　第二次大戦期アメリカの大戦略

チャーチルとルーズヴェルトの思惑

現代の戦略研究家たちは、様々な歴史的事例に注目しながら大戦略の研究を進めているが、本書は一九四六年から四七年にかけてジョージ・ケナンが提示し、冷戦期におけるアメリカの大戦略となったソ連封じ込め戦略を主要なテーマとしている。そこで、封じ込め戦略の前段階として、第二次大戦期にアメリカやイギリスがどのような大戦略を構想し、それを実践しようとしたかを見ておくことにしたい。また日本人にとっても、第二次大戦という歴史的事例は馴染みのあるものであり、それを検討することで、大戦略の成功や失敗に関する視座を獲得することができるであろう。

一九四一年（昭和一六年）一二月八日（アメリカ時間七日）、日本海軍空母機動部隊はハワイ真珠湾を奇襲攻撃し、アメリカ太平洋艦隊に甚大な損害を与えた。この攻撃により、アメリカは第二次大戦に参戦することになり、欧州の戦争とアジア太平洋の戦争が一体のものとなった。日独伊を中心とする枢軸国陣営と米英ソ中を中心とする連合国陣営が壮絶な戦いを繰り広げることになったのである。

イギリス首相チャーチルは、ハワイ攻撃のニュースを聞いて、大喜びした。「これでわれわれは戦争に勝った！」と叫んだという。チャーチルは、アメリカの南北戦争が最後の最後まで死にものぐるいで戦われたことを知っていた。チャーチルの記憶にあるのは三〇年以上も前に、エドワード・グレイが彼に言った言葉だった。「アメリカは巨大なボイラーのようなものだ。いったん火が付いたら、それが生み出す力には限界がない」。だがアメリカという「ボイラー」に火を付けるには時間がかかった。チャーチルは何とかしてアメリカを第二次大戦に引っ張り込もうとしていたが、ルーズヴェルト大統領は米国内の世論に配慮して慎重な態度を取り続けた。だが日本のおかげでチャーチルはアメリカの参戦という目的を達成することができた。「ボイラー」に火が付いたのである。アメリカは南北戦争のときのように、最後の最後まで戦い、連合国側に勝利をもたらすであろう。

真珠湾攻撃のときまで、イギリスはヨーロッパでナチ・ドイツに対して孤独な戦いを強いられていた。しかし今やアメリカがイギリスの側に立って参戦することになった。真珠湾の半年前には、既に独ソ戦が始まっており、米英両国はソ連を支援していた。こうした世界の状況を考えたとき、チャーチルは急激な事態の展開に興奮し疲れてはいたが、「救われた、感謝に満ちた念で眠り」につくことができたのだった。大戦略の感覚を持ち、歴史に造詣の深いイギリス人政治家は、日本人が「勝った！　勝った！」と言って大騒ぎしているとき、既に枢軸国側の敗北を確信していたのである。

日本の攻撃を受けたアメリカのルーズヴェルトの方は、早い時期から参戦の道を探っていた。だが、国内の孤立主義の世論に配慮せざるを得ず、なかなか参戦することができないでいた。この時期の大戦略を研究したジョン・ルイス・ガディスによれば、ルーズヴェルトは三つのことを待っていたという。第一は、特定の同盟国に限定的な援助を与えつつ、景気回復につながる再軍備を進めること。しかもその間に、国民には参戦しないという希望を抱かせておく（ただし参戦しないという約束はしない）。第二は、確実にソ連を生き残らせ、大陸の同盟国にすること。ソ連は、その周辺国であるドイツと日本によって挟まれ重大な脅威を受けていた。だが、独ソ不可侵条約締結というスターリンの間違った選択のために、ソ連は米英の民主主義国を救うために戦いの多くを引き受ける以外、他に選択肢がなくなったのである。第三に、「サムター要塞」である。南北戦争では、北軍のサムター要塞が南軍に攻撃されたことで戦争が始まった。自分たちが攻撃を受けたという、道義的な正当性を得ることによって、あくまで平和を維持したいという国内世論は一気に沈黙してしまった。日本の真珠湾攻撃はまさに「サムター要塞」であった。そしてヒトラーの対米宣戦布告が、すべての問題を解決した。

一九四一年一二月から、四五年四月に死去するまで、約三年五ヵ月の間、ルーズヴェルトは連合国側で最も影響力のある政治家だった。彼の政治指導と戦争指導によって、民主主義と資本主義が救われたのだった。確かに「巨大なボイラー」であるアメリカが、国家として、その持てる潜在能力を最大限まで発揮したという面があるが、ルーズヴェルトの指導力を無視することはできない。

第二次大戦が終わったとき、アメリカの人的損害は、他の主要参戦国と比較して非常に少なかった（約三〇万人）。しかもアメリカの工業生産力は世界の半分を占め、金準備の三分の二、資本投資の四分の三を占めていた。さらに世界最大の海軍と空軍を持ち、世界で最初の原子爆弾を持っていたのである。二〇世紀において最も成功した大戦略の一つであったと言ってよい。

ただしそこには、スターリン指導下のソ連との同盟という、「悪魔との取引」が必要ではあった。チャーチルもまたイギリス議会で「悪魔との取引」を肯定する演説をしたことがある。「もしヒトラーが地獄を侵略したら、私は悪魔のために弁じるであろう」と。ヒトラーは悪魔よりひどい存在だったのだ。チャーチルもまたスターリンという「悪魔」との同盟を積極的に受け入れたのだった。

米英が「悪魔との取引」を行ったことで「大同盟」ができあがった。この「大同盟」が連合国の中心勢力であった。だがここでアメリカは大きな問題に直面することになる。実際に攻撃を受けた太平洋側と、英国とソ連が頑張っている欧州側で、二正面作戦を展開しなければならなくなったからである。古来、二正面作戦は最も忌むべき戦略である。兵力を分散しなければならないし、それを支える補給も大変なことになる。しかも太平洋戦域と欧州戦域は、ほとんど地球を半周するほどの距離があった。太平洋と欧州という二つの戦域にまたがって、どのような戦略を取るべきであるのか。極めて深刻な戦略的課題であった。だが実際には、真珠湾攻撃を受ける前から、アメリカの大戦略は決まっていた。

米英が選択した大戦略

話は真珠湾攻撃の約一年前にさかのぼる。一九四〇年春、ドイツ軍は突如として西ヨーロッパに侵攻を開始した。オランダ、ベルギーを席巻したドイツ国防軍は、六月二五日にはフランスを降伏させた。ドイツの電撃戦とフランスの急速な敗北は世界を驚かせた。イギリスではその直前の五月にチャーチルが首相になっていたが、夏になるとドイツ空軍とイギリス空軍の大航空戦がイギリス本土やロンドン上空で展開された。いわゆる「イギリスの戦い」である。こうした中、同年一一月には、アメリカで大統領選挙が行われた。ルーズヴェルトは米国史上初めて大統領選挙三選に成功し、引き続き大統領職にとどまることになった。フランスの敗北はアメリカの世論にも深刻な影響を与えたが、それでもアメリカが参戦することはなかった。

アメリカ軍の戦争計画は、もともと色によって敵国と作戦を示す「カラー・プラン」と言われるものだった。「赤」(プラン・レッド)は、対イギリスとカナダ、「オレンジ」(プラン・オレンジ)が対日本、「レモン色」(プラン・レモン)が対ポルトガル、「緑」(プラン・グリーン)が対メキシコ、などである。だがヨーロッパやアジアの軍事情勢が緊迫してくると、アメリカ軍はこうした計画の見直しを迫られた。複数の国家連合同士の戦争が想定されるようになり、「レインボー・プラン」が策定されるようになった。「レインボー・プラン」は様々な状況に対応すべく、レインボー1からレインボー5までが策定された。

こうした中、ルーズヴェルト三選が決まった大統領選挙の後、一九四〇年一一月初旬、アメリカ海軍作戦本部長ハロルド・スタークは、ノックス海軍長官に自分の考えをまとめた覚書を提出した。またこの文書のコピーは陸軍参謀長ジョージ・マーシャルにも送られた（あるいはマーシャルに見せて内諾を得たうえで、ノックスに提出した）。この文書は「第二次大戦における戦略の発展の中で、おそらく最も重要な単一の文書」と言われるようになった。

スタークは、アメリカの戦略的オプションとして以下の四つの方針を検討した。

A　アメリカの軍事活動は西半球防衛に限定する。両大洋（大西洋と太平洋）またはどちらかの大洋からの攻撃に対処する。

B　日本に対する全面的な攻勢を準備する。なおその際、極東でイギリス軍とオランダ軍からの援助を前提とする。大西洋においては防御だけに厳しく限定する。

C　最大限可能な軍事援助を、ヨーロッパのイギリスと、極東のイギリス軍、オランダ軍、中国に与える。

D　イギリスを同盟国として、大西洋側で最終的に強力な攻勢を行う。太平洋では防御的な姿勢を取る。

そしてスタークは最初の三つを否定し、最後のDこそ、日本との戦争を避けつつドイツを打倒するための最上の戦略だと主張した。英帝国が引き続き存在することが、西半球の現状を維持し、アメリカの国益を増進するのに最も効果的であると。ドイツを打ち負かすには、大陸で雌雄を決しなければならないが、そのためには欧州大陸の近くに基地が必要となるのだ。もし英国がドイツに負ければ、アメリカがすべての地域で負けることはないにしても、ある地域では負けることになるだろう。しかしイギリスが勝てば、「われわれはすべての地域で勝つことができるだろう」。スタークの議論の最も重要な点は、アメリカの安全がイギリスの運命にかかっているということを、はっきりと自覚したことにあった。英国の敗北はアメリカの安全にとって、極めて深刻な影響を与える。したがってアメリカは、いかなる努力も惜しまずイギリスを援助すべきなのである。

なおスタークは、アメリカが日本に敗北することはあり得ないと考えていた。ただし、その一方で、日本を二級の地域国家にしてしまってはいけないと注意していた。日本はアジアでの勢力均衡を維持するために、アメリカにとっての価値があると考えていたのである。

ノックス海軍長官は、このスタークからの覚書をホワイトハウスに提出した。だがルーズヴェルトは政治的な配慮からか、この文書については明確な態度を示さなかった。しかしその代わり、アメリカの参謀本部とイギリスの参謀本部が、秘密裏に会談することを承認した。事実上、スタークの覚書を承認したも同然であった。年が明けて一九四一年一月二九日から、アメリカ＝イギリス＝カナダ三国の参謀本部が協議を開始し、アメリカが参戦した場合には、ドイツ打倒を最優先目標にするヨーロッパ第一主義を定めた「ABC‐1」という基本文書が合意された。アメリカはイギリスと共同で戦略を策定し、西半球防衛という地域戦略から離脱して、真の世界戦略を持つに至ったのである。このABC会談は二月まで続いた。

ルーズヴェルト大統領は、一九四一年一月、三回目の就任式を行った。その前日には、大統領選を争った共和党のウェンデル・ウィルキーをホワイトハウスに招き、特使としてイギリスに派遣することを決めた。ルーズヴェルトがウィルキーに託したチャーチルあての親書には、アメリカの詩人ロングフェローの『船をつくる』という詩の一節が引用されていた。

乗り出そう、国という名の船に乗って！
乗り出そう、連邦は強く頼もしい！
恐怖に怯えながらも、
未来への希望を捨てずにじっと耐えている人々がいる。
汝がその命運を握っているのだ！（村井章子訳）

チャーチルは、ラジオで、ルーズヴェルトから送られたこの詩を読み上げ、アメリカ大統領に応えた。「道具をくれ。あとの仕事はわれわれがやる！」。実は、覚書を書いたスタークは、イギリスがドイツを征服するために十分な人的資源も、物的資源も持っていないと考えていたのだった。イギリスだけで「あとの仕事」ができるかどうか、アメリカ政府は不安だった。そこでルーズヴェルトは、同年三月、議会で「武器貸与法」を成立させることに成功した。アメリカの防衛にとって不可欠だと、大統領が判断したいかなる国にも軍事援助ができるようになったのだった。

同年六月、ドイツがソ連に侵攻すると、ルーズヴェルトはソ連にも「武器貸与法」を適用して軍事援助を行うようになった。さらに八月には、カナダのニューファウンドランド、プラセンシア湾上でルーズヴェルトとチャーチルの会談が行われ、「大西洋憲章」が合意された。同憲章は、領土の不拡大、民族自決、自由貿易、国際的経済協力、ナチ崩壊後の平和の確立、海洋の自由、侵略国の武装解除と全般的な安全保障システムの確立などが謳われていた。チャーチルは新鋭戦艦「プリンス・オブ・ウェールズ」に座乗し、ルーズヴェルトは巡洋艦「オーガスタ」で、ともに秘密裏にニューファウンドランドまで航海してきたのだった。ロングフェローの詩そのままに、米英という二つの海洋国家が、早くも戦後構想を示し、「未来への希望」をつないだのである。

一九四一年一二月、日本が真珠湾を攻撃すると、チャーチルは早速アメリカとの戦略会談に乗り出した。イギリス首相は、ルーズヴェルトに「われわれは同じ船に乗ることになりました」というメッセージを伝えていた。「アルカディア会議」と名付けられた米英の戦略会談は、同月半ばから翌月半ばまで続けられた。チャーチルは再び戦艦「デューク・オブ・ヨーク」に乗って大西洋を渡ってきた。米英の参謀本部は「ABC‐1」を正式に確認し、ドイツを主要な敵国とすることと、第三帝国を打倒するために欧州大陸への反攻が必要であることに同意した。

「アルカディア会議」での合意を受けて、アメリカ陸軍参謀長のマーシャルは、部下のドワイト・D・アイゼンハワー准将にドイツ打倒のための戦略計画を立案するよう命じた。一九四二年四月一日、アイゼンハワー准将は、マーシャルに以下のような戦略方針を基盤とする計画を提出した。

「ボレロ」　欧州大陸への海峡横断侵攻のため、イギリス本土に人的・物的資源を集積する。

「ラウンドアップ」　北フランスへの実際の上陸作戦。一九四三年のうちに実施と予定。

「スレッジハマー」　ソ連崩壊が差し迫った場合、ソ連への圧力を和らげるため小規模の侵攻を一九四二年のうちに行う。

実際の軍事戦略の実施には、これ以後、米英間でしばしば意見の対立があったし、フランスへの上陸作戦の実施時期も延び延びになった。「第二戦線」の形成を求めていたソ連の要求に応えることは難しかった。また人的・物的資源の配分も、太平洋戦線を重視せざるを得ない面も出てきて、兵站上大きな問題であった。しかし、スタークの覚書に端を発し、「ＡＢＣ－１」で確立された大戦略の方針は、大戦期間中、揺るぎなく貫かれた。優れた大戦略が連合国側に最終的な勝利をもたらしたのである。

3　米英同盟の構造とマッキンダーの地政学

マッキンダーの世界史解釈

ではなぜ、イギリスの運命がアメリカの安全にとって重要だと、スタークは考えたのだろうか？

なぜルーズヴェルトは、イギリスを支援しようとしたのか？　イギリスのチャーチルもなぜ、必死になってアメリカの支援を得ようとしたのだろうか？　米英の同盟関係は、これら両国が大戦を戦い抜くために必須の条件であるかのようであった。なぜそうなるのか？　一つの戦略構想が四〇年前に提起されていた。その頃、ドイツの急速な擡頭によって国際政治における力の配分が変化し、覇権国であったイギリスは世界戦略の再検討を進めていた。一九〇四年一月二四日、イギリスの王立地理学協会で、ロンドン・スクール・オブ・エコノミクスの院長であるハルフォード・J・マッキンダーという人物が講演を行った。このときの講演「地理学から見た歴史の回転軸」が、やがて「地政学」にとって古典的な作品となっていく。ちなみに、日本はこのとき、国家の命運をかけた日露戦争に向けて大車輪で準備を進めていた（二月一〇日宣戦布告）。

本書では、この講演とマッキンダーの著書である『デモクラシーの理想と現実』（一九一九年刊）、さらに一九四三年に『フォーリン・アフェアーズ（*Foreign Affairs*［外交問題］）』誌に発表された「球形の世界と平和の勝利」という論文をひとまとめにして検討したい。

マッキンダーは、千年以上にわたる世界史の壮大な流れに関する彼独自の解釈を出発点としている。それによれば、千年もの間、アジア大陸中央部の草原地帯（ステップ）を自由に行き来する様々な騎馬民族が、周辺諸国の運命に影響を与えてきたという。ロシア、ペルシア、インド、中国などはモンゴル王朝の朝貢国になるか、直接その支配を受けるかであった。ヨーロッパから見れば、いろいろな騎馬民族がアジアの方から侵入してきて、南ロシアの平原を進み、またハンガリーに拠点を置いてヨーロッパの心臓部を狙うという時代が続いていた。つまりアジアの中央部が歴史の回転軸であった。

だが大航海時代が始まると、世界史は海洋勢力が優位な時代に入った。ヨーロッパ世界の拡大は、大きな抵抗に出会うこともなく進められた。一方ロシアは、コサック諸部族を組織してタタールの遊牧民を駆逐し、広大なステップを支配するようになった。西欧諸国が海上に勢力を拡大したとき、ロシアはシベリアに向けて拡大していた。ビザンチウムのギリシア人たちがスラブ民族に文明的な影響を与えつつ、安全になったロシア農民が南へ移動し、ステップの西寄りの地域は麦畑となり、オデッサの勃興もこれに伴っていた。

蒸気機関の発明は、船舶の機動性を高めただけでなく、鉄道の発達をもたらした。ユーラシア大陸の中心部、すなわちステップで鉄道が大きな効果をもたらした。鉄道が馬やラクダの機動力に取って代わったのである。これが大航海時代の次の時代である。鉄道網の発達によって、ユーラシア大陸の広大な部分が再び国際政治の回転軸になる時代がやってきたのだ。この回転軸となる地域はユーラシア大陸中心部にあるため、海洋勢力が接近できない。やがてアジア全体が鉄道で覆われる日がやってくる。しかもユーラシア大陸の中心部の人口や、潜在的な天然資源の力は極めて大きい。この地域に、やがて海上貿易とは無縁で、外界から孤立した膨大な経済単位が出現するのは確実であろう。この回転軸となる地域こそが「ハートランド」である。

二〇世紀において、このハートランドを支配している国家こそ、ロシア帝国である。ロシアはモンゴル帝国に取って代わる存在となり、かつての騎馬民族と同様、周辺地域——フィンランド、スカンジナヴィア、ポーランド、トルコ、ペルシア、インド、そして中国——に圧迫を加えている。

ロシアは世界全体との関係において、戦略上中枢の位置を占めていると言える。これはちょうど、ヨーロッパにおいてドイツが占めている位置と同様のものである。

このような独自の世界史解釈を示した『デモクラシーの理想と現実』は、第一次大戦が終結した翌年に出版された。マッキンダーはそれまでの歴史を振り返り、イギリスがロシアのツァーの支配に対抗しようとしたのは、ロシアがハートランドと東欧に君臨し、猛威を振るったからだと言っている（なお、マッキンダーの地理的解釈は独特で、北海とアドリア海を結ぶ線でヨーロッパを分けており、東欧にはドイツのかなりの部分と現在の東欧諸国、ヨーロッパ・ロシアが含まれる）。また第一次大戦を振り返って、ドイツのカイゼルによる支配を看過できなかったのは、ドイツが東欧の支配権をロシアから奪ったうえで、反抗するスラブ族を押しつぶし、東欧とハートランドに君臨しようとしたからだと述べている。このドイツとロシアとの一体化こそ、イギリスが最も警戒し、妨害しようとした組み合わせである。それはなぜか？

ドイツとロシアへの警戒

マッキンダーが、以下のようなテーゼを示したことはよく知られている。すなわち「東欧を支配する者はハートランドを制し、ハートランドを支配する者は世界島を制し、世界島を支配する者は世界を制する」というテーゼである。ここで言う東欧とは、右で示した彼独自の地理的解釈による「東欧」であり、「東欧を支配する」とは、ドイツとロシアが一体となることを意味していると解釈すべきであろう。ドイツとロシアが一体となると、ユーラシア大陸中央部の「ハートランド」の資源を十分活用できるようになり、ユーラシア大陸全体を支配することになる。そうなると、同大陸全体の資源を活用した巨大な海軍の根拠地を大陸沿岸地域に建設し、やがて世界を支配することも不可能ではなくなる。これが、この有名なテーゼの真の意味ではないかと思われる。

このようにドイツとロシアの一体化を恐れたマッキンダーは、第一次大戦後のヨーロッパにおいて、ドイツとロシアとの間に緩衝地帯を建設するよう強く主張していた。東欧における領土の再編成にあたっては、国家群を二つではなく三つに分ける、すなわち、ドイツとロシアの間に、複数の独立国家からなる中間地帯が是非とも必要であり、これがヨーロッパにおける安定を維持するための方策であるというのである。ただし残念なことに、この中間地帯は、一九三九年［第二次大戦が始まった年］には「効果のない防波堤」であることが証明されてしまった。

マッキンダーの「理論」は、ユーラシアの大陸勢力（ランド・パワー）に対する、英帝国という海洋勢力（シー・パワー）の警戒と不安感を映し出したものだった。言い換えれば、マッキンダーの「地政学」は英帝国の利益を守るための大戦略の視点から、地理と歴史を解釈したものだった。この意味で「地政学」は決して中立的な学問ではない。地理は不変であっても、それを歴史とともにどのように解釈するかという、解釈する側の国益を反映しているからである。

こうした見方は、第一次大戦に関するマッキンダーの解釈にはっきり現れている。一九一八年［第一次大戦が終わった年］の戦闘の経過を振り返ると、それは「島嶼国」（Islanders）と「大陸国」（Continentals）の間の戦争であったという。一方の陣営、すなわちこのときの連合国側の国々は、イギリス、カナダ、アメリカ、ブラジル、オーストラリア、ニュージーランド、日本などであった。

戦争は確かに大陸で戦われたが、その主戦場〔西部戦線〕はフランスの半島部の内陸側の地域であった。そもそもフランスとイタリアは半島国家であり、これら両国は「島嶼国」の助けがなければ、最後まで戦うことはできなかったであろう。

ここでわれわれは奇妙なことに気づくはずである。日本やイギリスは確かに島国であるが、北アメリカ大陸にあるアメリカやカナダ、南アメリカ大陸にあるブラジルも「島嶼国」であるのだろうか？ ここからアメリカとイギリスが少なくとも二〇世紀に入って以降、常に緊密な同盟国となる「構造」に関わる話になる。

マッキンダーは第一次大戦を振り返って、それがシー・パワーとランド・パワーの間の戦争だとみなした。そしてもしドイツが勝っていたら、ドイツは大規模なシー・パワーの基地を建設しようとしたに違いないと言う。しかもその規模は、空前絶後のものになる可能性があった。というのは、このとき既に、ヨーロッパ、アジア、アフリカという三大陸は、鉄道網や自動車輸送の発達、さらには航空機の発達により、事実上一つの島になってしまっているからである。これをマッキンダーは「世界島（ワールド・アイランド）」と名付けた。だがこの名称は、まぎらわしい。他のところでは、ユーラシア大陸を「大陸」として考え、ドイツやロシアを大陸国家（ランド・パワー）としているからである。したがって本書では、「世界島」という言葉は使わずに、ユーラシア大陸やアフリカ大陸という常識的な呼び方を使うことにする。あるいはこの二つの大陸をまとめてユーロアフリカ大陸とでも呼んだ方がよいかもしれない。

問題は、このユーロアフリカ大陸と、北米大陸や南米大陸の面積と人口の比率である。マッキンダーによれば、北米大陸、南米大陸、オーストラリア大陸という三つの大陸は、その面積の比率においてユーロアフリカ大陸の「衛星」に過ぎないという。またそれぞれの大陸における人口の比率について見ても事情は同じである。この意味で言うと、「新世界」は「島」であるに過ぎない。

つまり地政学的に言うと、アメリカは「島」なのである。もしユーロアフリカ大陸が、統一されたシー・パワーの基地になったとき、イギリスのシー・パワーだけでは到底太刀打ちできないであろう。そこで「島国のイギリスは同じ島国のアメリカに助けを求めなければならない」のである(なおこういう意味ではオーストラリアも「島」である)。

この点を、筆者なりに少し説明しておこう。イギリスとしては、ユーラシアのランド・パワーが一体化して、巨大な海軍力を建設すると、自国の海軍力だけで自国を防衛することが不可能になってしまう。イギリスが伝統的にヨーロッパ大陸の勢力均衡に留意し、同大陸が一つの政治勢力に支配されるのを妨害していたことはよく知られている。だが、もし勢力均衡が破れ、ヨーロッパ大陸が統一されると、その統一されたヨーロッパはユーラシア大陸の資源までも利用できることになる。ユーラシア全域が建設できる海軍力は、イギリスの海軍力を上回るであろう。そこでイギリスとしては、アメリカからの援助を得て、ユーラシアからの脅威に対抗する必要が出てくる。アメリカが援助してくれなければ、自国の安全を確保することができないからである。

「島」であるアメリカは、もしドイツとロシアというランド・パワーが一体化し、その勢力がイギリスまで支配することになると大変なことになる。ユーラシアの工業力と資源がイギリスの工業力と海軍力と結合すると、巨大な海軍力を建設することができるようになる。そうするとこの海軍力は「新大陸」に対して大西洋を封鎖することもできるし、直接アメリカを攻撃することもできるようになる。しかもユーラシアの工業力と資源を背景にした海軍力は、質量ともにアメリカの建設できる海軍力を上回ることになる。そうなるとアメリカは自国を防衛することが不可能となってしまう。したがって、ユーラシアのランド・パワーがイギリスを支配するのを何としてでも妨害することが、アメリカの安全を確保するために必要となる。アメリカはイギリスを防衛することが自国にとって重要であり、イギリスはアメリカの援助を得て自国を防衛することが必要となる。

英米の「構造的」同盟

かつてジョージ・カニンガムは「新世界によって旧世界の均衡を立て直す」と言ったと伝えられる。イギリスは「単独で大陸国家の独裁を正す」ことはできないからである。もし大陸国家が海洋に進出しようとしたとき、何が起こるであろうか？　大陸国家は、まず大陸を統合しなければならない。しかも統合は多くの場合、銃剣によって行われるであろう。拡張する大陸国家に自ら進んで支配されることを望む国家はほとんどないからである。つまりランド・パワーは、容易に独裁に結びつく。したがってイギリスは自らそのような大陸国家に対抗するだけでなく、「ヨーロッパを支配するかもしれない独裁政治に北アメリカにおける民主主義の支配を拮抗させる」ことが必要になるかもしれない。まさに「旧世界」の均衡の回復を、「新世界」に頼ることになる。

一九世紀の末から二〇世紀の初めにかけて、イギリスの軍事外交エリートは、戦略環境の急激な変容に直面し、大国間関係の再検討を進めていた。イギリスの主要な敵国がフランスからドイツへと変化していた。ドイツの急激な台頭に危機感を持っていたからである。それにつれてイギリスは、それまでの「栄光ある孤立」の立場を捨て、世界の主要国と同盟や協商関係を結んだ。日英同盟、英露協商、英仏協商などであり、アメリカとも西半球の現状について暫定的な合意に達していた。ドイツの海軍力増強と、日本とアメリカが有力な海軍国として台頭してきたことで、イギリス海軍の圧倒的な優勢は失われつつあった。イギリスは海外領土と自国との関係を重視していたが、徐々にヨーロッパ大陸の動向に対し、より大きな注意を向けなければならなくなった。

マッキンダーが講演を行った一九〇四年は、まさにこうした時期であった。そしてマッキンダー自身も、イギリスの置かれた国際環境の変化を憂えていた。軍事外交エリートに連なる地理学者として、地理学の視点から大英帝国の世界戦略を再検討しようとしていたのである。第一次大戦の経験と結果を踏まえて、マッキンダーは一九〇四年の講演をさらに精緻化し、一書にまとめた。一九世紀末から続くイギリスの戦略環境の変化の中で、「新世界」の力で「旧世界」の均衡を取り戻すという、海洋国家の新しい同盟関係の必要性が見出されていく。しかも、それは単に地政学的な視点だけではなく、独裁政治と民主主義という政治イデオロギーによっても補強されていた。チャーチルとルーズヴェルトが「同じ船」に乗る半世紀前から、英米は既に「同じ船」に乗っていたのである。

マッキンダーは一九四三年、『フォーリン・アフェアーズ』誌に「球形の世界と平和の勝利」という論文を発表し、そこで第二次大戦の帰趨について予想した。そこでは、さしあたりソ連の領土が事実上ハートランドと同義であると認めている。そして仮に、もしソ連が戦争で勝利者となり、ドイツを征服した場合には、やがて地上最大のランド・パワーになることは疑いがないと、戦後世界におけるソ連の影響力拡大を予想した。この時点ではソ連は同盟国であったため、その影響力拡大が米英にとって否定的な意味を持つかどうかは語られていない。

その一方でドイツに対しては厳しい態度を示し、ドイツ人に自由主義の理論を教え込むことはできないと、突き放した見方をしている。そして、将来ドイツが再び戦争を企てても、絶対に勝ち目がないことを徹底して教え込めば、あとはドイツ人自身が問題を解決するだろうと、非常に冷たい対独感情を表している。では、ドイツが絶対に勝てない状況とは、どのようなものか？

ここでマッキンダーは、第二次大戦中の「大同盟」の継続を予想している。つまりドイツの両側に、強力な堤防を築くことである。堤防の片側には、「ハートランドのランド・パワーがあり」、もう一つの片側に「北大西洋の周辺のシー・パワーがある」という状況である。言うまでもなく、「ハートランドのランド・パワー」とはソ連のことであるが、興味深いのは「北大西洋の周辺のシー・パワー」のことである。その「シー・パワー」とは、「アメリカ、イギリス、フランスの三国間での効果的で永続的な協力」によって構成されるものであるという。

まずアメリカは戦略的な縦深防御の役割を果たし、イギリスは外濠を備えた前進基地であり、フランスは防御に耐えられる橋頭堡としての役割を果たす（戦略的な縦深防御とは、いわば戦略的な奥行きがあるということ。ドイツがフランスやイギリスを攻撃しても、その奥に存在するアメリカの影響力を弱体化させない限り、フランスやイギリスに対して最終的な勝利を収めることはできないことになる）。米英の役割は、既に見てきたように理解できるであろうが、それに加えてなぜフランスが重要なのであろうか？　それはシー・パワーがランド・パワーと均衡を維持するためには、どうしても「水陸両用（アンフィビアス）な性格を帯びざるを得ない」からである。その意味で「半島国家」としてフランスの役割は重要であった。

マッキンダーはその一方で、かつて自らが提示した「ハートランドの概念」が、依然として有効であるばかりか、「むしろますます迫真の力をおびてきた」との自信を示している。なぜかというと、歴史上初めて、ハートランドの出入り口を防衛するに足るだけの兵力が、ソ連によって誕生したからである。ソ連の強力な軍事力は、ドイツ軍の侵入を阻止することができた。ソ連は、まがう方のない「ハートランドのランド・パワー」となったのだった。だが、この一九四三年の時点では、さすがのマッキンダーも、「ハートランドのランド・パワー」と「北大西洋周辺のシー・パワー」の対立、すなわち戦後の冷戦を予想することはできなかった。

マッキンダーは、ソ連が「ハートランドのランド・パワー」になったことを受け入れたうえで、ドイツに対する方針を中心にして、戦後の「大戦略」を考えている。そこでは再びドイツを挟む堤防の話が展開され、ハートランド（ソ連）と米英仏の水陸両用勢力が、常にドイツに対して行動がとれるような態勢を維持することを主張している。なおマッキンダーは、戦後予想される連合国側のドイツ占領について、早期の撤兵を主張していた。もちろん早期に撤兵しても、「北大西洋周辺のシー・パワー」の態勢は維持されなければならない。つまり、フランスという橋頭堡、英国という外濠を持った前進基地、そしてアメリカとカナダの人的資源と農工業の潜在能力である。この組み合わせは、西欧デモクラシー諸国が戦争を生き延び、戦後の平和を維持するために、必須の同盟関係とされた。

マッキンダーはドイツの復活を警戒していたが、二度の世界大戦の後、世界に出現したのは、社会主義イデオロギーを奉じ、「ハートランド」を支配し、国内では独裁政治を行うソ連邦であった。この「球形の世界と平和の勝利」という論文に見られるように、戦時中からソ連の影響力拡大を予想はしていたが、戦争が終結すると新しい脅威となることは予想されていなかった。米英を中心とする西欧デモクラシー諸国は、三度ユーラシア大陸からの脅威に直面することになった。この新しい敵対勢力に対して、西側はどのような戦略によって対抗すればよいのであろうか？

4 封じ込めという戦略構想

ソ連とはどのような国家で、どのような戦略を採ればよいのか？　第二次大戦後アメリカ政府の上層部を悩ます大問題だった。その問題への答えを出し、ソ連に対する「封じ込め」戦略を提唱したのは、ジョージ・F・ケナンという人物であった。ケナンは一九〇四年に生まれ、プリンストン大学を卒業した後、国務省に入り、ロシア問題を専門にするキャリア外交官として教育を受けた。第二次大戦が終わる前後には、モスクワにあるアメリカ大使館の代理大使を務めていた。

一九四六年二月二二日、ケナンはモスクワから五〇〇〇字以上におよぶ異常に長い秘密外交電信を国務省に送り、アメリカ政府内で大きな反響を呼び起こした。さらにケナンは翌年、『フォーリン・アフェアーズ』誌七月号に「X」という匿名で、「ソ連の行動の源泉」という論文を発表し、社会全体に向けて「封じ込め」戦略の概要を語ったのだった。このときケナンが使ったソ連に対する「封じ込め」という言葉は、これ以後四〇年以上にわたって展開された冷戦の中で、アメリカの大戦略を示す基本原則となった。

しかも「封じ込め」戦略は、そこで予言された通り、冷戦における西側の勝利をもたらし、ソ連という国家の崩壊をもたらしたのである。その意味で「封じ込め」戦略は、二〇世紀において最も成功した大戦略（世界戦略）の一つとなった。第二次大戦のときの、スターク海軍作戦本部長のプランDと、その後の「ABC-1」がアメリカに勝利をもたらしたのと同様であった。ケナンが示した戦略構想は、それまでのアメリカ国家戦略とは全く異なるものであり、冷戦初期のアメリカは様々な突発事態に対処しながらも、「封じ込め」の方向を維持した。しかもケナンは、一九四七年五月から四九年末まで、新設された国務省政策企画室長の初代室長として、自らの「封じ込め」戦略を実践する最前線に立ったのだった。

一九四九年から国務長官となり、ケナンの上司となったディーン・アチソンは、後に執筆する回顧録に『創造に立ち会って』というタイトルをつけた。この時期のアメリカ政府首脳部は、第二次大戦を経験した有能な人々から構成されていた。マーシャル国務長官、フォレスタル国防長官、ロヴェット国務次官および国防長官、アイゼンハワー陸軍参謀総長などである。これらの優れた人材が、外交経験のないトルーマン大統領を支えながら、冷戦に向き合った。そしてケナンの提唱した「封じ込め」という戦略構想が、アメリカという国家の大戦略となったのだった。

確かに戦後のアメリカの国力は圧倒的であり、卓越した経済力や技術力、さらには原子爆弾という新兵器も存在していた。しかしいかに優れた国力を持っていようとも、それが巧妙な大戦略によって活用されなければ、十分な効果を発揮できないであろう。アチソンが回顧録のタイトルにしたように、新しい戦略が創造され、それが実践されなければならなかった。その意味で、ケナンの示した優れた構想力もまた、大きな影響力を持ったのであった。

アメリカは、マーシャル・プランという大規模な経済援助を実施しただけでなく、建国の父ジョージ・ワシントンの遺訓に反し、平時におけるヨーロッパとの軍事同盟の締結に踏み切った。旧敵国であるドイツの西部と日本については、民主化改革という前例のない事業に乗り出したばかりでなく、両国の経済復興を支援し、有力な同盟国として育成した。全世界的に軍事基地網を展開し、世界で最も強力な海空軍力を持ち、核兵器を独占していた。さらに朝鮮戦争が起こると、国連軍の名の下にアメリカ軍が全面的に介入して、北朝鮮軍や中国軍と砲火を交えた。東南アジアや中東などにも経済援助を行い、戦略的に関与するようになった。こうしたことすべてが、当時のアメリカにとって初めての経験であり、文字通り政策を「創造」したのであった。そしてこれらの政策に戦略的一貫性を与え、どのようにして世界政治に関与するかという方向性を与えたものこそ、「封じ込め」という戦略構想であった。

「封じ込め」戦略が成功したと言えるのは、以下のような理由による。

- 戦時外交が崩壊したあとの米英や西側が採るべき政策の方向性を示した。
- 「封じ込め」という方針を示したことで、歴代米政権が、様々なヴァリエーションを示しながらも、継続的で首尾一貫した戦略を採ることができるようになった。

- 西欧諸国だけでなくドイツや日本など旧敵国を秩序に取り込み、それによってユーラシア大陸中心部に存在するソ連に対する勢力均衡を維持することができた。
- ヴェトナム戦争などの失敗はあったが、世界大の戦争に訴えることなく、ソ連の崩壊と東欧諸国の独立をもたらした。

「封じ込め」戦略は、アメリカの覇権的な立場を生かしながら、ソ連の影響力拡大を抑え込もうとしたものであり、その意味ではマッキンダーの構想と共通するところがある。英帝国が、「ハートランド」を支配しているロシア帝国の影響力拡大に対抗したのと同様に、アメリカという「島」が、ユーラシア大陸に存在するソ連の影響力拡大を抑え込もうとしたのである。

以下、本書では、ケナンの「封じ込め」戦略を中心にして、冷戦初期のアメリカの外交政策を歴史的に振り返りたいと思う。「封じ込め」という大戦略をもたらしたケナンの構想力に注目し、彼のオリジナルな構想とその問題点を探っていきたい。これは、ウクライナ戦争や中国の台頭に直面している現在の日本と世界にとって、有益な歴史的洞察を与えてくれるはずである。

第1章　「謎の国ロシア」──どのような国なのか

1　ロシア問題専門家としてのケナン

大叔父の影響でロシア問題の専門家に

ロシアという国家は、どのような国家なのだろうか。なぜウクライナ侵攻のような暴挙をあえてするのか。かつてソ連と言われた連邦国家（その中でロシアは大きな位置を占めていた）は、強力な軍事力を持っていたのに、なぜあっという間に滅んだのか。ロシアは国際政治で大きな影響力を持っている国家でありながら、その行動には常に何らかの謎がつきまとう。

チャーチルは、ロシアを「謎の中の謎」の国だと言ったことがある。ロシアの専制的な国家体制や、ナポレオンでさえ勝てなかった強力な軍事力は、西ヨーロッパ諸国にとって脅威であると同時に、深い謎であった。トルストイやドストエフスキーのような優れた文学者を生み出した一方、一九世紀半ばまで農奴は所有権さえ持っていなかった。西欧諸国はロシアを後進的な帝国だとみなし、ロシアのエリートたちも西欧文明にあこがれていた。モンゴル帝国に支配された歴史を持つが、一七世紀から一八世紀には「西洋化」を進め、ヨーロッパ世界の構成国になった。ピョートル大帝（在位一六八二～一七二五年）は西方への拡張政策を遂行し、エカテリーナ二世（在位一七六二～一七九六年）の時代には、軍事力に関しては西欧の先進国に肩を並べるほどになった。一九世紀初めのナポレオン戦争の後、ロシア帝国は南カフカス、シベリア、中央アジアへと領土を拡大していく。

一方アメリカ合衆国は、一九世紀末には既に世界最大の工業国であったが、世界政治への関わりはあまり大きくなかった。孤立主義政策を採っていたからである。一九世紀末から二〇世紀初めにかけては、セオドア・ルーズヴェルト大統領や海軍戦略家アルフレッド・セイヤー・マハンのように、国際政治に直接参加する意欲を持った政治家や理論家が輩出した。ウッドロー・ウィルソン大統領の下で第一次大戦に参戦したが、大戦後には再び孤立主義に戻った。一九四一年に日本海軍による真珠湾攻撃を受けるまで、アメリカは危機の一九三〇年代においても国際政治の中で積極的な役割を果たすことはなかった。そして第二次大戦をきっかけとして、国際社会の中心となり、政治・経済・軍事のすべての面にわたって、極めて重要な役割を担うことになる。

アメリカとロシアは、急速に領土を拡大したという点では共通しているが、一方が民主主義の典型だとすれば、他方は専制政治の典型であった。この二つの国家は、かつてトクヴィルが予想したように、二〇世紀の世界政治に決定的な影響を与える大国となった。

ジョージ・F・ケナンは一九〇四年に生まれ、二〇〇五年にこの世を去るまで、実に一〇一歳という天寿を全うしたが、その一〇〇年間はまさに二〇世紀の歴史と重なり合っていた。ケナンがロシア問題の専門家になったのは、大叔父（祖父の従弟）に誕生日が同じで同姓同名のジョージ・ケナン（一八四五年二月一六日生まれ）という人物がいたことがきっかけだった。この大叔父のケナンを以下本書では老ケナンと呼ぶことにするが、老ケナンは、若くしてシベリアに電信網を築く仕事に従事し、ロシア語をマスターし、やがて二〇世紀初め頃にはアメリカで数少ないロシア問題の専門家とみなされるようになった。老ケナンが著した『シベリアと流刑制度』という本は、アメリカでベストセラーになった。また老ケナンは、日本とも関わりが深く、日露戦争では日本を支援する立場にたっていた。二〇世紀初めのセオドア・ルーズヴェルト政権では、アジアの国際政治やロシアについて、大統領に助言する役割を果たしたこともあった。

ジョージ・F・ケナン

ケナンは、この老ケナンの事績を意識して、国務省の研修でロシア語を選び、ロシア問題のスペシャリストになることをめざした。一九二六年に入省後は、エストニアのタリンやラトビアのリガで研修を受けた。なおこのときアメリカ政府は、ロシア革命によって成立したボルシェヴィキ政権を国家として承認していなかった。そのためケナンはソ連に入ることができず、バルト諸国でロシア語やロシア文化を学ぶことになった。

こうした訓練を受けた後、一九二九年秋から、ベルリンのフリードリッヒ・ヴィルヘルム大学の東洋言語学院に留学を命じられ、本格的にロシアを研究するための訓練を受けた。同学院はビスマルクによって設立されたもので、東方（オリエント）へ派遣される外交官を養成する機関であった。またベルリン大学でもロシア史を学んだ。ここで注目しておくべき点は、ケナンがベルリンでロシア研究を行ったのは、当時のアメリカが進めていた研修としてはやや例外的なものであったことである。当時国務省はロシア研究のための研修を多くパリのソルボンヌ大学で実施していた。ケナンと同じ頃に国務省に入り、やはりロシア問題の専門家としてケナンの親友ともなるチャールズ・ボーレンなどはそこで研修を受けている。ケナンがドイツへ派遣されたのは、幼少期にドイツに滞在した経験があり、既に彼がドイツ語をマスターしていたからであろう。ケナンはドイツでロシア史やロシア文学などについて研鑽を積み、ロシア語もいっそう進歩していった。

しかしケナンは、せっかくドイツに行っていながら、マルクス主義についてはそれほど深く学ばなかった。それは、当時アメリカ国務省のロシア東欧課長を務めていた、ロバート・ケリーの方針でもあった。ケリーは、ロシア的な教養を若手外交官たちに学ばせようとした。ロシア語の基礎を固め、ロシア史やロシア文学などを学ぶことを推奨していた。ロシアという国家の深奥にあるものを学ばせようとしたのである。現実のソヴィエト研究は、あとでいくらでもできるという考えであった。

ワイマール末期の政治思想

ケナンが滞在していた当時のベルリンでは、華やかな都市文化が花開いていた。ワイマール時代の末期であり、ナチの政権掌握の直前という時期であった。社会思想では、シュペングラーの『西洋の没落』が読まれていた。政治思想では、カール・シュミットが鋭い批判的な論考を発表している。対外構想では、「帝国」の理念が様々な党派の人々から支持されていた。

「帝国」の理念は、「惨めな」ワイマール共和国の現実に対するアンチ・テーゼであった。この時代のドイツにおける「帝国」の理念は、啓蒙思想に影響されたフランス革命に由来する国民国家思想と正反対のものである。また、イギリスの自由主義的な国際政治思想にも対抗していた。西欧の普遍主義に対して、ドイツの独自性を強調する自己主張とも言えた。カトリックの論者たちは、「ゲルマンとキリスト教との結婚」によって第三帝国を建設することを夢見た。「第三帝国」とは「ドイツ国民の指導によるキリスト教的西洋の統一体」であった。また、フリードリッヒ・ナウマンの「中欧」構想に影響を受けた人々もいた。このようなワイマール末期のドイツ政治思想が、ケナンに何らかの影響を与えたとしても不思議ではない。ケナンは、ドイツ的なレアルポリティークの影響を受け、いわゆる「地政学」的な思考に影響を受けたと思われる。

ケナンが直接影響を受けたかどうかは不明だが、この時期ドイツではカール・ハウスホーファーが地政学者として活躍していた。ハウスホーファーは、世界を三つないし四つの汎地域に分けることや、アウタルキー（自給自足）を可能にする「生存圏」の概念を提唱した。ハウスホーファーとナチズムの運動には、かなりつながりがあったようで、こうした理論は、ヒトラーたちによって利用されることになる。地政学的に正当化された「広域民族秩序」なるものは、ナチ・ドイツのイデオロギーとなり、「地政学」はドイツの対外的膨張を正当化する擬似理論として活用された。そのため第二次大戦後、地政学は信頼を失った。

だが一方、アメリカの政治的現実主義が、地政学とまでは言わないにせよ、ドイツ文化の影響を受けた人々によって発展させられたのは事実である。シカゴ大学の教授になり現実主義の国際政治理論を確立したモーゲンソーや、ハーヴァード大学教授からニクソン・フォード政権の大統領補佐官や国務長官として活躍したキッシンジャーはドイツからの移民だった。ケナンはドイツ系ではないが、ドイツ文化から深い影響を受けたことで、地政学的な視点や現実主義の感覚を鋭敏にしたのかもしれない。

またケナンは、このベルリン時代にノルウェー出身のアンネリーゼと結婚し、その長い生涯をともにすることになった。アンネリーゼは二〇〇八年まで存命していた。だが幸せな私生活を別にすれば、世界は激動の時代を迎えつつあった。

一九二九年に世界大恐慌が始まり、三三年にアメリカではフランクリン・D・ルーズヴェルトが大統領に就任した。同じ年、ヒトラーもドイツの首相になった。ルーズヴェルトは、「ニューディール」政策を展開する一方、アジアとヨーロッパで不穏な動きを見せ始めていた日本とドイツを牽制するため、ソ連を国家として承認することを決定した。だが、いざ国交を結ぶとなるとロシア語に堪能な外交官の数は限られている。そこで偶然休暇でワシントンに帰っていたケナンは、一九三三年一二月には、アメリカ最初のソ連派遣外交団の一員としてモスクワへ派遣されることになった。初代駐ソ大使はウィリアム・ブリットで、ケナンはブリットの補佐官兼通訳としてモスクワでのアメリカ大使館開設業務に携わり、同大使の信任状捧呈式にも立ち会うという歴史的栄誉を担った。

翌一九三四年三月になると、ようやくアメリカ大使館の館員がそろい、日常的な業務が軌道に乗っていく。約四〇人、男ばかりの大使館であった。ケナンは三五年に病を得て一年弱ウィーンに滞在した期間を除いて、三七年まで足かけ五年、ソ連に滞在することになる。

この間、後に冷戦外交を展開していく中で重要な役目を果たすことになる同僚たちがモスクワ大使館員として赴任してきた。ケナンの親友であるチャールズ・ボーレンもその一人である。ボーレンは一年でモスクワを離れるが、一九三八年にケナンと入れ替わりで再びモスクワ勤務となり、四一年まで勤めた後、ルーズヴェルトの通訳としてアメリカの戦時ソ連外交の中で大活躍した。このような優秀な人材とともにソ連の政治を調査研究したケナンは、ソ連での生活体験とそれまでの研究に基礎を置いた彼独自のソ連観を発展させていった。

2　ケナンの地政学的ソ連（ロシア）観

分析のための四つの視点

ケナンが初めてソ連に滞在した一九三〇年代は、ソ連の歴史の中ではスターリンの粛清時代にあたっていた。既にソ連式のマルクス主義イデオロギーに嫌悪を感じていたケナンは、粛清の過程を垣間見ることで、スターリン政治体制への嫌悪を強めていた。ロシアの民衆には愛着を感じながらも、ソ連という国家に対しては厳しい認識を持つようになっていく。この頃までのソ連研究によって、ケナンは地政学的にソ連を認識するようになっていた。チャーチルの言ったロシアという

「謎」に対して、彼が導き出した「答え」とはどのようなものだったか。

ケナンは、まずソ連もしくはロシアという国家の地理的要因を重視した。ロシアには天然の要害がない。平原から構成されている国家は常に外敵の侵入を受けやすく、周辺国と恒久的な友好関係を結ぶことが難しかった。

次に重要視したのは、国家形成に関する歴史的要因である。ケナンによれば、国家は個人と同様、環境の産物であり、国家形成期の環境とその歴史は国家の発展に大きな影響を与える。ロシアが西欧諸国とは異なりビザンチン文明に影響を受けたこと、また「タタールのくびき」に代表されるようにアジアと境界線を接し、その影響を受けていること。これらの要因が、ロシアの政治文化を作り上げていった。さらにロシアは西ヨーロッパに比べて常に後進的であった。

またケナンは、ロシアについてのイメージをアメリカの自己イメージと対比させながら形成している。アメリカはカナダのような恒久的な友好国を持っているが、ロシアにはそのような友好国がなく、しかもロシアは自分が接触したことのある国々と恒久的に機能した条約を締結したことがない。ロシアは長大な国境線を挟んで敵対的な諸民族と接触してきた「大陸国家」であり、その外交政策は常に「次の戦争に備える」ものであった。これに対してアメリカは、大西洋をまたいで平和的な商業活動によって発展してきた「海洋国家」であり、アメリカ先住民との戦争や、対メキシコ戦争があったものの、基本的に平和愛好的である。

最後に、ソ連の外交を分析するには政治的な現実主義の視点が必要であると主張している。この点はケナン自身の国際関係に対する認識枠組みを反映したものでもある。ケナンによれば、ソ連外交の目的は「ソ連の影響下にはない諸外国の力と比較して、ソ連の力を相対的に増大させること」である。これは、まぎれもなく現実主義の論理であった。

ケナンは、主に以上のような四つの要因を基礎にしてソ連の内政外交を分析しようとしていた。なお、マルクス主義イデオロギーの果たす役割については、限定的に考えていた。フリードマンは、地政学がイデオロギーや価値観に関する考察を軽視する傾向があると指摘したが、これはケナンにも当てはまる。ケナンはマルクス主義イデオロギーを好んでいなかったうえ、それを十分に研究してもいなかった。ケナンにとってマルクス主義イデオロギーは「似非科学」でしかなく、したがって、ソ連の内政外交を説明するための決定的な要因ではないという立場を取っており、それよりもソ連の指導者たちの権力欲こそが重要な要因だと認識していた。

ただし、ケナンもイデオロギーが副次的にはソ連の政策決定に影響を与えることは認めていた。ケナンによればマルクス主義イデオロギーは、ソ連が外の世界を見るときに使う「プリズム」であった。たとえば、後に第二次大戦が終わったとき、アメリカが不況に陥るというマルクス主義経済学による予測は、ソ連の指導者たちの対外認識に影響を与えているとケナンは考えていた。つまりソ連の情勢認識などにはイデオロギーが一定の役割を果たすのだが、それだけで政策が予測できるわけではなく、対外的な力関係や国内での権力闘争の方が重要な要因なのである。イデオロギーは、ロシアの伝統的な外の世界に対する不安感を表現し伝えるための媒体であった。たとえばソ連の唱える「世界革命」をケナンの視点から分析すると、そのスローガンは、国際社会の中にソ連にとって敵対的な大国が存在しなくなるということを意味した。

「ロシアはロシアのまま」という認識

マルクス主義の理論から見たとき、「通常の歴史の順序」（レーニン）とは逆に、資本主義国としては後進国で「後れた農民国家」であったロシアで革命が起こり、社会主義政権が成立した。そうした理論上の矛盾を乗り越えるために、レーニン主義の理論が必要とされたのだが、ロシアの伝統的な政治文化とマルクス主義に何らかの親近性があったのだ、というのがケナンの立場である。ケナンの視点からすると、ロシアの伝統的な政治文化がマルクス主義イデオロギーをロシア的なものに変容させ、結果としてロシアの伝統を現代に伝えるための媒体となっているのだ。したがって、ロシアの政治のあり方に根本的な変化は生じていないことになる。

たとえば、革命前の皇帝の独裁的な政府も、社会主義政権下のスターリン独裁も、ともにロシアに伝統的な、アジア的専制の様相を持つ中央集権政府と言える。社会主義の勝利とされた国営農場でさえ、皇帝専制の下で大量の農民を強制的に移住させた政策と親近性を持つと考えられた。ロシアはアジアとの間に天然の境界線を持たず、常に東方から脅威を受けながら境界線を移動させていった。このような歴史は、ロシアの政治理念を、地理的に限定された地域にとどめようとはせず、境界線の拡大とともに世界に広がっていく普遍的な性格のものだと認識させるようになった。ロシア的な政治理念には普遍性があるという観念は、一五世紀にはモスクワを「第三のローマ」にするという理念になり、二〇世紀においては国際共産主義の中心になるという理念になるのである。

政治指導者は常にロシアの後進性に劣等感を持ち、外国に対して強い猜疑心を持つので、自国の後進性を隠蔽しようとし、外国人を警戒する。ケナンは、一九一七年のロシア革命がロシア史の大きな転換点であるという見方をしりぞけ、はっきり次のように言っている。ロシア史を少し振り返ってみるならば、「ロシアは依然としてロシアのままである」と。

また「イデオロギーか国益か」というテーマは、ソ連のような国家の外交を分析する際に、西側の政策決定者や研究者を悩ませた大問題であった。

日本におけるソ連外交史研究の碩学である平井友義も、この問題に関する視点を提供してくれている。一九二四年にスターリンが「一国社会主義」論を打ち出した後、世界革命＝「党」に対して国益＝「国家」の比重が相対的に高まったという。確かにスターリンを始めとしてソ連の指導者は「革命のパロール（言葉）」で語るのを止めることはできなかった。なぜなら、それこそが共産党一党独裁体制の正統性の最後の拠り所であったからである。だが実際に三〇年代においてソ連が追求したのは、「独ソ不可侵条約」に見られるように、パワーポリティクスの論理による外交であった。「党」と「国家」という二つの中心を持つ楕円形の視座は、「国家」の側に重心を移したのであった。

ケナンが現地に滞在してソ連を研究するようになったのは一九三〇年代であったから、平井の言う国益＝「国家」の比重が高まる時期にあたっていた。この意味で、ケナンが現実主義の視点からソ連外交を分析するようになったのも自然なことであったかもしれない。またロシアの外交は、「次の戦争に備える」ものだというケナンの歴史認識は、スターリンが外部世界との均衡も、次に予想される戦争までの「息継ぎ」だと考えていたことと符合するものと言うことができる。

以上のようなケナンのロシア認識は、後に豊かな成果を生むことになるが、一方では大きな問題もはらんでいた。全体的に見た場合、ケナンのソ連認識は、スターリン政治体制による社会主義的近代化という視点が希薄であると思われる。ケナンは、スターリン体制下で進められた工業化、またそれに付随する社会的な変化が、ソ連の政治や外交にどのような影響を与えたのかという視点から、ソ連の動向を説明してはいない。そうした問題については、ロシア史の連続性を強調する中に解消されてしまっている。

では、現在の研究水準（『ロシア革命とソ連の世紀』シリーズによる）から見たとき、ケナンのロシア（ソ連）認識はどのように評価できるのだろうか。結論から言うと、意外に現在でも通用するところがある。まずロシア革命についてであるが、一九一七年の事件は民衆による偉大な革命などではなく、王朝断絶に伴い生じた民衆の騒乱に過ぎないというブルダコーフの説を池田嘉郎が紹介している。この説の意味するところは、革命は単にロシア史における権力と民衆の関係のパターンが繰り返されただけというものだ。もしそうならば、ケナンがロシア革命を歴史の転換点としては認識せず、「ロシアがロシアのままである」と結論付けたことは、的外れではなかったことになる。

またスターリン伝を書き進めているコトキンは、モダニティを伝統社会から近代社会への移行という社会学的プロセスではなく、「地政学的プロセス」であり、大国の列に加わるために必要なものを獲得するか、大国の餌食になるかの問題なのだと主張している。こうした認識枠組みは、ケナンのロシア認識アプローチと共通するものを持っている。スターリンは、この「地政学的プロセス」という現実を理解し、「自国民に無慈悲とも言える犠牲を負わせて」近代化を実行したのである。

ではスターリン主義はモダンな現象なのだろうか。スターリン主義の研究者ゲティは、スターリン主義の実践には古風な側面が多くあったと指摘している。ゲティは、中央と地方の個々の権力者とその取り巻きの個人的な、またクラン（氏族）的な結びつきに焦点を当てて、「スターリニズムをモスクワ公国にまでさかのぼる伝統的支配様式の文脈で論じ」ている。こうした伝統主義的な視点（「新伝統主義」と呼ばれる）もまた、後で述べるケナンのロシアの指導者に関する認識と一致する面を持っている。無論、ケナンのロシア研究は、現在の研究水準から見れば稚拙な面もあると思われるが、ケナンの認識と、現在のロシア（ソ連）研究が到達している認識には、一定の共通点が存在している。

3　第二次大戦とケナン

第二次大戦の開戦

一九三七年夏にモスクワを離れたケナンは、ワシントンに戻り、国務省のソ連課長となった。ところが、国務省内で組織改革があり、東欧局が廃止されることになった。東欧局はソ連の調査研究に関して優れた実績をあげており、米ソの国交交渉のときワシントンに来たリトヴィノフが、ソ連の外務省より資料がそろっていると言ったほどであった。だが厳しいソ連認識を持っていた東欧局は、当時の政治状況の中でやや難しい立場に立たされていた。

廃止後、東欧局の機能は西欧局に吸収され、西欧局はヨーロッパ局となった。ソ連に対して比較的友好的な態度を取ろうとしていたルーズヴェルト政権の下で、ソ連の実態を知り、ソ連に批判的な提言をしようとする外交官たちには辛い時代であった。ケナンもわずか一年でワシントンでの勤務を解かれ、チェコスロヴァキアへ派遣されることになった。

一九三八年夏、ケナンがチェコスロヴァキアに到着するとき、ミュンヘン会談が開かれようとしていた。ヒトラーはズデーテン地方に在住するドイツ人の自治や同地方の割譲を要求しており、イギリスとフランスは何とチェコスロヴァキアに対してこの要求を受け入れるよう勧告していた。だが当時多くの人は、このミュンヘン協定を、戦争を回避したものとして歓迎し、イギリス首相チェンバレンも喝采をうけた。ケナンがプラハに着いたとき、街は灯火管制で暗く、軍によって非常事態が布告されていた。そして、ミュンヘン会談の結果、ドイツ軍が国境地帯に進駐してきた。

ミュンヘン会談から一年後、一九三九年九月、ついに第二次大戦が始まった。ケナンはプラハからベルリンへ移った。当時アメリカはまだ参戦しておらず中立国の立場だった。戦時下のベルリンでの生活は厳しく、ケナンは、ナチの体制が必ずしも磐石ではないということを、肌で感じとっていた。そして一九四一年六月二二日、ドイツ軍が突如ソ連に侵攻したことが伝えられた。「バルバロッサ作戦」が発動されたのである。だがケナンはアメリカを始め西側がソ連と同盟することには消極的であった。物質的援助を与えることには反対しなかったが、政治的、イデオロギー的に、米英がソ連とともに民主主義防衛のために戦うのだという考え方には反対していた。一二月、日本軍のハワイ真珠湾攻撃によってアメリカとドイツも戦争状態に入ると、ケナンら大使館員たちはドイツに残っていた新聞記者などとともに抑留生活を送ることになった。

独ソ戦は当初、ドイツ側の圧倒的な攻勢から開始された。独ソ戦は第二次大戦における最も大規模で悲惨な地上戦であったが、これにはいくつかの複合的な要因が作用している。まずヒトラーとスターリンという、二人の独裁者の個性に加えて、ナチ・イデオロギーと社会主義イデオロギーの対決という面を持っていた。さらに地政学的に言えば、ドイツとソ連という巨大なランド・パワー同士の戦争であり、勝利した側が中部ヨーロッパからヨーロッパ・ロシアまでを中核地域として、ユーラシア大陸の「ハートランド」を支配することになる戦争であった。

なお独ソ戦は普通の戦争ではなかった。ナチズムという歪んだ人種理論に基づくイデオロギーの最悪の部分が露呈した戦争でもあった。ドイツ軍は街を破壊し、村を焼き払い、ユダヤ人を殺戮し、スラブ人を奴隷化しようとした。独ソ戦はまさに「絶滅戦争」であった。

独ソ戦の推移

一九四二年五月中旬、ケナンたちは交換船で帰国できた。ケナンは長い夏休みを取った後、九月初めにはポルトガルへ派遣された。同地では参事官および代理大使として、アゾレス諸島の米軍使用問題を解決した。四四年一月にはロンドンに赴任し、ヨーロッパ諮問委員会に出席するアメリカ代表を補佐することになった。ヨーロッパ諮問委員会はイギリスの発案で設置され、米英ソが戦後のヨーロッパ、とりわけドイツの処理問題について、戦争終結より前にできるだけ具体的な計画を立てようとしていた。これによってケナンは、アメリカの戦後構想立案に関与する機会を得たが、その実情に落胆していた。ルーズヴェルトの戦時外交は、戦争遂行中は基本的に戦後問題を後回しにしていたうえ、英ソとの重要な案件については国務省を政策決定から排除し、もっぱら軍に頼っていたからである。ヨーロッパ諮問委員会に参加していたのは一九四四年一月から四月までの短期間であったが、ケナンはアメリカの戦後構想について深い憂慮の念を抱きつつワシントンへ帰った。

この間、独ソ戦は大きな変化を見せていた。開戦当初圧倒的に優勢であったドイツ軍であったが、一九四一年一二月にはモスクワ郊外で赤軍の反撃にあい、モスクワ占領には至らなかった。四二年九月から四三年二月まで続いたスターリングラードの戦いで赤軍はドイツ国防軍に勝利を収め、これによって戦局がソ連側有利になっていった。四三年夏のクルスクでの大戦車戦にも勝利した赤軍は、ソ連国土を防衛する戦争から、ドイツ打倒をめざす攻勢戦略を採るようになった。やがてソ連は東ヨーロッパや南ヨーロッパへと侵攻し、それら地域を自国の勢力圏として支配するようになる。

ソ連が勢力圏を拡大していく中で、ナチ・ドイツと同じような残虐行為が行われていた。一九四三年四月、ソ連西部にあるスモレンスク郊外のカチンの森で、埋葬された多くのポーランド人の遺体が発見された。ニュースを発表したのがドイツ側だったため、この事件はドイツの反ソ宣伝であるという見方も出る一方、冷戦期にはやはりソ連側の行為ではないかという批判も出て、真相が解明されていなかった。しかし冷戦の終焉とともにソ連側の秘密文書が解禁された結果、この事件はソ連内務省の部隊が組織的に行った虐殺であることが判明した。ソ連はポーランドの独立性を可能な限り弱体化させる目的で、社会で中核的存在となる軍人、教師、牧師などを虐殺したのだった。

しかもポーランドについては、もう一つの大きな事件が起こった。一九四四年八月、赤軍はドイツ軍を追撃し、ワルシャワ郊外に到達した。それを見たワルシャワ市内のポーランド人たちは、自らドイツ軍を追い出すべく、蜂起する。赤軍が市内に突入し援助してくれると期待してのことだった。ところが赤軍は燃料の不足などを理由にビスワ川対岸にとどまったため、蜂起はドイツ軍によって弾圧されてしまった。赤軍が市内に入ったのは、その後であった。戦後のポーランドを勢力圏に取り込もうとしていたソ連は、自律的な動きを見せるポーランド人を排除しようとしたのだった。

また赤軍兵士は、進出した地域で女性へのレイプや強盗、殺人など、犯罪行為を繰り返した。進出した国によって多少の違いはあったが、大きな問題であった。当時はまだソ連に忠誠を示していたユーゴスラヴィアのジラスが、スターリンとの会見の際に不満を述べたが、スターリンは歴戦の兵士が多少羽目を外すのは当然だと言って取り合わなかったと言われている。赤軍は一種の復讐として蛮行を繰り返し、最も大きな被害を受けたのはドイツ人女性であった。

モスクワ勤務で得たソ連観

一九四四年五月、ケナンは休暇でワシントンへ帰ったが、親友のボーレンの紹介で新しく駐ソ大使になる予定のアヴェレル・ハリマンと会った。そしてそれが縁で、再びソ連大使館に勤務することになった。参事官兼代理大使というポストであったが、実質的にアメリカの在ソ連大使館のナンバー2であり、大使が不在のときには大使館全体に責任を持つことになった。戦時の外交官としてまた困難な旅が始まった。六月初旬、ケナンはワシントンを出発し、北アフリカから、イタリア、エジプトを経て、イランのテヘランからモスクワをめざした。七年ぶりのロシアであった。

この頃になると戦争は、はっきりと連合国側の有利になっていた。ケナンがモスクワへの旅を続けている間に、連合国軍は「ノルマンディー上陸」に成功し、米英軍がヨーロッパの土を踏んだ。

懸案であった第二戦線がようやく開かれた。東部戦線では赤軍がドイツ軍を押し返していた。ドイツは東西から挟み撃ちにあうことになり、戦局の不利は明らかであった。モスクワに着任したケナンがまず取り組んだのがポーランド問題であったが、一九四五年以降、スターリンがポーランドをソ連の勢力圏内に取り込んでしまうのを見ているだけであった。

こうした状況を見たケナンは、アメリカの戦後構想がソ連に対する大きな見誤りに基づいて立案されているのではないかとの危惧を抱くようになる。ソ連とはどのような国でその指導者たちは何をどう考えているのか。ケナンは一九四四年夏に一つの文書をまとめた。それは「七年後のロシア」と題され、三五ページにもなる大論文であった。

その中でケナンは、戦後ソ連は極めて強力な地位を占めるだけでなく、国民の生活水準の上昇を犠牲にしてでも重工業を発展させると予想した。そして重工業に基づき、強力な軍事力を維持することで、世界における自国の相対的な力関係と威信を強化すると断定した。さらに外部世界に対する恐怖感からとはいえ、ヨーロッパに対して政治的および領土的に自らの影響力拡大のための政策を採ると予言した。東ヨーロッパや中部ヨーロッパの国々にとって、問題は共産主義か資本主義かではなかった。イデオロギーの問題ではなく、国家的独立を維持するか、大国による支配に陥るかの問題だと主張した。「この地域でのロシアの努力はただ一つの目標、つまり力［の獲得］に向けられている」のであった。

戦後のドイツについても、ケナンの見解は悲観的であった。ケナンは戦後世界で米ソの協調は困難であると予想し、連合国の協調に基づくドイツの共同管理も不可能であると考えていた。

ケナンの見るところ、ソ連の戦後ドイツ政策は次のような二点に絞られていた。第一に、オーデル川とナイセ川をドイツの東部国境線とすること。第二に、ドイツの社会主義化である。赤軍がドイツの東部を占領した以上、その占領地区にまで米英の影響力を拡大することはできなかった。そうした状況の中でアメリカが実施できる唯一の政策は、西側占領地区を東側からの脅威を受けないようにすることであった。すなわち「繁栄し安定し優越した独立体に導くこと」である。要するにドイツの分割であった。アメリカがもしソ連との協調を維持したままドイツ占領を続ければ、統一ドイツを再建することはできるかもしれない。しかしそれは、ソ連からの政治的浸透と影響に対して脆弱な「名目上の統一」を維持するだけになるであろう。そうした統一ドイツを受け入れられない以上、ドイツ分割は不可避だというのがケナンの見解であった。

「七年後のロシア」で示されたケナンの意見は、ルーズヴェルト政権の中では全く異端であった。ケナンの考えていた戦後ソ連の外交政策やドイツ分割の構想は、次の節で見るような地政学的な米ソ関係の認識から導き出されていた。

4　米ソ関係の地政学

ケナンの考える米ソの構造的対立

第二次大戦中の経験から、ケナンはルーズヴェルト大統領やアメリカ軍部の対ソ・アプローチに強い苛立ちを感じるようになっていた。既に見たようなソ連観を形成していたケナンにとって、アメリカの戦時外交はあまりに稚拙であった。ケナンの認識枠組みからすれば、アメリカはソ連の協力が得られることを前提にした戦後計画を立てるべきではなかった。さらに、第二次大戦が「ファシズム対民主主義」の戦争であるとされたことによって、スターリン体制下のソ連が「民主主義」陣営に属すると考えられていたことは、ケナンを大いに困惑させた。ケナンは、アメリカがあくまでソ連の政治的イデオロギーに同調せず、またソ連を同盟国としてではなく、単なる「同伴者（fellow traveler）」とみなすのがよいと考えていた。

一九四五年二月、米英ソ三国首脳がヤルタ会談を開いた。戦後の世界に大きな影響を与えたこの会談について、ケナンは何ら積極的な成果を見出すことができなかった。ポーランドについても「広範な民主主義的基礎のうえに」「自由な選挙」を行い、臨時政府を再組織することが謳われたが、このような文言はケナンにとって単なるごまかしでしかなかった。

それでは、ケナンにとって米ソ関係のあり方、すなわち前に見たような「大陸国家」としてのソ連と「海洋国家」としてのアメリカとの関係は、どのように認識されていたのであろうか。

ケナンにとって米ソ関係を根本的に規定するものは、やはり歴史と地理である。彼の見るところ、国際関係における偉大な二つの世界強国《ワールド・パワー》間の関係は、すべて長期的には地理的および歴史的条件から生まれてくる、ある種の恒久的かつ基本的要因によって支配される。もちろん、国際政治における一時的突発事態（momentary eccentricities）が、大国間関係に短期的影響を与えることはあるが、それは文字通り一時的なものであって、その関係に根本的な変化をもたらすものではない。では、ケナンの考えていた米ソ関係を規定する基本的要因とはどのようなものであろうか。一九四五年一月、ルーズヴェルトの通訳としてヤルタへ向かった親友のチャールズ・ボーレンにあてて送った手紙の中に次のような文章がある。

これらのロシアの目的［ヨーロッパにおける諸国家の団結、均衡、調和を喪失させること］は、中部及び西部ヨーロッパの伝統の主要潮流に反するだけでなく、われわれ［アメリカ］自身の利益とも対立する。大西洋地域の海洋勢力（a maritime power）として、［ヨーロッパの］大西洋沿岸に、主に平和的な国際海上貿易《コマース》の維持に依存し、安定し、自尊心のある、現状に満足した国々を維持することは、われわれの利益である。そして、もしこれらの諸国家が生き延びなければならないとすれば、安定し、状況に適応可能で進歩的な中央ヨーロッパが、これらの国々の背後に存在しなければならない。これはまたイギリスの利益でもある。したがって、ヨーロッパ半島における活気に満ちた独立した政治生活の維持を求める大西洋海洋勢力（Atlantic sea power）の利益と、常に自らを西方へと拡張させることを求め、大西洋に達するまでは自ら安全に停止する場を自らの立場からは決して見出し得ない、嫉妬深いユーラシア大陸勢力（Eurasian land power）の利益との間に、ヨーロッパをめぐる基本的対立《コンフリクト》が発生するのである。

このようにケナンは、アメリカが大西洋における海上貿易に利害関係を持つ海洋国家であると前提し、大西洋の対岸すなわち西ヨーロッパも、海上通商に重要な利害を持つとした。いわばアメリカと西ヨーロッパが大西洋を介した利益共同体を構成していると考えていた。これに対してソ連は、そうした共同体の利益を東方から脅かす大陸国家であり、大西洋の通商に基礎をおくアメリカと西欧にとって常に敵対的な勢力なのである。そして、中部ヨーロッパは西ヨーロッパの後背地として、東方の大陸国家の勢力進出を食い止めるための防壁、あるいは緩衝地帯とならねばならない。このように見れば、アメリカ（および西欧）とソ連の政治的対立は構造的なものであり、少しばかりの政策によって解消できるものではないことになる。このように米ソ関係は「地政学」的に規定されていた。

実はマッキンダーも一九二〇年代に、これと類似の見方を論文で発表していた。

いまや西ヨーロッパと北米はさまざまな機能をもった、一つの統合された共同国家群を形成しているといえる。この事実は、第一次大戦においてアメリカとカナダの軍隊が大西洋を越えてフランスで戦ったことにおいて初めて明らかになった……アメリカでもっとも降雨量が多く、そしてもっとも石炭を多く産出するのは東側の地帯であり、ヨーロッパではこれらが逆に西側に集中しているのだ。よってヨーロッパの西側と北米の東側は物理的に補足しあう関係であり、お互いに分担して大きな共同体を急速に形成しつつある。

ケナンと同様、アメリカと西欧は大西洋を挟んで巨大な共同体を形成しているというのだ。そしてマッキンダーによれば、大西洋は北米大陸とヨーロッパ大陸の間に存在する「内陸海」であった。シー・パワーはランド・パワーの脅威に対抗するため、兵力をランド・パワーの側の海岸部に投入しなければならないが、これはまさに水陸両用作戦となる。シー・パワーは「内陸海」を経てランド・パワーの側に、つまりヨーロッパ大陸に上陸しなければならない。そこで、フランスが橋頭堡に、イギリスが前進基地に、アメリカが戦略的縦深になるという役割分担が必要となるのである。

勢力圏分割論

第二次大戦末期、ケナンが密かに同僚に提示した地政学的な米ソ関係に関する認識は、既に一九二〇年代にマッキンダーによって、その萌芽的なアイディアが示されていたものであった。だが、既にソ連は東ヨーロッパの大部分を支配してしまっている。この事実は、ヨーロッパ大陸全体の戦後復興をソ連が妨げる可能性があることを意味した。それはまたヨーロッパにおける戦勝の意義――アメリカに友好的な諸国からなるヨーロッパの政治的安定の回復――を危うくさせる。米ソ対立が構造的なものであり、東ヨーロッパが既にソ連の支配下に入った状況の中で、アメリカはどのような対応をすべきなのか。この問いに対するケナンの解答が、米ソによる、ヨーロッパを東西に分割する勢力圏の設定である。

ロシアのヨーロッパに対する態度は、伝統と環境の産物であった。したがって、ヨーロッパの勢力圏分割はロシアに対する最も正直な対応なのだ、というのがケナンの考え方であった。アメリカはソ連軍占領下の中東欧諸国に影響力をおよぼす手段を持っていないのであるから、同地域をソ連圏とみなすほかはない。またアメリカも西部ドイツを含めた西ヨーロッパを自国の勢力圏とみなして必要な諸政策――戦後復興――を展開せざるを得ない。そうでなければ、西欧諸国もソ連の影響下に置かれ、アメリカの基本的利益を損なうことになる。後にケナンはマーシャル・プランの立案過程で大きな役割を果たすが、彼が同プランの目的として西欧の経済復興を挙げていたのには、こうした勢力圏分割論に基づいていた面もあった。

しかし、一九四五年春の段階では、ケナンの考えたような勢力圏分割論はアメリカ政府内部で全く受け入れられなかった。ケナンの手紙を受け取った親友のボーレンも、ケナンの考え方に反対した。ルーズヴェルトの通訳として米英ソの戦時外交を直接知る立場にいたボーレンは、東欧がソ連の勢力圏になると認識していたが、戦後も大同盟が維持されることに楽観的であった。だが後にボーレンも、このときのケナンの見方が正しかったと認めるようになる。

なお、ここで注目すべき点は、第二次大戦直前から大戦期のソ連外交――ケナンの表現を借りれば公式面でのソ連外交――が、確かに西側との勢力圏分割を求めていたと思われることである。独ソ戦開始後の一九四一年一二月、英ソ同盟締結準備交渉のためモスクワを訪問したイーデン英外相に対し、スターリンはソ連の西部国境に関して詳細な秘密議定書の締約を提案していた。それはヨーロッパにおける勢力圏の相互承認を求めるものであった。

また大戦直前の独ソ不可侵条約締結にあたっては、その付属秘密議定書に基づくポーランド分割を、ドイツとの間で合意していた。さらに後でも述べるが、一九四四年一〇月の英ソ間のバルカン分割合意――いわゆるパーセンテージ協定――などを考え合わせると、スターリンの外交スタイルが具体的な領土取り決めや勢力圏の相互承認を好んでいたことは否定できない。

このように見れば、ケナンの勢力圏分割論は相当の実効性があったと評価できる。ロシア外交において勢力圏的な発想は歴史的にも根強く残っており、それは現在でも続いている。ケナンの構想の基盤となる発想を、これから先、本書で展開する論旨も一部先取りして述べると次のようになる。

- 海洋勢力——民主主義——グローバリズム——同盟の維持——貿易や商業重視——平和的。
- 大陸勢力——独裁政治——リージョナリズム——便宜的同盟——領土拡大とアウタルキー（自給自足）——平和は戦争の合間。

こうした海洋勢力と大陸勢力との対比に基づいて、ケナンは後に「封じ込め」構想を提示することになる。また、この対比はアメリカとロシアとの対比でもあった。

5　ソ連の戦後構想

戦後計画のための三委員会

それでは実際に、当時のソ連はどのような戦後構想を持っていたのであろうか。ケナンが主張したように一貫した目的を持っていたのであろうか。この問題については、冷戦終焉後に旧ソ連の秘密文書が、全部ではないが次々と解禁されたことによって、かなり詳細に解明できるようになった。以下では、そうした文書を基にして、ソ連の戦後構想の概略を述べていきたい。

第二次大戦が終結したとき、戦後世界は、今度こそ永続的な平和の確立に向けて進むことができるように思われた。米英ソ三国の「大同盟」は戦後も継続し、新たに設立された国際連合の中で、フランスと中国を加えた安全保障理事会の常任理事国として、世界平和の達成のために協力していくと期待されていた。

だが世界各国の一般民衆が持っていた平和への希望とは裏腹に、米英ソ各国政府の上層部では疑心暗鬼が広がりつつあった。赤軍が占領した東南欧諸国では事実上の共産党政権が確立されつつあった。また既に見たように、「ワルシャワ蜂起」や「カチンの森」事件は、不穏な前兆であった。米英も自分たちが占領し解放したイタリアでは、ソ連の政治的介入を認めなかった。

「解放ヨーロッパに関する宣言」は、民主的な選挙を通じて政府を形成するという方針を格調高く謳い上げたが、既に現実は異なる方向に動き出していた。ポーランドはオーデル川とナイセ川を西部国境線とされ、西へ「平行移動」させられた。旧ポーランドの東側はソ連領となり、ドイツの東部がポーランドへ割譲された。縮小されたドイツ本土の東部を赤軍が、西北部をイギリス軍が、西南部をアメリカ軍が占領した。またザールはフランスが占領した。ドイツは連合国によって分割占領された。首都のベルリンだけは連合国の共同占領であったが、共同占領といってもベルリン東部を赤軍が、西部を米英仏が占領していた。

分割占領方式はアジアでも適用された。戦時中日本軍が占領していたヴェトナムは、北緯一六度線を境にしてその北部を中国国民党軍が、南部をまずは英軍が占領し、その後、旧宗主国であったフランスに引き渡した。朝鮮半島は北緯三八度線を境に、北部を赤軍が、南部を米軍が占領した。日本本土はほとんど米軍の単独占領であったが、南樺太と千島列島はソ連が占領した。

このような形になったのは、米英ソ三国が程度の差はあれ大戦中から戦後計画を立案し、それに基づいて三国間で調整作業が行われていたからである。アメリカは国務省内でパスボルスキー長官特別補佐官を中心に戦後計画に関する諸委員会が設置され、自由貿易に基づいた戦後世界を構想していた。米国政府内には一九四四年に国務・陸軍・海軍・三省調整委員会（ＳＷＮＣＣ）が設置され、占領地に対する構想や業務について軍部と国務省の間で政策の調整が図られた。イギリスでも戦後計画委員会が設置されていた。このような事情はソ連でも同じであった。だがドイツ軍の猛攻を受けて敗北寸前だったソ連の戦後計画立案は、一九四三年秋から着手されたようである。

一九四三年九月、まず二つの委員会が組織された。一つは「平和条約および戦後再建問題に関する委員会」で、委員長にはリトヴィノフが任命され、「リトヴィノフ委員会」とも呼ばれた。二つ目は「停戦問題に関する委員会」で、軍人を中心に構成され、ヴォロシーロフ大将が委員長になったため「ヴォロシーロフ委員会」と呼ばれた。やや遅れて「ヒトラー・ドイツとその同盟国によってソ連邦にもたらされた損害を補償することに関する委員会」が設置され、マイスキーが委員長になったため「マイスキー委員会」とも、あるいは「賠償委員会」とも呼ばれていた。リトヴィノフは駐米大使を務めており、外相経験および戦前の対独政策で活躍した実績があった。マイスキーも駐英大使を務めていたが、四三年からは外務人民委員代理（外務次官）となった。両人ともソ連外交における重要人物であり、四三年初め頃から戦後計画立案の必要性をモスクワに進言していたとされる。スターリンはこれら両名を呼び戻し、戦後計画委員会の責任者に任命した。この三委員会がソ連の戦後計画を立案し、スターリンやモロトフの政策立案に影響を与えることになった。

早くも一九四三年一一月にはマイスキー委員会が戦後賠償に関する原則を定めていた。ドイツとその同盟国からは、住民の飢餓線上まで「取れるものは何でも取る」という原則である。戦争における被害額を七〇〇〇億から八〇〇〇〇億ルーブルは下らないと算定し、それに見合った膨大な賠償を取ろうと計画していた。スターリンは当初ドイツに対する賠償要求額を五〇億ドルにするつもりであったが、マイスキーがそれでは少な過ぎると主張したため、実際にスターリンがヤルタ会談で要求した額は一〇〇億ドルになったと言われている。だがマイスキーの構想はもっと「壮大」であった。マイスキーはドイツとその同盟国からの賠償総額を一五〇億～一七〇億ドルとし、さらに戦後一〇年間にわたって六〇億ドル相当の生産物を受け取るとした。さらにドイツ人労働者五〇〇万人［!］を、ソ連国内の工場で一〇年間労働させるという、「スーパークラーグ」（超強制収容所）とでも呼ぶべき構想を持っていたのである。

マイスキー委員会の政策方針

一九四四年一月には、このマイスキー委員会がモロトフ外相に報告書を提出した。一月一一日付で提出された報告書は、ある研究者によれば、ソ連の戦争目的を初めて、しかも詳細に表明したものであった。序論部分で戦後ソ連の基本目的を提示し、「ソ連の安全と、少なくともヨーロッパとアジアにおける平和維持を、長期にわたって保証する状況を作り出す」としていた。この基本目的は以下のような二つの要因によって構成される。

A　ヨーロッパとアジアにおいて、ソ連邦が自国に対する侵略を恐れる必要がないほど強力となり、いかなる大国もまたいかなる大国の連合も、そのような侵略を構想しなくなること。

B　ヨーロッパ、少なくとも大陸ヨーロッパが社会主義となり、そのことによって同地域で戦争が発生する可能性を排除すること。

これらの目的について、Aは一〇年以内に達成可能であり、Bについてはその実現まで三〇～五〇年が必要だとされた。そしてこうした目標を達成するための基礎的条件が、一九四一年時点での国境線を維持することであった。ペッサモをソ連領内に取りこみ、南サハリンを返還させ、「クリール諸島（千島列島）」をソ連領にすることなども考えられていた。フィンランドやルーマニアと相互援助条約を結び、これらの国で軍事基地を使用できるようにすることも重視された。チェコスロヴァキアとは国境線を接するようにすることが目標であった。中東ではイランとペルシア湾でソ連の自由な通航が認められることが必要である。戦後これらの目標は一部を除いて実現されることになる。

さらにマイスキーは、ヨーロッパ各国について具体的な目標も構想していた。ドイツについては、いくつかの小国に分割し非軍事化する。賠償を取りたて、戦争犯罪人に対しては厳しい処罰を下す。フランスについては、大国として再建することは認めない。というのは、「戦後ヨーロッパにおいて、強力な陸軍国はソ連だけにし、強力な海軍国をイギリスだけにする」ことが、ソ連にとって有利な状況を作り出すからである。ポーランドについては、同国の強大化を防止し、可能な限り小さな国境線内に押し込める。このほかにも欧州や中近東諸国について、国別に目標が検討されていた。

さらに旧敵国や、敵国に占領された地域における戦後の国家体制についての検討も進められていた。社会主義イデオロギーはどの程度影響を持っていたのであろうか。マイスキー委員会は、まず「広い意味での民主主義の原則」を導入することを考えていた。それは共産党だけでなく民主的諸党派を加えた「国民戦線」の方式に基づいて形成されることを意味していた。ここには「早過ぎる革命」への警戒感が読み取れるが、この点については後で述べることにしたい。国民戦線方式による「民主主義」の導入にあたって興味深いことは、自力でその導入が可能である国と、そうでない国があるという認識である。ノルウェー、デンマーク、オランダ、ベルギー、フランス、チェコスロヴァキアなどが、外部からの圧力がなくとも「民主主義」を導入することができる国家であった。

これに対して、米英ソ三国による外部からの圧力がなければ「民主体制」を確立することができないとされたのは、ドイツ、イタリア、日本、ハンガリー、ルーマニア、ブルガリア、フィンランド、ポーランド、ユーゴスラヴィア、ギリシア、アルバニアなどであった。しかもこれらの国々に「民主体制」を導入するにあたっては「内政不干渉」の原則を考慮する必要がないとされていた。というのは、これら諸国に「民主体制」を導入することは、永続的な平和を確保するための必要不可欠な保障措置であると考えられていたからである。日独伊ハンガリーなど旧敵国に対する「民主体制」の導入だけでなく、ポーランドなどソ連と隣接した諸国に対して「内政不干渉」の原則を考慮することなく「民主体制」の導入が構想されていたことは、戦後東欧諸国におけるソ連のヘゲモニーを確保する必要性が意識されていたと考えることができる。現在の研究によれば、ソ連が東欧で「社会主義帝国」を築いたのは、ソ連の安全保障の確保と同地域における社会主義体制の建設のためであった。

これらに加えてマイスキーの報告書は、「大同盟」の相手国であるアメリカとイギリスについても検討していた。報告書はアメリカを「活力ある帝国主義」と呼び、イギリスを「保守的な帝国主義」と分類したうえで、イギリスが戦後世界における「安定と秩序」をもたらす要因だとしていた。というのは、ソ連はイギリスと協力してアメリカに対抗できる可能性があるという期待があったからであった。戦後世界で米英が対立する可能性を考え、イギリスを大国として維持し、その海軍力をアメリカの帝国主義的拡張への対抗力（カウンター・バランス）にする必要があると予想していた。いわば米英という二つの「帝国主義国」が対立することを予想し、期待していたのである。

では戦後、ソ連と米英との関係はどのようなものになると予想されていたであろうか。ここで問題になるのは、先に述べた「早過ぎる革命」がもたらす影響である。もし戦後ヨーロッパで「プロレタリア革命」が発生すると、それは米英側の警戒感を強め、米英とソ連との関係を緊張させてしまい、平和への脅威になると考えられた。その意味で「早過ぎる革命」は、できれば回避されるべきであった。マイスキーの報告書が「国民戦線」の線に沿った各国政府の確立を主張していたのは、このためである。この時点ではソ連も、戦後米英とは良好な関係を維持したいと考えており、この点では米英の戦後構想と共通していた。だが長期的にはアメリカとの関係が悪化することも予想されていた。アメリカの空軍力は、ソ連が陸上戦闘で持つ広大な領土的優位を相殺してしまうであろうし、アメリカがドイツや日本、さらにはフランスや中国をも加えてブロックを形成する可能性があると考えられた。

マイスキーの報告書は戦後世界に向けて以上のような方針を示していた。そしてさらに、戦争終結直後にソ連が採るべき具体的な五つの政策方針も提示していた。（1）アメリカおよびイギリスとの友好関係を強化する。（2）イギリスとより密接な関係を保つという見通しの下に、米英間の対立をソ連の利益になるよう利用する。（3）あらゆる手段を使って中国におけるソ連の影響力拡大をめざす。（4）ヨーロッパにおいては、ソ連を「真に民主的な」中小国を惹きつけられるような中心勢力とする。（5）ドイツと日本については、両国が真の民主主義と社会主義への道を歩み始めるまで、国際的に孤立させておく。

当たり前のことだが、この時点では敵国のドイツや日本への対応が厳しく、味方の米英とは戦後も協力関係を維持していく方針が示されている。ただしマルクス主義イデオロギーの影響からか、米英が戦後対立することに過度の期待をかけていたようにも思われる。

リトヴィノフ委員会の提言

ではリトヴィノフ委員会の方は、どのような提言をしていたのであろうか。マイスキー委員会の報告からやや遅れて、一九四四年夏頃から影響力のある提言をするようになった。注目すべきは、戦後世界を米英ソなどの勢力圏に分割しようと主張していた点である。四四年七月の提言では、アメリカが南北アメリカ大陸と太平洋および大西洋の一部の地域について安全保障上の責任を持つべきであるとしていた。また同年一一月にリトヴィノフは、モロトフ外相に対してヨーロッパを英ソ間で勢力圏分割することを訴えていたという。ソ連の勢力圏は、フィンランド、スウェーデン、ポーランド、ハンガリー、チェコスロヴァキア、ルーマニア、「バルカン半島のスラブ民族国家」、トルコである。イギリスとの利益対立を避けるため、ノルウェー、デンマーク、ドイツ、オーストリア、イタリアを中間地帯とすることも考えられていた。

実際に一九四四年一〇月には、チャーチル英首相とスターリンとの間で、いわゆる「パーセンテージ協定」と呼ばれる、バルカン方面を中心とした英ソ間の勢力圏分割のための協定が結ばれ、リトヴィノフの構想が現実化しつつあった。「パーセンテージ協定」によれば、ギリシアへの影響力は英国九〇%、その他一〇%、同様にブルガリアではソ連が七五%でその他が二五%、ルーマニアはソ連が九〇%でその他は一〇%、ハンガリーは五〇%ずつ、といった具合である。リトヴィノフの構想はやや野心的に過ぎ、「パーセンテージ協定」では必ずしも彼の思う通りにはなっていないような印象を受ける。対象となる国が異なるため厳密な比較はできないが、現実のソ連外交はリトヴィノフの構想よりは穏健であったようである。だが問題は、リトヴィノフが提言したのと同類の勢力圏分割合意が、実際にソ連とイギリスとの間で結ばれたということであろう。

歴史の長いヨーロッパ外交の伝統を継承したこれら両国は、既に戦後世界へ向けて現実的な対応をし始めていたのである。大西洋の向こう側にいるアメリカが「自由選挙によって民主的な政権を作る」と理想を打ち出しても、それが現実化する可能性は乏しかった。民主主義の論理はレアルポリティークの論理を乗り越えることができない運命にあった。

ではこのリトヴィノフが提示した勢力圏分割論のような提言や、マイスキー委員会の報告はどの程度現実のソ連外交に影響を与えたのであろうか。『冷戦期クレムリンの内側』という研究によれば、スターリンはリトヴィノフやマイスキーの提言を活用し、かつそれに依存していたという。勢力圏分割についてはリトヴィノフより穏健であったようだが、ドイツに対する賠償額についてマイスキーの影響があったことは確かなようである。

ではスターリン自身はどのような考えを持っていたのであろうか。ソ連は第二次大戦で大きな被害を受けたが、戦勝国となったことで国際政治上の地位を大きく向上させた。大戦終結直後のソ連政府首脳部は高揚感に満ちていた。ソ連がヨーロッパとアジアで影響力を拡大したことは、社会主義の勝利と考えられたのである。スターリンは、第一次大戦が社会主義国を一つ生み出し、第二次大戦によって社会主義世界が形成されたと考えた。したがって将来、第三次大戦が起きれば、そのときには「帝国主義」すなわち資本主義が最終的に終焉を迎えると信じていた。この意味でスターリンはやはりマルクス・レーニン主義の革命家としての信念を持っていたと言ってよい。

だがそれに加えて彼は、自らを伝統的なロシア帝国の継承者であると考え、ソヴィエト帝国の創造者でもあると信じていたようである。ある巧みな表現を借りれば、スターリンにとって「マルクス主義的な理想は普遍的帝国であり、ロシアはその中心にある」。つまりスターリンにとっては、ソ連の国家的利益を追求することが、イデオロギー上の理想に近づくことを意味した。ソ連外交を分析した研究者たちは常に、ソ連外交を規定する要因としてイデオロギーと国益のどちらを重視すべきであるかを議論した。だがスターリンにおいて、イデオロギーと国益という二つの要因は一体化していたのである。ソ連の国益を擁護し増進することは、社会主義世界実現へ向けての歴史的発展を推進する原動力であった。

一方、スターリン時代のソ連外交を振り返ると、社会主義イデオロギーよりも国家的利益を優先したという印象を受ける事例が少なくない。独ソ不可侵条約付属秘密議定書や、「パーセンテージ協定」を締結した事例や、独ソ戦が終わってから対日戦に参加しアジアで影響力を拡大した手腕は、現実主義そのものであるようにも思われる。実はスターリンにとって、ロシア帝国歴代の偉大なツァーたちもよい見本であった。

スターリンは博識な読書家であり、ロシアの国家史や外交史に関して豊富な知識を持っていたようである。ロシア人研究者によると晩年のスターリンは、自らを伝統的なロシア帝国の皇帝たちと同一視していたという。フルシチョフも当時のスターリンを回想して、スターリンが自らをナポレオン戦争後のアレクサンドルⅠ世と同じ立場にいると信じていたと述べている。また第二次大戦中に発表された「解放ヨーロッパに関する宣言」の米国側草案に懸念を示したモロトフ外相に対して、スターリンは次のように述べたと言われている。「心配するな。……本質は力の相関関係だ」。こうしたスターリンの言動は、ロシア外交の伝統を継承する現実主義の体現者として彼を理解するように促すと言わざるを得ない。

第二次大戦中にスターリンとともにソ連外交を担ったモロトフ外相は、晩年、興味ある回想を残している。「外務大臣としての私の仕事は、わが祖国の国境線を拡大することだった。スターリンと私は、この仕事を非常にうまく進めることができたと思う」。スターリンも戦後、ソ連の勢力圏が拡大した地図を見て満足していた（ただし中東は除く）とされる。彼らは領土の拡大によってソ連の安全を確保しようとしていたのだ。スターリンはナチ・ドイツに対しても、また同盟国となった米英に対しても、勢力圏的な発想から交渉していた。ルーズヴェルトも実質的には東欧をソ連の勢力圏として受け入れるつもりがあったとされている。形式的に「自由選挙」が行われれば、アメリカとしても選挙結果を受け入れる用意があったようである。

しかしそうであったとしても、大きな問題が残る。それは旧敵国であるドイツをどのように処遇するかであった。ドイツの巨大な潜在力を考えれば、ドイツ全体をそのままどちらかの勢力圏内にあるものとして承認することは、米英側もソ連側もできなかった。また、ドイツ問題は冷戦における最も重要な問題の一つでもある。そこでドイツに関する状況について少し見ておくことにしよう。

6　ドイツ問題の始まり

大戦中のアメリカ政府内のドイツ戦後処理構想は、主に国務省と陸軍省によって立案されていた。ドイツ処理問題については米英ソ三国がヨーロッパ諮問委員会を設置し、一九四四年一月から活動したが、何ら重要な決定に至らなかった。これに対してアメリカ国務省は、六月にはドイツ政策に関する報告と賠償問題に関する報告書をまとめた。そしてその報告書を対外経済政策執行委員会（四四年四月設置）に提出して、財務省や商務省など関係する官庁からの同意を得た。

国務省は戦後平和の維持を強調しながらも、ドイツに対する軍事的措置などには触れず、主に経済的な側面から戦後構想を提唱した。最終的にドイツを戦後に確立されるべき自由貿易体制に組み込むことを重視したもので、賠償についてもドイツからの生産物による賠償を考えていた。また実際にドイツ占領を担当することになる陸軍省も、一九四四年四月から八月にかけてドイツ占領に関する指針をまとめていた。陸軍省の指針は、ドイツ軍需工業とナチ体制の破壊を重視したものの、ドイツの生産力の復興や貿易の再開をも重視しており、国務省の構想と一致した面を持っていた。

だが財務長官のモーゲンソーが、国務省や陸軍省の対独占領構想に異論を唱え、ドイツにとって極めて厳しい「モーゲンソー・プラン」を提示した。モーゲンソー・プランは、ドイツの非軍事化を重視するだけでなく、ルールの工業地帯を破壊し、ドイツを農業国にすることを想定していた。ルーズヴェルト大統領も一時的にこの構想を受け入れたが、その後、ハル国務長官とスチムソン陸軍長官の反対にあい、一〇月にはモーゲンソー・プランへの支持を取り下げるに至る。

一九四四年秋には戦局が完全に連合国側に有利となり、米英軍もドイツ本土に迫っていた。統合参謀本部は九月には同本部命令第１０６７号（以下ＪＣＳ１０６７と表記）を策定し、同命令は四五年四月に連合国遠征軍最高司令官、つまり在ドイツ軍政府初代司令官となるアイゼンハワーに伝達された。だがＪＣＳ１０６７はモーゲンソー・プランの影響を受け、ドイツに対して厳しい内容を持っていた。いわゆる「四つのＤ」政策――非ナチ化（De-nazification）、非軍事化（De-militarization）、非中央集権化（De-centralization）、民主化（Democratization）――の推進である。またこれにとどまらず、非工業化も重視され、基本的に「懲罰的平和」をもたらす方針が貫かれていた。

一九四五年二月に行われたヤルタ会談では、ルーズヴェルト大統領、チャーチル首相、スターリン書記長が戦後世界に影響を与える重要な問題について協議した。ドイツ問題については非ナチ化、非軍事化を進めること、またフランスもドイツ占領に参加させることで合意したが、ソ連が求めていた一〇〇億ドルの賠償取立てについては合意に至らなかった。

　同年五月七日、ドイツが無条件降伏し、ヨーロッパで第二次大戦が終わりを告げた。ドイツ全土が連合国軍に占領され、ドイツ政府も消滅していたため、連合国側は「連合国によるドイツの敗北とその最高権力の掌握に関する宣言」（一九四五年六月五日）を発出し、ドイツの国家主権を継承するとともに、直接軍政が敷かれることになった。七月一七日から八月二日までベルリン郊外のポツダムで、最後の米英ソ首脳会談が開かれた。だがこのとき既にルーズヴェルトの姿はなく（四月一二日死去）、副大統領だったトルーマンが大統領となって出席していた。イギリスでも総選挙の結果、労働党が勝利を収め、会談の途中からアトリーが首相として出席することになる。チャーチルは会談にアトリーを連れて来ていたが、途中で自分が先に帰国することになってしまった。スターリンだけが不変の指導者として会議に臨んでいた。

　この会談でドイツに関してはポツダム協定が結ばれ、米英ソ仏四ヵ国がドイツを分割占領することが決まったが、あくまでドイツ全土を「単一の経済単位」として占領管理を進めることが合意された。賠償に関しては基本的に自国の占領地区から取ることになったが、ソ連は西側占領地区からの賠償の二五％を受け取ることとされる。こうしてドイツの占領管理政策が開始された。在ドイツ米軍政府（ＯＭＧＵＳ）長官代理にはクレイ将軍が任命され、実質的な最高責任者として占領政策に着手した。

第2章　ケナンの「封じ込め」構想

1　長文電報

待たれていたモスクワからの電報

一九四五年八月に日本が無条件降伏して第二次大戦は終わった。戦争が終わったことで平和への期待が高まったが、直接的被害がなかったアメリカ合衆国を除いて、勝者も敗者も大きな被害を受けており、戦後社会は混乱を極めた。そこで特徴的だったのが、政治的には共産党の進出である。ヨーロッパでは共産党とその関係者が戦時中のレジスタンス運動で中心的役割を果たしていた。また経済的に困窮する中では、社会主義のイデオロギーには大きな魅力があった。日本でも共産党関係者が帰国し、戦時中に獄中で過ごしていた党幹部らが解放される。アジアの民族主義運動では中国共産党やヴェトナム共産党が大きな支持を受けるようになる。戦争は大きな社会変動をもたらそうとしていた。

こうした中、旧連合国は外相理事会を設置して、様々な案件について共同で対処する体制を整えていた。新たに国際連合も設立された。しかし東欧諸国の戦後政府のあり方をめぐって米英とソ連との間の溝は徐々に深まっていった。イギリス政府の内部文書は戦後のヨーロッパは米ソの影響力が圧倒的に強まると予想し、自国の影響力が失われていくことを懸念していた。

一九四六年三月、アメリカを訪問していたチャーチル前首相は、ミズーリ州フルトンで「鉄のカーテン」演説を行い、西側とソ連との対立に言及した。「バルト海のステティンからアドリア海のトリエステまで、大陸をまたぐ鉄のカーテンが下ろされた」ので英語諸国民は共同してこれに対処しなければならないと訴えたのである。一方スターリンも一九四六年二月のボリショイ劇場で行った選挙演説で西側帝国主義への批判を展開した。いったいソ連はこれまでのように味方なのか、それとも敵なのか。スターリン演説をどう考えるべきなのか。アメリカ国務省の一部の人々はモスクワにいるある人物からの連絡を待った。しばらく電報を送ってこない彼は、どう考えているのだろうか。

二月二三日、その人物からの電報がようやく国務省に届いた。異常に長く、四部に分けて送られてきた電報は国務省上層部で静かな興奮とともに読まれ、広がり、さらにホワイトハウスや陸海軍など他省庁にまで反響をもたらした。これこそ求めていた答えだ。難しい数学の問題をようやく解いたときのような知的興奮がアメリカ政府上層部に広がった。この異常に長い外交電報を送った人物こそジョージ・ケナンだった。

既に述べたようにケナンは、第二次大戦中からヨーロッパの勢力圏分割を主張していた。確かに米英とソ連とはナチ・ドイツ打倒のために協力したが、それは偶然国益が一致していたからで、あくまで便宜的な同盟に過ぎない。ソ連を信用し、ソ連との協力関係を前提にして戦後ヨーロッパの秩序づくりにあたることは、ケナンにとって受け入れがたい誤りであった。大戦中ケナンはモスクワからしばしば意見を送ったが、国務省はもちろん、ホワイトハウスもそれを受け入れたことはない。だがこのときは違っていた。ケナンの厳しいソ連認識はワシントンのエリートたちに受け入れられたのだった。ケナンのソ連認識が変化したわけではなかった。ワシントンのソ連認識が変わりつつあったのである。

ソ連への対抗策

ただここで注意する必要があるのは、ワシントンの政府首脳部が、ケナンの「長文電報」だけによってソ連に対する認識を転換させたわけではないということである。「長文電報」はワシントンで形成されつつあったソ連認識に明確な言葉と論理を与え、それを巧みに表現して正当化したところに存在意義があった。

「長文電報」は、ケナンにとって何ら新規な内容を含んだものではなく、従来から考えていたことをまとめたに過ぎなかった。ケナンはソ連の政策にはソ連政府が行う「公式レベルの政策」と共産党などが行う「非公式レベルの政策」があると指摘した。公式レベルの政策では、ソ連政府と外国政府との関係が問題であった。いわば通常の国家間関係における政策であり、ヤルタ協定などに示されたように、外交交渉で妥協することも可能な領域である。
これに対して「非公式レベルの政策」は共産党などが国家とは別次元で行う政策であり、第二次大戦中に解散したコミンテルンによる政策である。このレベルでは、一般の共産党員など純粋な国内党派もいるが、問題は「陰のコミンテルン」として、モスクワの意向を重んじる各国共産党指導部である。

この非公式レベルの政策については、公式レベルの政策とは異なり、話し合いや妥協は全く不可能だというのがケナンの認識であった。したがって西側の対抗策も主にこの面に焦点を当てることになる。ソ連は非公式レベルの政策によって、西側各国内で社会的経済的対立を助長しようとする。それによって西側の対外的な影響力を低下させ、あわよくば相互に敵対させようとする。つまり、従来から存在している国際的な力の中心（つまり西欧の大国）を麻痺させることが、非公式レベルの政策の目的なのである。

ソ連の指導部は、第二次大戦後、「全ヨーロッパ」が共産主義になる可能性に期待していたと言われている。これに加えて、西側諸国の植民地に対する影響力を減殺することもソ連の重要な目的であった。しかも植民地に関する限り、ソ連は公式・非公式両レベルで挑戦してくると予想された。

第二次大戦後の世界で、公式レベルの政策の面でアメリカとソ連の妥協が可能だったのはヨーロッパと東アジアの一部（すなわち日本）だけであったと言ってよい。東南アジア、南アジア、中近東、アフリカなど広範な地域で植民地が残っていた。ケナンは戦後世界の混乱の一因をイギリス帝国が弱体化したためであると考えていたが、第三世界に関する限りこの考えは正しかった。

それではソ連の非公式レベルの政策に対して、西側はどのような対抗策をとればよいのか。第一は、西側諸国内の政治・経済・社会的な活力の回復である。ケナンは国際共産主義運動を病原菌にたとえ、共産主義は病気に感染した細胞にだけ繁殖できる悪性寄生菌のようなものだとした。だとすれば、西側諸国が大戦後の混乱した国内情勢を安定させ、国民の自信を回復させて士気を高めれば、共産主義運動は恐れるに足りない。人々が規律を取り戻し、堅固な共同体意識を持つことが、「モスクワに対する外交的勝利」になる。

第二の対抗策は、共産主義イデオロギーに匹敵するような、将来へ向けてのヴィジョンを打ち出すことである。大戦で疲弊している国々の民衆に対して、アメリカが建設的な未来像を提示することが重要であった。そうでなければ西ヨーロッパの諸国民は共産主義のイデオロギーに「感染」し、ソ連の影響力が拡大することになる。

そして第三の対抗策は、西側諸国の協力と団結である。既に述べたように、ソ連の非公式レベルの政策における目標の一つが、西側諸国を相互に敵対させることであった。したがって西側諸国としては、逆に相互の協力関係を強化し団結することによって非公式レベルの政策に対応できることになる。西側が団結し一つにまとまれば、ソ連より遥かに強力な力となるはずである。

またケナンはロシア史の研究から、ロシアが伝統的に力の論理に敏感であり、より強い力に直面した場合には自分から引き下がると予想していた。ロシアの伝統を引き継ぐソ連についても同様である。したがって西側が団結すれば、ソ連が西側世界に進出してくる可能性は極めて小さくなると予想された。

以上が「長文電報」の概要である。なおこの文書の注目すべき点について述べておきたい。まず、ケナンはソ連がマルクス主義のイデオロギーに基づいて外交政策を進めているとは考えていないことが確認できる。ソ連の外交政策は基本的に伝統的なロシアの対外的な不安感に基づいて行われ、国益を守る視点から展開されているのだ。またロシアは西欧諸国と比較して常に後進的であり、支配者は西欧世界に対する恐れをも抱いていた。

このようなロシアの外部世界に対する不安感と政治システムの後進性があればこそ、マルクス主義というイデオロギーがロシアにおいて力を得たのだ。マルクス主義イデオロギーは、ロシアの伝統的政治文化と親和性を持っていた。ケナンの見るところ、イデオロギーはロシアの不安感を伝える媒体であり、不安感を隠すものに過ぎない。

次に注目すべき点は、ケナンが、アメリカや西ヨーロッパ諸国において強力な軍事力を持つ必要性を全く述べていないということである。ケナンが重視していたのは、西側諸国が国内の経済的社会的問題に取り組み、国民に自信を回復させ士気を高めることであった。ケナンは現実主義者であったから、軍事力には一定の役割があると考えていた。だが「長文電報」では軍事力強化に関する言及がない。

ただし、この点には落とし穴があった。西ヨーロッパの諸国民が、士気を高めるために、軍事力の強化が必要だと考えた場合にはどうなるのか。ケナンは「客観的に」ソ連地上軍の西欧侵略の可能性は極めて小さいと考えていた。しかし、もしアメリカ政府の上層部や西欧諸国とその国民が「主観的に」その可能性が大きいと考えたとき、軍事力を強化しなければ「士気」に関わることになる。西欧諸国民の「自信」や「士気」という抽象的で非定量的な要因を考える必要がある以上、彼らの「主観的な」不安感にアメリカは応えなければならなかった。

同盟国から敵対関係へ

ところで、冷戦史研究では長い間ケナンの「長文電報」だけが注目されてきたが、冷戦末期から終焉期にかけて、イギリスにもやはり同種の外交電報があったことが明らかになった。史料の公開で解明されたのは、モスクワでケナンの友人でもあった英国駐ソ代理大使のフランク・K・ロバーツが、やはりほとんど同じ時期（一九四六年三月）に本国政府に重要な外交電報を送っていた事実である。ロバーツとケナンはモスクワでしばしば会見し、意見を交換していた。

問題のロバーツの電報は一九四六年三月一四日、一七日、一八日にわたって送られた。そして非常に興味深いことに、その内容がケナンの「長文電報」とよく似ている。ロバーツもロシア帝国の歴史を振り返って、ロシアが敵対的な他民族から常に圧迫を受け、自国周辺諸国と一定した国境線を持たなかったと指摘している。ヨーロッパに比較してロシアが後進的であったとする点も同じである。ソ連への対抗策もよく似ており、西側は断固たる態度と忍耐を持ち、ヨーロッパと中近東で政治経済的な活力と健全さを示すことが重要だとされていた。

ただし大きな違いもある。ロバーツの方は、何と言っても長い歴史を持つ英国外交の伝統を継承していたという点である。イギリスは既に一六世紀からロシアとの関係を持っていたが、英帝国の利益とロシア帝国の利益は「常に対立していた」とされた。豊富な経験を持つイギリス外交から見れば、第二次大戦後にソ連が展開している政策も、かつてイワン雷帝やピョートル大帝が展開していた政策と基本的には同じものだというのである。

ロバーツの電報が外務省に届いた一ヵ月後、省内では一九一八年以来初めて「ロシア委員会」が設置された。つまりソ連との関係の悪化を予想し、それに対抗するために機動的に政策を検討する部署が立ち上がったということである。

ただし注意する必要があるのは、米英の対ソ認識が敵対的なものに変化したからといって、これら両国の政策が直ちに、しかも全面的に敵対的なものになったわけではないということである。対外政策はそれまでの積み重ねがあるため、一挙に変化させることは難しい。また第二次大戦という人類史上未曽有の大事件が終わった直後だったことも考慮する必要がある。政策の変化は認識の変化より遅れて現れた。

そのような事例の一つが一九四六年九月にアメリカ政府内で作成されたクリフォード報告である。

この報告書はトルーマン大統領の特別顧問であったクラーク・クリフォードがソ連の外交政策を分析したもので、極めて敵対的なソ連認識を示していた。ソ連が自ら締結した条約を破った事例などが列挙されている。この報告書を受け取ったトルーマンは、「ホワイトハウスの屋根を吹き飛ばすつもりか⁉」とクリフォードをたしなめ、十数部印刷してあった報告書をホワイトハウスの金庫に入れてしまった。このときトルーマンが怒ったのは、報告書の内容が「間違って」いたからではない。このような報告書が政府内で作成されたことが明るみに出てしまった場合の政治的影響を考慮したのである。アメリカ政府首脳部は、四六年秋の時点では、まだ自分たちの厳しいソ連認識を公然と表明することはできないと判断していた。実際には四六年春頃から、後で述べる「北部防壁地帯」（ギリシア、トルコ、イラン）を守るため、ソ連に対して一定の強硬な態度を示すようになっていた。だが議会やマスコミなどを通じて、はっきりとソ連敵視の姿勢を示すようになるのは、翌四七年になってからである。

2　スパイクマンの地政学

アメリカとユーラシア大陸ブロックを対比

ケナンの「長文電報」は、ソ連外交を分析し、アメリカを中心とする西側の基本戦略を定式化した。だが具体的に、どの地域でどのような対抗措置を取るべきかという問題については語っていなかった。実際に「封じ込め」戦略を展開するにあたって、西ヨーロッパやアジアや中東など、地域の個別的な事情に適合した政策を考慮する必要が出てくるのは当然であった。

さらに第二次大戦の結果として、軍事大国であったドイツと日本が「力の真空」地帯となり、イギリスやフランスの力が衰えたという状況が出現していた。非常に興味深いことに、第一次大戦の前後にマッキンダーが「地政学」的視点からイギリスの大戦略を考えたように、第二次大戦のときにはニコラス・スパイクマンが同じような視点から、アメリカの大戦略を考えていた。

スパイクマンは一八九三年オランダで生まれたが、一九二五年にはイェール大学の助教授となり、二八年にはアメリカの市民権を獲得した。三五年にイェール大学で国際問題研究所が創設されると、その初代所長に就任し将来を嘱望されたが、四三年、四九歳の若さでガンのため他界した。亡くなる一年前に出版されたのが、有名な『世界政治におけるアメリカの戦略――アメリカ合衆国と勢力均衡』（邦訳『米国を巡る地政学と戦略――スパイクマンの勢力均衡論』小野圭司訳）である。スパイクマンは、アメリカが西半球に位置しているという地政学的条件を前提にし、ヨーロッパやアジアの情勢とアメリカとの関係を勢力均衡という権力政治の視点から解明しようとした。

スパイクマンは、「旧世界」（ユーラシア大陸の諸国）と「新世界」（アメリカを中心とする西半球の諸国）を対比させ、どちらかがどちらかを包囲できるという考えを示した。もし、旧世界の各国が統一され、圧倒的に大規模な軍隊を組織し、海洋を横断できるように組織化されれば、新世界は包囲される。一方、新世界の各国が統一され、海洋を越えて行動できる大規模な軍隊を組織できるときには、ヨーロッパとアジアに対して政治的影響力を行使できる。さらにもし、旧世界が分裂し、そこで勢力均衡が図られるならば、新世界の国々は旧世界の政治活動に決定的な役割を果たすことができるはずだ。したがって、どちらがどちらを包囲するかは、新旧世界それぞれの潜在力と、それぞれの世界が単一の政治単位か政治連合へと統合される可能性にかかっているのである。

なお、西半球の中でアメリカは工業生産の中心地であり、それに基礎を置いた軍事力は西半球防衛における中核であった。したがって、ここで新世界の国々、あるいは西半球の国々と言っても、その実態は基本的にアメリカを意味した。アメリカが両大洋を越えて連合国側に軍需物資を支援していることは、戦時におけるアメリカの国力を示していた。しかしもし、枢軸国側が疲弊する前にソ連と中国の抵抗が途絶えてしまうと、日本とドイツという枢軸国側が旧世界全体を支配することになる。そうなると、イギリスは、遅かれ早かれ枢軸国側に降伏せざるを得ないと考えられた。

マッキンダーがユーラシア大陸の一元的支配がイギリスに脅威となることを指摘したのと同様、スパイクマンもユーラシアが枢軸国側によって支配されると、アメリカにとって脅威になることを主張していた。

スパイクマンの本が出版されたのは一九四二年であり、既にアメリカは第二次大戦に参戦していた。したがって、枢軸国側によるユーラシア大陸の一元的支配は、戦争によってのみ達成されるものとなっていた。ところがアメリカが参戦する一年以上前、ヨーロッパと日本では外交交渉によってユーラシア大陸連合を形成しようという動きが密かに進められていた。それは日独伊三国同盟にソ連が加わり、日ソ独伊四ヵ国連合という形で進められるはずであった。この問題を研究した三宅正樹によれば、この四ヵ国連合という形で「ユーラシア大陸ブロック」が成立していれば、独ソ戦は起こらず、日米戦も起こらなかったのではないかという。確かに、この推測には一定の説得力がある。ユーラシア大陸ブロックができあがると、アメリカも日本に対して慎重な政策を採らざるを得なくなるからである。

日ソ独伊四ヵ国連合は、ユーラシア大陸を東西に結ぶブロックを意味しただけではなかった。この四ヵ国を中心にそれぞれが勢力圏を持ち、いわばユーラシア大陸から南北に、アフリカ、中東、インド、東南アジアという南の地域を勢力圏分割することを想定したものでもあった。それはちょうど、ハウスホーファーが考えた、「パン（汎）リジョン（地域）」――ドイツを中心とする汎ユーラフリカ、ロシアを中心とする汎ロシア、日本を中心とする汎アジア、アメリカを中心とする汎アメリカという、世界全体を四つの汎地域に分割する構想――に合致するものだった。であるから、もしこの四ヵ国連合構想が実現していたら、スパイクマンが憂慮したように、アメリカを中心とする新世界（西半球）が、旧世界から包囲されることになったであろう。

しかし実際には、ソ連側が加盟に一定の条件を付けたため、この四ヵ国連合は実現しなかった。その条件とは以下のようなものであった。フィンランドからのドイツ軍の早期撤退、ソ連ブルガリア相互援助条約を結び、黒海におけるソ連国境の安全を確保すること、ボスポラスおよびダーダネルス海峡地域にソ連が長期租借によって陸海軍基地を設置すること、バツーミ［黒海沿岸都市］とバクーの南のペルシア湾方面に向かう地域におけるソ連の優先的利益の承認、北サハリンの石炭と石油利権を日本が放棄すること。特にボスポラス・ダーダネルス両海峡にソ連が基地を持つことは、ロシア帝国の支配者たちの永遠の夢を、スターリンが実現する可能性を示していた。

だがソ連側がこうした拡張主義的な追加要求を出したことは、ドイツ側、とりわけヒトラーのソ連に対する不信感と不安感を高める結果になった。一九四〇年一二月一八日、ヒトラーは「総統司令第21号（バルバロッサ作戦司令）」を出し、対ソ戦の準備に着手するよう国防軍に命じたのであった。

勢力均衡の戦後構想

スパイクマンは戦争の終結を見ることなく他界したが、戦後の世界について鋭い洞察を示しており、アメリカ外交戦略や、ケナンの「封じ込め」戦略の構想にも大きな影響を与えた。スパイクマンは、もし戦争が連合国側の勝利に終わった場合には、ソ連と中国が独立した単位になり、しかもソ連は巨大な戦争遂行能力を持つ世界の先進工業国の一つになると予想した。

スパイクマンの視点で重要なことは、戦後の勢力均衡を維持する立場から、ドイツと日本の徹底的な無力化には警鐘を鳴らしていることである。英国政府は、ドイツが完全に敗北することによって、ロシア軍に対して英国を防衛できなくなることを望んではいない。今次の戦争はヒトラーとナチ党の撲滅を目的としたものであり、軍事力としてのドイツの破壊をめざしたものではない。同様の意義づけは極東においても当てはまる。無論、日本が再度アジアの征服に乗り出す危険性は排除しなければならないが、そのことは日本の軍事力の完全な除去を意味するわけではない。もしそうなると、西太平洋はソ連と中国に明け渡すことになる。

このようにスパイクマンは、敗北する日本とドイツも一定の軍事力を持つ大国として存続することを想定していた。これを前提として、戦後の世界は、アメリカ、イギリス、ドイツ、ソ連、中国、日本という「六つの大国（six great powers）」と多数の小国とによって構成されることになると予想した。戦後の世界政治は、根本的に戦前の世界と何ら変わるところがない。そうした権力政治の世界で、アメリカとしてはヨーロッパとアジアで勢力均衡の維持を求めることが、その国益となる。平時においてもアメリカは二つの大洋を跨いで、ヨーロッパとアジアに関与しなければならない。

スパイクマンは、もともと孤立主義には反対であった。孤立主義の政策を採ると、ナチ・ドイツの勢力がラテンアメリカ諸国におよび、西半球の北半分にあるアメリカの脅威となるからである。アメリカは西半球のうちの北半分、すなわち四分の一半球の防衛を考えなければならなくなる。またアジアとヨーロッパが敵対的になり、西半球が包囲されると、最終的にアメリカは封鎖などの手段によって屈服させられる可能性が出てくる。アメリカが勝利するためには、ヨーロッパやアジアで戦線を維持し、ドイツや日本に直接圧力をかける必要があった。

なおスパイクマンは、別の著書の中でマッキンダーの「ハートランド」の理論を紹介したが、それを批判した。第二次大戦の動向を見て、「ハートランド」の周辺の「リムランド」の方が重要だと主張したのである。確かに主要な戦闘は、ヨーロッパ大陸と、彼が「アジア地中海」と名付けた西太平洋および中国大陸で行われた。したがって、「リムランドを支配するものがユーラシアを制し、ユーラシアを支配するものが世界の運命を制す」るというテーゼの方が正しいというのであった。

だがいっそう重要なのは、イギリスと日本という、ユーラシア大陸の東西で大陸の外側に位置する島国の意義である。ヨーロッパとアジアにおける勢力均衡を考えるとき、イギリスと日本はパラレルな関係にあった。

まずイギリスはヨーロッパ大陸とアメリカとの間に存在しており、西半球(南北アメリカ大陸)にとってヨーロッパ大陸からの脅威を防ぐ防波堤となっている。またヨーロッパ大陸にとっては、アメリカからの脅威の緩衝地帯となっている。アメリカがヨーロッパ大陸での軍事行動で効果を上げるためには、イギリスの海軍力と同盟することが不可欠である。イギリスはアメリカからの交通路の上に位置しており、最も重要な海洋国家である。というのは、アメリカとヨーロッパでの勢力均衡の関係を規定するのは、他のヨーロッパ諸国ではなくイギリスの権力政治であるからである。

一方、イギリス諸島を含めたヨーロッパ全体が一つの政治単位に統合されると、その経済能力のすべてが海軍力の増強に投入できるので、アメリカの相対的な力の優位を深刻なまでに損なうことになる。したがって、ヨーロッパ全体との関係におけるアメリカの立場は、ヨーロッパ大陸との関係におけるイギリスの立場と同じである。規模（スケール）と単位（ユニット）はより大きくなり、距離も遠くなるが、構図は同じである。イギリスはヨーロッパ大陸の勢力均衡に関心があるが、アメリカもまた同様にヨーロッパ全体の勢力均衡に関心があるということになる。つまり米英は国益が一致しており、米英同盟関係は一種「構造的」なものとなる。

極東においては、日本がイギリスと同様の位置を占めている。日本は、アメリカとアジア大陸の通路上に位置し、アジアで最も重要なシー・パワーである。したがって、アジア大陸での勢力均衡とアメリカとの関係を規制するのは、日本の権力政治であり、アジアの他の国によってではない。軍事的な意味で、アメリカがアジア大陸における影響力発揮に効果を持つのは、日本のシー・パワーと同盟した場合だけである。

スパイクマンがこの本を書いたとき、日本はアメリカの敵国であったが、彼の地政学的視点はアジアにおける日本の重要性をはっきりと認識していた。ちょうど大戦前にアメリカ海軍作戦本部長スタークが、「プランD」を推奨した覚書の中で、アジアにおける日本の役割を認識していたのと同様であった。

スパイクマンは、このようにヨーロッパとアジアの勢力均衡における、イギリスと日本の地政学的位置を重視した。では戦後ヨーロッパ大陸の勢力均衡は、どのようなものになると考えていたのであろうか？　スパイクマンにとって最大の問題は、やはりドイツとソ連の勢力を均衡させることであった。そのために最も簡単なのは、独ソの国境を互いに接するように設定することであるが、それは事実上困難であった。そうであれば、両国の間にバルト海から地中海に至る「東欧連邦」を構築すべきであった。ドイツとソ連という大国の間に緩衝地帯を設けることが、独ソの勢力均衡をもたらすのである。なおアメリカは、ヨーロッパの勢力均衡に関わる第三者として、ヨーロッパに留まるべきであると主張した。アメリカの安全にとって、大西洋による隔絶ではなくヨーロッパの勢力均衡が重要である以上、アメリカは長期的にヨーロッパに留まる方が好ましいと、先見の明がある主張をしている。

これに対して、戦後のアジアとアメリカの関係については、ヨーロッパに関する洞察ほどの先見性が見られない。ヨーロッパと同様、アメリカはアジア太平洋の勢力均衡に関心を持ち続けるとしている。極東はやがて一つの自律的な権力政治の場となるであろうが、政治的力の源泉としては、依然としてアメリカやヨーロッパに劣っている。もちろん先進テクノロジーの普及によって、やがてこの地域も軍事的な力を持つことになる可能性はある。ここで中国の台頭を予想しているのは、極めて鋭い洞察である。そして戦後には、いくつかの自律的な単位としての国家が存在するようになると予想している。ソ連、中国、日本、英国、蘭領東インド、オーストラリア、ニュージーランドである。

だがスパイクマンは、アジア諸国が植民地支配から脱し、強力なナショナリズムに基づいて国家建設に取り組むことを想像することができなかった。また、そうしたアジアのナショナリズムとアメリカがどのように関わっていくべきかという問題は、この時点ではやむを得ないことではあるが、スパイクマンの政治的洞察の範囲を越えていた。

なおスパイクマンは、マッキンダーの「ハートランド」の理論を批判したが、それを継承した面もあることから、マハンも含め、いわば英米系の地政学として、まとめて把握することができる。

これに対してハウスホーファーに代表されるドイツ系の「ゲオポリティーク」は、マッキンダーやスパイクマンとは別の系統である。スパイクマンも、「戦時と平時における地理」という論文でハウスホーファーを批判している。「ゲオポリティーク」は「地理的形而上学」であり、ハウスホーファーの理論によって、フロンティアへの拡大は神聖な目的と一致する行動になったと批判した。スパイクマンは、自分の地政学がハウスホーファーの「ゲオポリティーク」とは全くの別物だと主張していた。

3 「封じ込め」戦略の開始——東地中海・中近東と西ヨーロッパ復興

国防大学の設置とケナン

第二次大戦が終結したとき、アメリカは世界最大の軍事力を保有するに至っていた。最強の海空軍を持ち、総兵員数は約一六〇〇万人に達していた。戦争による人的被害も約三〇万人であり、約二七〇〇万人と言われる被害を出したソ連とは、まさに雲泥の差であった。

だが戦争が終わったとき、陸海軍を始めとするアメリカ政府首脳部は、将来のことを考えると複雑な心境であった。真珠湾攻撃に示されたように、もはやアメリカの領土を聖域と考えることは難しくなっていた。ドイツの開発したV－2号は人類初の弾道ミサイルであり、やがては広汎に使用されることが予想された。何よりもアメリカが自ら示した空軍力の飛躍的発展は、将来もし第三次大戦が発生したときには、アメリカ本土が攻撃を受ける可能性が高いことを示していた。

その一方、アメリカ国民は、戦争が終われば兵士は家に帰ってきて、平穏な日常生活を再開できると考えるであろう。平時から大規模な軍隊を維持することは、それまでのアメリカの歴史と伝統を考えると不可能であると思われた。マーシャル陸軍参謀長は、このような視点から、戦時になったときに急速に兵員を動員できる一般兵役訓練制度（UMT）の導入を推進しようとしていた。また第二次大戦の結果として獲得した全世界的な基地網を活用し、敵国をできるだけ前方で撃退する体制を整えようとした。さらには新兵器の原爆もあった。一九四六年三月には原爆攻撃を実施する専用部隊として戦略空軍が設立され、一〇月には地中海に海軍部隊も設置されていた。だが、軍事的なハード面だけを強化するだけでは不十分であった。軍事的ソフトの面、端的には人的資源の養成が不可欠である。そこで米陸海軍は、四六年に国防大学（ナショナル・ウォー・カレッジ）を設置し、将来の米軍幹部を担う人材を育成しようとした。

当初、同大学は第二次大戦中の陸海合同幕僚学校（the Army and the Navy Staff College：ANSCOL）を引き継ぐものとして構想されていた。だが初代校長のヒル提督は、国務省からの参加を強く望んだ。なぜなら第二次大戦の経験は、戦時における国務省と陸海軍との密接な政策調整の必要性を教えたと考えられたからである。戦争中の国家戦略は外交と軍事の密接な共同を必要とすることが痛感されていた。そしてこうした共同は、平時においても重要になっていく。そこで陸海軍側は、国務省がこの大学にふさわしい教官と研修生を提供するように望んでいた。このとき関係者の目に留まったのが、モスクワから「長文電報」を送ってきたケナンであった。第二次大戦後の新しい国際環境の中で、ソ連が重要な要因であることは誰しも認めるところである。またケナン自身もアメリカ本国への帰国を望むようになっていた。

これがきっかけとなって、ケナンはモスクワ大使館を離れ、首都ワシントンに帰任した。そして、一九四六年五月から翌年の五月頃まで約一年の短期間であったが、国防大学の教官を務めることになる。また、教官としてだけでなく、「学生」としていろいろな講義を聞いたことが、後のケナンの戦略構想に大きな影響を与えた。プリンストン大学ムッド図書館所蔵のケナン文書には、このときケナンが作った大判のノートが残されている。

もともとケナンは学者肌の人であり、加えて当時の国防大学の教授陣はアメリカを代表する知識人たちによって構成されていた。国際政治を担当したのはアーノルド・ウオルファーズ（イェール大学教授）で、政軍関係はエドワード・ミード・アール（プリンストン大学教授）であった。またマンハッタン計画を実際に推進したジェームズ・B・コナント（ハーヴァード大学学長）、J・ロバート・オッペンハイマー（ロスアラモス国立研究所長）、レズリー・グローブス将軍なども講義を担当した。

やがてケナンは、オッペンハイマーと個人的に親しくなる。またイェール大学から新進気鋭の軍事研究者が国防大学に招かれたが、その人物こそ初めて核抑止の概念を理論化するバーナード・ブロディであった。ケナンは核兵器の諸問題についてブロディから多くを学んだようである。ケナン自身は、ソ連もしくはロシア問題の専門家として、軍の中堅幹部を相手に講義を行った。「学生」たちはやがて米軍の高級幹部として陸海空軍を指揮することになる。

ケナンが教官を務めた最初の学期の講義科目は、新しい戦略環境に対応するため、原爆問題やソ連問題が重視されていた。だがケナン自身の回想によると、授業はかなり手探りで進められたようである。それまで国家戦略の問題を正面から研究してこなかったアメリカ社会に十分な知識の蓄積があるはずもなかった。ケナンは国防大学の教育に活用できる正統的な教科書は、アール編『現代戦略の形成者たち』だけであったと回想している。

「北部防壁」をめぐる危機

こうした中、米英とソ連との関係は少しずつではあるが、険悪な方向へ向かっていた。バーンズ国務長官も、当初はソ連との協力関係の維持に楽観的であったが、徐々にソ連への不信感を持つようになった。特にソ連が戦争の結果として赤軍が占領した東ヨーロッパ地域を越えて、影響力を拡大させようとする動きを見せてきたことは、米英の指導者たちの危機感を高めた。ソ連は、米英両国が地政学的に「北部防壁（the Northern Tier）」と呼ぶ、ギリシア・トルコ・イランを結ぶラインを越えて進出する気配を見せていた。ケナンの提唱した「封じ込め」戦略は、まず東地中海から中近東という周辺地域から始まったのだった。

ギリシアは大戦中、枢軸国側に占領されていたが、戦後は亡命から帰ってきた王党派と、戦時中のレジスタンスの流れをくむ共和派と共産党系の勢力との間で、政治的対立が高まっていた。一九四四年一二月にはギリシア国民解放戦線が蜂起し、イギリス軍・ギリシア政府軍との間で内戦が始まっていた。内戦は四五年一月にいったん終息するが、四六年九月に国民投票が行われ、王制が支持されると再び始まった。

アメリカは、イギリスを支援する立場から事態の成り行きを見守っていたが、ソ連がいわゆる「パーセンテージ協定（バルカン分割合意）」を守り、ゲリラを直接支援していないことは確認していた。だが、ユーゴスラヴィアとアルバニアを通じてゲリラを支援していると考え、ソ連がギリシアを支配する意図を持っていると判断するに至る。

トルコの場合、ソ連からは公然とした圧力がかかっていた。一九四五年三月、駐モスクワのトルコ大使は、モロトフから二五年に締結されたソヴィエト＝トルコ友好中立条約を、「現状に合わせて」修正するよう求められた。六月にはさらに厳しい要求が提示された。まず、二一年にトルコに割譲されたコーカサスの国境地帯を、再度ソ連に割譲すること。次にボスポラス・ダーダネルス両海峡地帯に、ソ連が基地を設置するのに同意すること。さらに、多国間での合意が成立する前に、二国間でモントルー条約の改訂について合意すること。

モントルー条約は両海峡の航行について定められた国際条約であり、トルコが中立の場合には商船は自由に両海峡を通航できるが、戦争当事国の軍艦は通航を認めないなど、複雑な内容を持っていた。ソ連はこうした状況を「改善」するため、直接トルコに圧力をかけたのである。トルコ政府はソ連からの要求を拒否したが、アメリカはソ連が中東への欲求を再燃させたと観察したのだった。

ソ連は日ソ独伊四ヵ国連合構想の受け入れを表明したときにも、受け入れ条件の一つとしてこの両海峡地帯への基地の設置を求めていた。ソ連にとってはロシア帝国以来の願望である。イスタンブールで発行されていたある新聞は、「古くからの東方問題が墓場から出てきた」と論評するほどだった。

イランの場合、事態はいっそう深刻であった。ソ連の地上部隊が直接関わっていたからである。同国は、第二次大戦中、その南半分をイギリス軍が占領し、北半分をソ連軍が占領していた。油田地帯をドイツの攻撃から防衛するためである。

戦争終結後も両国軍隊はしばらく駐留を続けていたが、一九四五年一一月、アゼルバイジャンで同地域の共産党によるクーデタが起こり、一二月にはソ連軍の支援を受けてアゼルバイジャン自治共和国が樹立された。タブリーズに拠点を置くイラン政府軍は、北部では全く無力であった。四五年九月に開かれた米英ソ三国外相理事会では、イギリスのベヴィン外相がモロトフ外相に対して、四六年三月二日を英ソ両軍の撤退期限とすることを提案した。だがモロトフは言を左右にして明確な同意を示さなかった。その日を過ぎても、ソ連軍は撤退する気配を見せなかった。

イラン政府はアメリカやイギリスに助力を求めるとともに、新たに設置された国連安全保障理事会に、この問題を提訴した。バーンズ国務長官も、三月五日にソ連側に抗議した。そしてイランの提訴を受けて、バーンズとベヴィンは早急に国連で安保理を開催するよう求めた。同月二五日に国連安保理が開催されると、ソ連は油田の権利と五〜六週間以内に撤退するという合意をイランとの間に成立させたと表明し、譲歩する姿勢を示した。四月一五日、イラン政府はソ連軍が撤退を始めたことを確認して国連安保理への提訴を取り下げ、イラン危機は終息した。米英の外相が協力したことは、戦後の米英同盟関係の再開を促すものとなった。このときバーンズ国務長官は、ケナンの「長文電報」で示された対ソ・アプローチを採用していた。重要な地域を防衛するために「一線を引き」、ソ連に対して強い態度に出て圧力をかけることによって、譲歩を引き出したように思われた。「封じ込め」戦略の要諦である、「堅忍持久」が効果を発揮したのだった。

国務省近東局長のロイ・ヘンダーソンは、一連の「北部防壁」地帯での危機を見て、ソ連が中近東に対する野心を持っていると判断していた。東地中海や中東で、航路やパイプラインや油田を支配しようとしたのだと。トルーマン大統領も、ソ連の行動を、近東の油田地帯と暖かな地中海の港を包み込む、巨大な挟撃作戦だったと述べた。

アメリカ統合参謀本部も、「北部防壁」に対するソ連の動きは英帝国を崩壊に導くものであり、英帝国の崩壊はユーラシアにおける最後の防波堤を失うことになると警鐘を鳴らし、世界におけるアメリカの地位はイギリスとの密接な協力が必要であると結論付けていた。同本部は、第二次大戦後、初めて新たな作戦計画「ピンチャー」を立案した。ソ連を仮想敵国として設定し、東地中海から中東にかけて英国とソ連が戦争状態に入り、アメリカが英国を支援するという計画である。国務省でも、「ヨーロッパでソ連の覇権獲得を拒否するためには、イギリスが西ヨーロッパの主要大国として存在し続けなければならない」という見解が現れていた。

なお「北部防壁」をめぐる危機の中、アメリカは戦後初めて軍事的な措置を取った。一九四六年四月六日、アメリカ海軍の戦艦「ミズーリ」がトルコのイスタンブールに入港したのである。東地中海と中近東では、既に米英ソのパワーゲームが始まっていた。

トルーマン・ドクトリン

ドイツでは一九四六年春に、米軍政府長官クレイが西側占領地区からの賠償取立てを中止していた。理由はソ連がドイツの経済的一体性を脅かしているからだとされた。戦争終結後、占領軍はデモンタージュ（工場解体や設備撤去）を進めたが、ソ連占領地区の賠償取り立てはことのほか厳しかった。また赤軍兵士によるドイツ人女性へのレイプ事件が異常に多く発生していた。

四月から五月にかけてパリで外相理事会が開催されたが、バーンズ国務長官はドイツを二五年間非武装としておく条約を米英ソ仏四ヵ国が締結することを提案していた。これに対してソ連のモロトフ外相は、非武装期間を四〇年とする逆提案を行い、加えて西側諸国がポツダム協定を守っていないと非難して、ソ連はあくまで一〇〇億ドルの賠償を取ると主張した。

九月になるとバーンズ国務長官はシュツットガルトで演説を行い、ドイツを経済的に復興させる必要性を訴えるとともに、米英の占領地区を合同させるという提案を行った。一九四七年一月、ドイツにおける米英の占領地区が合同され、「バイゾーン（Bizonia）」と言われるようになった。この頃、イギリス外務省のロシア委員会では、ドイツに関するソ連との交渉が行き詰まった場合に備えて、西ドイツ国家建設の準備を進めるべきだという意見さえ出ていた。

チャーチル前首相の「鉄のカーテン演説」など不吉な前兆はあったが、少なくとも一九四六年の間、米英とソ連はそれぞれ相手を批判しながらも、あくまで友好国間での意見の対立という形を取っており、完全な敵対関係を前提としたものではなかった。無論、既に見たように、アメリカ政府首脳部の中では、ソ連を敵視する認識が形成されていた。

だが一九四七年になると、米英対ソ連という対立の図式がはっきり現れるようになっていく。二月、アメリカ政府は突然イギリスから一つの通知を受け取った。財政的な理由から、ギリシアに駐留しているイギリス軍を、やむを得ず撤収するに至ったというものである。かつての大英帝国も、イギリス本国が第二次大戦によって経済的に疲弊し、世界的に展開しているイギリス軍に十分な予算を充当できなくなっていた。ドイツの占領地区を統合したのも、やはりイギリス側の財政負担を減らすためだった。

イギリスからの通達を受け取ったアメリカ政府の対応は迅速であった。フォレスタル海軍長官など軍部だけでなく、トルーマン大統領もアメリカがイギリスの肩代わりをしなければならないと決断を下した。問題は共和党が多数を占める議会をどのように説得するかであった。

二月二七日、トルーマン大統領や新任のマーシャル国務長官、アチソン国務次官は、議会の有力者をホワイトハウスに招き、この事態を伝え、支持を求めた。だが事実関係を重視した冷静なマーシャル国務長官の説明は、議員たちを説得するに至らなかった。それに代わってアチソン次官は、「樽の中のリンゴが一個腐ると、やがて樽の中のリンゴ全部が腐ってしまう」というレトリックを駆使して説明を行った。ギリシアとトルコに経済援助を与えなければ、これら両国は共産主義者に支配されるようになり、やがては中近東全域が共産主義国になってしまうと警告した。

説明を受けた共和党のヴァンデンバーグ上院議員を始めとする有力者は、政府の方針を支持すると約束するに至る。世界を自由主義陣営と共産主義陣営という明確な二つの世界に分けて考え、白黒をはっきりさせる発想に立たなければ、議会の支持が得られなかったのである。もとよりそれは政府の認識でもあったが、そのような認識を公然と表明することはそれまで控えられていたのだった。だがこういうレトリックが議会を説得するのに効果的であることも、同時に明らかとなった。

そこで国務省の事務局は、世界を明確に二分したレトリックを入れ込んだ大統領の演説原稿を書き上げた。大統領は議会に対して、ギリシアとトルコに援助を与えることを認めるよう求めた教書を送る必要があった。

ケナンもこの教書演説の草稿を見せられ、意見を求められた。ところが意外にもケナンはこの教書のレトリックに反対を唱えた。ケナンから見ると、この草稿のレトリックは過激であり、行き過ぎのように思われた。全世界を白と黒に分け、自分の味方すべてに援助を与えることなど不可能であるというのがケナンの認識であった。ケナンの認識自体は間違いではない。外交政策のための構想として、それは正しかった。しかし議会と国民を説得するには、善悪二元論的な世界認識を提示しなければならなかった。

一九四七年三月一二日、議会の上下両院合同会議に出席したトルーマン大統領は、世界を二つの生活様式に分け、自由に基づく様式と、抑圧と圧政に基づく様式があると指摘した。そのうえで「武装した少数者や外部からの圧力によって企てられた支配に抵抗している自由な諸国民を援助することこそ、アメリカ合衆国の政策でなければならないと信ずる」と述べ、ギリシアとトルコへの経済援助の必要性を正当化した。この演説は後に「トルーマン・ドクトリン」と呼ばれ、冷戦の

「宣戦布告」と考えられるようになった。ギリシア・トルコ援助法案は、上院で六七票対二三票という大差で可決された。

ケナンの地政学的認識

トルーマンの議会演説の直前、三月一〇日から四月二四日まで、モスクワで外相理事会が開かれ、行き詰まりを見せているドイツ問題について協議が行われた。だが米英ソ仏四ヵ国は、何ら意義のある合意に達することができなかった。マーシャル国務長官はスターリンとも会見したが、行き詰まりもやがて解消されるとやや楽観的な見通しを示され、ソ連側の遷延戦術だという印象を受けて帰国した。ソ連は西ヨーロッパ全体の経済復興を遷延させ、西欧諸国の弱体化を望んでいるのではないかと考えたのである。

帰国したマーシャルは直ちに政策企画室（Policy Planning Staff：PPS）の設置を命じた。マーシャルは第二次大戦中、陸軍参謀長として連合国の勝利に多大の貢献をし、その力量を見込んだトルーマン大統領は一九四七年一月に国務長官の職を与えていた。マーシャルは、国務省にも陸軍参謀本部のような総合的な政策立案機関が必要であると考え、長官直属機関として政策企画室を設置しようとした。モスクワ外相理事会でソ連側の態度に疑問を持ち、政策企画室で対策を考えさせようとしたのである。

一九四七年五月五日、政策企画室は正式に発足し、その初代室長に任命された人物こそジョージ・ケナンであった。このことは既にこの時点で、ケナンの名声が政府内でかなり高まっていたことの現れであろう。またソ連問題の専門家が室長に指名されたということは、政策企画室の任務がソ連を念頭に置いた政策の立案になることを示唆していた。ケナンは政策企画室の室長に任命されたことで、歴史に名を残すいくつかの重要な政策を立案していくことになる。

ケナンはもともと学者肌の人物であったが、国防大学での授業や研修を経て、自らの対外構想をさらに発展させた。そこで、ここではケナンの構想について少しまとまった議論をしておきたい。筆者が研究したケナン文書だけでなく、ケナンの構想を研究したガディスの議論も参考にしながら、「封じ込め」戦略の背景にある地政学的な要素を解明しよう。

まずケナンは、対外政策の基本的な目標として、次の二点を示している。

- 国家の安全を守ること。外国勢力からの介入、および介入への恐れなく、国内生活の発展を続けることができること。
- 国民の福祉を増進すること。アメリカは、他国の人々が平和的で秩序ある発展をすることができるように最大限の貢献をすること。また他国民の経験や能力から最大限の利益を引き出すこと。

これら二点は、確かに重要であるが、国家の基本目標としては常識的なもので、特に驚くにはあたらない。ただし、これらを実現するための具体的な政策を考え、それを実行することは難しい。具体的な手段を考えるにあたってケナンは、二つのアプローチを提示している。一つは「普遍主義的」アプローチであり、もう一つは「個別主義的」アプローチである。

「普遍主義的」アプローチとは、世界中の人々が基本的にはアメリカ人と同じように考え行動すると考えるアプローチである。世界の国々は一定の法律的なルールに従って行動し、様々な偏見や嫌悪や嫉妬があったとしても、法的な枠内で行動するように求められる。このアプローチは、国際社会における協調の可能性を前提にしており、国連のように議会主義的な手続きや多数決によって国際問題を解決しようとする。

「個別主義的」アプローチは、国際社会の最も顕著な特徴が、その多様性にあることを前提にしている。したがって法的な形式主義よりも、国際社会の実態に焦点を当てる。「力への意志」は、依然として多くの諸国民の中に存在しており、国際社会の安定は、現状を安定化(フリージング)させることによってのみ達成されると考える。また国際社会から武力紛争を完全に除去することは不可能であると考える。

いわば「普遍主義的」アプローチは、かつてのウィルソン大統領がめざしたように、国際社会の秩序を再構成することによって、平和を維持しようとするものである。

これに対して、「個別主義的」アプローチは、国際社会の秩序が、力を注意深く均衡させることで維持できると考える。アメリカは、国際社会の中である種の均衡点を見出し、それによって国益を守ることができるはずである。国際社会の中に本来的に備わっている緊張状態を巧妙に利用することで、均衡を保とうとするのだ。

ケナンは、こうした二つのアプローチの違いを示したうえで、自分が「個別主義的」アプローチに基づいて国際問題を考えるという立場を明らかにしている。

「個別主義的」アプローチに基づいてアメリカの国益を守ろうとするとき、そこでは当然のことながら、アメリカにとって重要な地域と、それほど重要性がない地域を区別する必要が出てくる。ケナンはこの問題を地政学的な視点から認識しようとした。

アメリカが、自国の安全を確保するために最低限維持しなければならないのは、以下の地域である。

A　大西洋共同体の国々と領域。カナダ、グリーンランド、アイスランド、スカンジナヴィア、イギリス諸島、西ヨーロッパ、イベリア半島、モロッコ、アフリカ大陸突出部までの西岸、南アメリカの突出部以北の国々。

B　イランを含む中東と地中海の国々。

C　日本とフィリピン。

これらの国々や地域に、アメリカにとって好ましい政治的態度が創り出されることが重要であった。地中海、中東、フィリピンを除けば、これら諸国と地域は、スパイクマンがアメリカにとって重要だと考えた地域とほとんど同じである。またマッキンダーが言った、戦略的縦深としてのアメリカ、前進基地としてのイギリス、橋頭堡としてのフランスという役割も、このケナンの構想の中に含まれていると考えられる。現在の地政学者であるスローンも、ケナンにはスパイクマンの影響があると指摘している。

さらにケナンは、過度の単純化であることを認めながら、五つのパワーセンターという考えを打ち出した。それらの地域とは以下の五つである。

・アメリカ　イギリス　ドイツと中部ヨーロッパ　ソ連（ロシア）　日本

これらの五つのパワーセンターだけが、近代的な軍事力を発展させる工業力を持っているからである。天候、工業力、人口、そして歴史的伝統を考慮すると、世界の中でこれらの地域だけが、アメリカの安全に影響を与えるような「水陸両用戦力」を発展させ、またそうした戦力を行使できると考えられた。

スパイクマンも、戦後の世界には「六つの大国」が存在するようになると、これら五つに加えて中国をパワーセンターに加えていた。ケナンは中国をパワーセンターであるとは考えなかった。確かに一九世紀から第二次大戦後しばらくの間、中国は統一国家であるか否かとは関係なく、近代的な工業力を発展させることはできなかった。無論現在では、ケナンの構想を越えて、中国は一つの有力なパワーセンターになっている。

アメリカが自国の安全を確保し、世界政治の安定を図るためには、これら「五つの力の中心」の考え方に基づく「ユーラシアの勢力均衡」が死活的に重要であった。「ユーラシアの勢力均衡」とは、アメリカ以外の四つの力の中心を持つユーラシア大陸とその周辺部が、アメリカに対して敵対

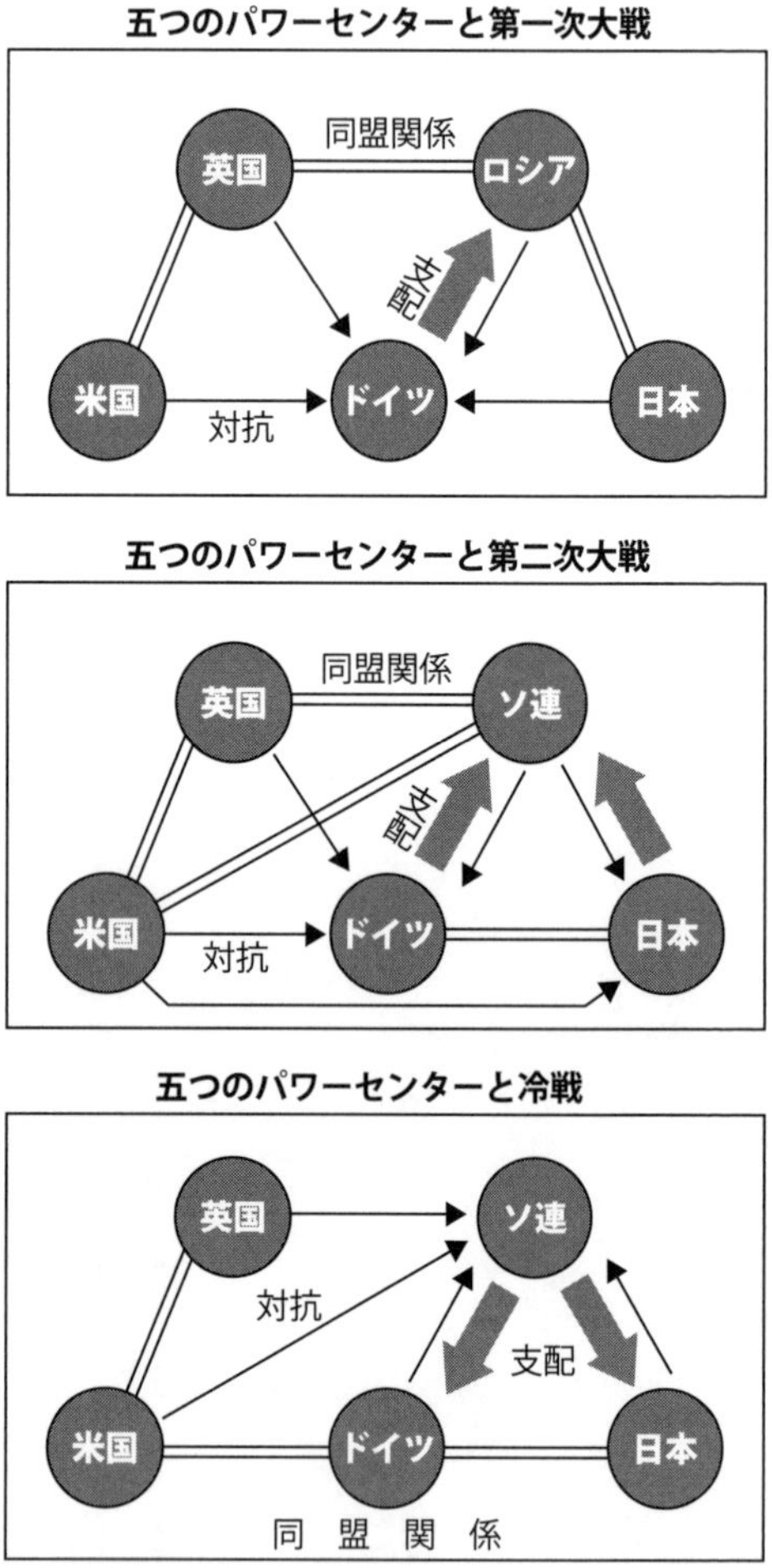

ケナンの構想
出典：筆者作成

的な意思を持つ政治勢力によって統一され支配されることを防止するという意味である。なぜそれが必要かというと、ユーラシアの人的・物的資源の総量は、西半球つまり南北アメリカ大陸の人的・物的資源の総量を凌駕するからである。もし四つの力の中心が一つにまとまりアメリカに対抗した場合には、アメリカにとって重大な脅威となり、戦争が発生したときには敗北することになるであろう。したがって「ユーラシアの勢力均衡」を維持し、四つの力の中心が統一されないようにしなければならない。

第二次大戦は、ドイツと日本が、イギリスとソ連を支配してユーラシアを統一しようという動きであった。アメリカはそれを防止するためイギリスはもちろん、ソ連とも同盟し、ドイツと日本を敗北させた。しかし今度は、ソ連がドイツや日本を支配しようとする動きを見せている。そこでドイツと日本を経済復興させ、ソ連の進出を「封じ込め」る必要が出てくるわけである。イギリスはドイツやロシアがユーラシアを統一しようとすると、必ず脅威を受けることになるので、アメリカからの援助を受けてでもその脅威に対抗しようとする。またアメリカから見てもイギリスがドイツやロシアに対抗することが、「ユーラシアの勢力均衡」を維持するうえで極めて重要となる。したがって、米英同盟が、アメリカにとってもイギリスにとっても最も重要で自然な同盟となるのである。

ケナンの構想をやや筆者が敷衍したところもあるが、ケナンは国防大学の講義ではこうした自らの構想を率直に表明していた。

ケナンは、戦後の国内情勢を考えると、ソ連が戦争に訴える可能性はないと判断していた。ただし、戦争自体を政策の手段として完全に否定したわけではない。「戦争はいつも悪であるとは限らないし、平和がいつもよいものだとは限らない」のである。平和には「牢獄の内側」のような平和がある。当時の東欧諸国内のような「平和」である。また限定戦争の他に選択肢がなければ、限定戦争は世界戦争よりはましである。こうしたことは不愉快なことかもしれないが、事実である。またアメリカの安全にとって、受け入れられないような形の平和もあるであろう。もちろん可能であれば平和の方が好ましい。ただしそれは、あくまでアメリカの利益にかなう限りにおいてである。

——ケナンの「封じ込め」戦略の背景には、以上のようなリアリズムと地政学的な認識があった。

ヨーロッパ復興という課題

ケナンが一九四七年五月に政策企画室長に任命されると、彼の「封じ込め」戦略は、単に机上の理論ではなくなった。地政学的構想を背景として、「封じ込め」はアメリカという国家の大戦略になり、それに基づいた政策が展開されるようになっていく。

マーシャルは政策企画室が設置されると、直ちにヨーロッパの経済復興問題に取り組むよう、この新組織に指示した。アメリカがヨーロッパの復興に貢献するには、巨大な経済援助が必要であったが、今回は単なる経済援助ではなかった。ソ連の影響力拡大を「封じ込め」るという政治的意図を持った経済援助であり、「封じ込め」を実践するための具体的な方策を検討する必要があった。

第二次大戦後の経済復興は、全世界的な課題であった。またアメリカやイギリスにとっては、戦後も資本主義が生き残れるかどうかという問題でもあった。戦時中の一九四四年七月、ブレトンウッズ協定が結ばれ、戦後国際経済の基盤が整えられた。ドルを基軸通貨として、アメリカを中心とする自由貿易体制を構築し、大恐慌やブロック経済の再来を防止することが重視された。IMF（国際通貨基金）とIBRD（国際復興開発銀行）が設置され、GATT（関税と貿易に関する一般協定）が結ばれた。ポンド＝スターリング圏からなる英連邦は、徐々にアメリカを中心とする国際体制に適応しなければならなくなった。第二次大戦終結時、アメリカは全世界のGNPの約半分を占め、巨大な債権国として世界経済の中心となっていた。戦時中に生産力が飛躍的に上昇し、戦後はその巨大な生産力に基づく製品を全世界に売るための巨大な市場を必要としていた。

戦後復興は、UNRRA（国連救済復興機関）によって進められることになり、同機関は食糧援助などで重要な役目を果たした。また国富の四分の一を失ったイギリスの経済的弱体化は深刻であった。一九四五年八月、経済学者のケインズは、英内閣へのメモの中で、イギリスが「経済的なダンケルク」に直面していると言ったほどだった。戦後、アメリカはイギリスに対して、三七億五〇〇〇万ドルの経済援助を行ったが、それでもイギリス経済は立ち直ることができなかった。しかもイギリスは、援助と引き換えに、帝国特恵関税の放棄やポンドの交換性回復など、厳しい条件を受け入れなければならなかった。

戦後のヨーロッパは混乱を極めていた。戦時中に多数の兵士や市民の命が失われたが、戦争が終わっても、ヨーロッパのあちらこちらで一般市民の命が失われていた。一つには、大量に発生した難民が――そのほとんどは東から西へ移動したのだが――移動の途中や落ち着き先で落命した。しかも大戦後には、住民の強制移動が行われていた。

一九四五年六月から八月にかけて、チェコスロヴァキアのズデーテン・ドイツ人は、同国政府によって土地を没収され市民権を失った。その結果、三〇〇万人ものドイツ人がドイツへと追放された。しかもその過程でおよそ二六万七〇〇〇人が死亡したと言われている。またポーランドが西へ「移動」させられた結果として、新たにポーランド領となったドイツの東部地域（シレジアや東プロイセンなど）から、ドイツ人が退去させられた。もちろん移動させられたのはドイツ人だけではない。様々な地域からポーランド人、ウクライナ人を始め多くの難民が東から西へ逃れてきた。

ギリシアのように大戦後も内戦が続いていた地域では、一九四九年九月に戦闘が終わるまでに、人口の一〇％が家を失っていた。ヨーロッパ社会では、盗みや暴力行為が当たり前になっていた。フランスのようにドイツに占領されていた地域では、戦後に「対独協力者（コラボレーター）」に対する報復が広範囲に行われた。有名ブランド「シャネル」の創始者であるココ・シャネルは、戦時中ナチ高官の愛人であったため、フランス解放後に「売国奴」と非難され、戦後しばらくはスイスのローザンヌで亡命生活を送った。

ヨーロッパは、こうした社会的混乱が続く中で、経済の復興に乗り出さなければならなかった。戦争の被害で最大のものは、住宅不足だった。ドイツでは住宅の四〇％が、イギリスでは三〇％が消失していた。輸送問題も深刻だった。鉄道線路などの交通手段が甚大な被害を受けており、セーヌ川は、パリからイギリス海峡にそそぐ河口まで、橋が一つも残っていなかった。食糧不足も深刻だった。一九四六年秋には、西はワラキア（ルーマニア南部）からモルドヴァ、ウクライナ西部やヴォルガ川中流域まで、不作と旱魃により飢饉に陥った。これはソ連にとって極めて深刻な問題だったが、西ヨーロッパで食糧が不足する原因になった。加えて、天候の問題があった。一九四七年の冬は一八八〇年以来最悪の冬となった。暖房用の石炭は決定的に不足しており、掘り出しても輸送することができなかった。

これに対してアメリカ本土は戦争の被害をほとんど受けず、高い水準の生活を維持していた。連合国側を勝利に導いたという政治的プレステージがあり、民主主義を謳歌し、経済的にも強力なアメリカが大規模援助に乗り出すことは、ヨーロッパの人々に大きな心理的インパクトを与えるものであった。

マーシャル・プランの真意

ケナンの政策企画室が援助計画の立案に着手しようとしたとき、既に政府内には対外経済援助問題についてある程度検討していた機関が別に存在していた。国務・陸軍・海軍三省調整委員会（SWNCC）である。三省調整委員会は、ギリシア・トルコへの経済援助を検討する過程で、共産主義の影響力拡大を防止する視点から、世界的な経済援助が必要であるとの結論を導き出し、援助必要国のリストを作成していた。

それによると緊急援助を必要としている国々は、（1）ギリシア、（2）トルコ、（3）イランとイタリア、（4）朝鮮、（5）フランス、（6）オーストリア、（7）ハンガリーであり、後日相当額の援助が必要となる諸国は、（1）イギリス、（2）ベルギー・ルクセンブルク、（3）オランダ・蘭領東インド、（4）フィリピン、（5）ポルトガル、（6）チェコスロヴァキア、（7）ポーランドであった。また、三省調整委員会の構想では、旧敵国であるドイツや日本は援助対象国のリストに入っておらず、別枠で検討することになっていた（中国については後日決定とされた）。その構想は、共産主義拡大防止を念頭に置きながら、必ずしも西欧重視ではなく、またハンガリーやチェコスロヴァキアなど中東欧諸国も対象に加えるなど、過渡的なものであった。

政策企画室はケナンの構想に基づいて、三省調整委員会とは異なる方向性を示す政策文書を立案した。政策企画室は五月五日に設置された後、一〇日後の一六日には最初の覚書をマーシャルに提出、二三日には最初の正式な政策文書として「西ヨーロッパに対するアメリカの援助に関する政策」（PPS-1）を提出した。発足直後の政策企画室はケナンを入れてわずか五名ほどの小さい組織で、この状況はケナンが室長を退任する一九四九年末まで基本的に変わらなかった。途中からアジア問題に詳しいジョン・デーヴィスなどが加わったが、陸軍参謀本部とは比較にならない小人数である。だが、ケナンを始め有能な室員が参加していたし、国務省内の地域局から必要な情報がもらえたため、何とか冷戦におけるアメリカの国家戦略を構想することができた。

ある室員の回想によると、政策企画室の政策文書はケナンが直接執筆した（正確にはケナンの口述を、有能な秘書であるドロシー・ヘスマンがタイプした）。政策課題について企画室全員でディスカッションしたあと、ケナンがそれを自分でまとめたらしい。その意味で、政策文書は純粋にケナンが執筆したものとは言えないが、基本的にはケナンの見解に沿ったものといえるだろう。なお国防大学で行った講義は、ケナンが自分の考えを述べたもので、講義録はケナンの思考を直接反映していると考えられる。現在、私たちは『戦争に至らない手段』という本にまとめられているケナンの講義を読むことができる。ケナンは政策企画室長に就任した後も、時々国防大学で講義をしているので、政策企画室が立案した政策文書と講義録を付き合わせることで、ケナンの構想を知ることができる。

では後に「マーシャル・プラン」として歴史に刻まれる、アメリカの西ヨーロッパ経済援助政策について、ケナンと政策企画室はどのような構想を立てたのであろうか。

まずケナンたちは、西ヨーロッパ諸国への援助を最優先にするという方針を示した。この点が三省調整委員会の報告書と決定的に異なっている。ケナンたちはイギリス、フランス、イタリアなど西欧の大国に援助を与えることを重視していた。しかも援助対象地域には、米英占領下のドイツ西部とオーストリアも含まれていた。ケナンはイギリスを援助することと、ライン川流域で産出される石炭の増産を強調していた。

次にケナンが考えたのは、ヨーロッパ側に援助受け入れのイニシアティヴを取るように促すことであった。これはヨーロッパ側が自分たちで復興計画を立てることで、共産主義とは異なる将来ヴィジョンを自分たちで構想するよう促すものであった。もしヨーロッパ側が自分たちで復興計画を立案できないとしたら、それは既にヨーロッパが共産主義以外のヴィジョンを描けなくなっていることを意味すると考えられた。

またさらに重要な点は、ヨーロッパ諸国が一国単位ではなく、共同の援助受け入れ計画を考えるように促すことであった。これは単に経済的効率

マーシャルプラン主要受益国の援助受入額（1948−1952年）

国名	援助受入額と全体援助額に占める割合（1952年価格）		
イギリス	約32（億ドル）	22（%）	上位4ヵ国61%
フランス	約27	19	
イタリア	約15	10	
西ドイツ	約14	10	
総　計	143	100	

※援助は前倒しであり、以下のような割合（全援助額に占める割合）で配分された。
1948年−31%、1949年−30%、1950年−20%、1951年−12%、1952年−８%

※援助受入国は以下の通り。
オーストリア、ベルギー、デンマーク、フランス、西ドイツ、ギリシャ、アイスランド、アイルランド、イタリア、オランダ、ノルウェー、ポルトガル、ルクセンブルク、スウェーデン、トルコ、イギリス。これに加えてトリエステ。

出典：ベン・ステイル『マーシャルプラン――新世界秩序の誕生』（小坂恵理訳、みすず書房、2020年）435頁、付録152−153頁

の視点から提案されたものではなく、西ヨーロッパの地域的な政治連合を構築させようとするものだった。これはまた、ソ連に対抗する西欧ブロックを作るための構想でもあった。後にマーシャル・プランを公表するときには、あたかも全ヨーロッパを対象にしているかのような印象を与えたが、実際にケナンが経済援助の対象として考えていたのは、あくまで西ヨーロッパであった。

ケナンは五月五日の国防大学の講義で、自らの構想をもっと率直に語っている。ヨーロッパ復興問題の鍵は、米英が占領している西部ドイツの経済復興であり、それがアメリカの政策の最優先事項である、と。

ケナンは第二次大戦の末期から既にドイツ分割を主張しており、ドイツ西部だけを経済援助の対象にすることで、結果として分割が現実のものになっても構わないと考えていた。ただ、ドイツ西部だけの経済復興を優先的に考えることは、まだ政治的に難しい。そこで西ヨーロッパ全体を復興するという枠組みを作り、その中にドイツ西部を入れれば、西欧諸国もドイツ復興を政治的に受け入れやすくなるはずであった。

新設の政策企画室がケナンを中心にして報告書をまとめた直後、ヨーロッパから経済問題担当国務次官補のウィリアム・クレイトンがワシントンに戻ってきた。クレイトンは南部出身で綿花貿易に関係していたので、自由貿易の実現に深い関心を持っていた。ヨーロッパ経済の状況を見て危機感をつのらせていたクレイトンも、帰国早々に経済援助を与える必要性を強調した覚書を上層部に提出した。

クレイトンの覚書も、イギリス・フランス・イタリアなど西欧諸国を重視すべきことと、西部ドイツを経済援助の対象に含めることを主張していた。アメリカがルール地域の石炭生産を管理すべきだとも述べており、ケナンたちの構想と軌を一にするものだった。

五月二八日には省内で来るべき欧州経済援助について検討が行われ、ケナンやクレイトンも参加した。まず、全ヨーロッパを援助対象にすると表明する一方で、どのようにしてソ連を排除するかという問題が検討された。結局、ソ連側に国内経済情報の提供を求めれば、これまでの経験から見て参加を防止できるだろうという線で議論がまとまった。またヨーロッパ側にイニシアティヴを求めるというのは、実は東ヨーロッパ諸国にソ連勢力圏からの離脱の機会を与えるためでもあった。アメリカの強大な経済力を利用して、ソ連勢力圏の切り崩しを考えたのである。

この会議の結果、改めて政策立案者たちが自覚したのは、この援助構想を受け入れるか否かによって、ヨーロッパが政治的に東西分裂するということであった。新たな経済援助は、すぐれて政治的な手段でもあった。米ソ関係が決定的な分岐点に到達したことが明確に認識されていた。ケナンの考えていた欧州の勢力圏分割が実現しようとしていた。

一九四七年六月五日、ハーヴァード大学の名誉学位授与式に臨んだマーシャル国務長官は、歴史的な演説を行った。ヨーロッパ側がイニシアティヴを発揮し、共同計画を立案するならば、アメリカは経済援助を与える用意があると表明したのである。「わが国の政策は、いかなる国家および教義にも反対するものではなく、飢え、貧困、絶望、混乱に対する」ものであると、格調高く援助の意義を謳い上げた。またこうした格調高い演説こそ、ケナンが求めていたものであった。こうしてケナンの「封じ込め」構想がいよいよ一歩を踏み出したのであった。

4　日本の復興

アジア情勢と戦後日本

日本はナチ・ドイツの崩壊に遅れること三ヵ月と一週間で終戦を迎えた。ドイツの場合とは異なり、日本政府が存続していたため、やや異なる形での無条件降伏であった。

ケナンがアジアに関して何らかの戦後秩序構想を持っていたのか、定かではない。ケナン自身、ソ連とドイツを中心にして中東欧諸国に滞在した豊かな経験を持っていたのに対して、アジアに滞在した経験は皆無であった。

ヨーロッパ戦域の場合と比較して、アジア太平洋戦域の地政学的状況は、ずっと複雑であった。日本は西太平洋を支配していたという意味では海洋帝国であったが、朝鮮半島から中国大陸に進出していたという意味では大陸帝国でもあった。さらに太平洋戦争開戦直前から東南アジアへも進出し、戦時中は同地域を支配していた。この広大な地域に一時的にせよ「力の真空」が生まれたのである。東南アジアでは民族主義運動が高まりつつあり、一部ではそれが共産主義イデオロギーと結び付いていた。戦争終結直後にヴェトナムでホー・チ・ミンが独立宣言を出したのは象徴的な事例である。

米ソ両国にとって最大の不確定要素は、中国の動向であった。敗北感のない大量の日本軍の武装解除と復員を進めながら、国民党と共産党の内戦が始まろうとしていた。このように複雑かつ多様で、極めて流動性の高い様相を呈していたのがアジア太平洋地域の特色であった。

こうした中、実質的にアメリカ単独で日本の占領管理政策が推進された。憲法改正、財閥解体、農地改革、労働改革、教育改革が、連合国軍最高司令部の下で次々と推進された。日本側も昭和天皇が人間宣言を出すなど、新しい情勢に対応しようとした。しかし戦後の数年間で多くの重大な改革が一挙に進んだのは、占領軍の指示や圧力によるものであった。

戦前から政府に厳しく弾圧されていた日本共産党も、民主化の流れの中で活動を再開する。一九四五年一〇月には徳田球一が獄中から解放され、党の活動にとって大きな転換を迎える。共産党もこの頃は、米占領軍を「解放軍」と呼んでいたことはよく知られている。四六年一月には延安にいた野坂参三がモスクワを経由して帰国を果たした。四月には戦後初の衆議院議員選挙が行われ、共産党も五議席を獲得した。なお終戦後も戦前戦中の「政治犯」は、獄につながれたままであった。哲学者の三木清は、終戦後の四五年九月二六日に獄死していた。戸坂潤は終戦をまたず、既に八月九日に、やはり獄中で死亡していた。三木と戸坂という俊英を失ったことは日本の思想界、哲学界にとって大きな損失であった。軍国主義の残滓は、終戦後もしばらく一部の人々に過酷な運命をもたらした。

国民の生活は苦しく、食料の不足はもちろんのこと、猛烈なインフレが進んだ。また大量の復員兵をむかえたことで失業者が増加し、推計一三〇〇万人に達した。いきおい労働運動は急進化し、日本政府を不安にさせた。GHQも労働運動を奨励したものの、それが急進化することは望んでいなかった。一九四七年二月一日にはゼネストが計画されたが、直前の一月三一日にマッカーサーによる中止命令が出され、計画は頓挫した。これより前、GHQ側から非公式の中止要請をうけた社会党と総同盟はその要請を受け入れたが、共産党は勧告を無視した。こうしたことから、GHQは共産党に対する警戒感を強めていく。GHQが占領改革における日本側の担い手として期待していたのは、社会党に代表される中道左派勢力であった。戦後の数年間、日本の社会情勢は流動的で不安定であったが、イタリアやフランスのように共産党が大きな勢力を持ったわけではなかった。

戦後の日本経済は、米軍の空襲や海外貿易の途絶により、甚大な被害を受けていた。戦前の一九三七年を一〇〇とする日本の鉱工業指数は、四五年が三七、四六年が二〇、四七年が二五、四八年が三三であり、経済復興は遅々として進まなかった。西ドイツの同指数が、四七年には四〇、四八年には六六を記録しているのに比べると、日本経済の復興がいかに遅かったかがわかる。

一九四六年八月一二日には経済安定本部が設置され、経済危機への対策を立案する中枢組織として運営されることとなった。同本部は「傾斜生産方式」を導入し、「最大のボトルネック」であった石炭の生産回復を進めようとしたのだった。

対日講和をめぐって

一九四七年三月一七日、マッカーサーは記者クラブで早期対日講和声明を出した。基本的な改革が終わりつつあり、講和条約の締結を考える時期が来たという印象を与えた。五月三日には新憲法が施行された。これより前、四月二五日に行われた衆議院議員選挙の結果、社会党が第一党となった。連立内閣であったが、中道左派勢力が躍進したことは日本政治の流れが西ヨーロッパと同じ方向に変わろうとしていることを示していた。

　イギリスの労働党やフランスの社会党は、資本主義体制内の改革、つまり福祉国家化をめざしたが、それは保守派でもなく共産主義でもなかった。資本主義を再度活性化するとともに、共産主義に対抗できる政治勢力として、期待されていた。またこのような政治的流れは、アメリカのニューディーラーたちと共鳴するものでもあった。

　マッカーサーの早期講和声明によって、対日講和の機運がワシントンや東京で盛り上がりを見せるようになる。国務省は既に一九四六年一〇月から対日講和条約の草案作りを進めていた。ヒュー・ボートン極東局長特別補佐官らを中心とするグループの作業であり、マッカーサー声明の後、四七年八月五日には草案が完成していた。このボートン・グループの草案は、日本が講和後も国際協調を維持し、非軍事化・非武装化を維持するという方針によって作成されていた。

　だが日本の改革を重視する方向での政策立案は徐々に修正を迫られるようになっていく。既に一九四七年三月には「トルーマン・ドクトリン」が、六月にはマーシャル・プランが発表されていた。ケナンは政策企画室長として、「冷戦」の論理を対日本占領政策に適用することになる。

　ケナンが初めて政策企画室で対日講和問題を取り上げたのは、一九四七年八月であった。国務省はその前月、三省調整委員会に、マーシャル・プランとよく似た日本復興計画を提出していた（SWNCC－381）。その報告書は日本からの賠償額を大幅に削減し、工業生産水準に対する制限を緩和することを訴えており、ドイツ占領政策と同様に経済復興を重視する方向を示していた。また、日本の経済復興が東南アジアを中心にアジア全域の発展につながると指摘していた。

ケナンと政策企画室は、これとは別にボートンらの対日講和草案を検討し、批判した。ケナンたちは、省内の極東課、陸海軍、グルー元大使などと協議したうえで、重要な争点に関して決定的な情報が不足していると指摘して、国務省高官を東京に派遣しマッカーサーやその他関係者と協議すべきだと主張し、さらに対日講和を先延ばしすべきだと訴えた。もし日本社会の安定が確保できない状況で講和条約を結ぶと、共産主義の浸透を防止することが困難になるからであった。ケナンはこう主張した。日本を非軍事化しておき、米軍が日本の安全を確保すべきだが、賠償は縮小し、産業の非軍事化も必要最小限にすべきだ。最終的な結論はまだ先だと言いながら、経済復興の方向へ向かうことは既定路線になりつつあった。

以上のようなケナンと政策企画室の報告書は、一九四七年一〇月に政策企画室文書第10号(PPS-10)としてロヴェット国務次官に提出されたが、四七年のうちにケナンたちが検討課題として取り上げたテーマのうち、ヨーロッパ以外の地域を取り上げたのは、この日本に関する報告書だけである(ただし、他に世界情勢全体を概観した報告書PPS-13がある)。

ケナンによるアジア認識の背景

ケナンは、ヨーロッパの場合と異なり、自らの経験に基づいて日本・中国・東南アジア諸国について政策を立案することはできなかった。しかし幸いなことに、ケナンの体験不足を補う、有能な専門家が政策企画室に参加することになる。ジョン・デーヴィスである。デーヴィスは、ケナンの日本やアジアに対する認識に直接大きな影響を与えた。デーヴィスは宣教師の息子として中国で生まれ、アジアの問題に造詣が深かった。第二次大戦中は中国にいて、スティルウェル将軍の政治顧問を務めていた。デーヴィスは中国国民党の力量に疑問を持ち、一時中国共産党に期待をかけたが、中国での内戦の進展に伴って、徐々に中国よりも日本を重視するようになっていた。

またデーヴィスは、一九四五年から四六年にかけてモスクワのアメリカ大使館に勤務していたので、ケナンとも面識があった。そして第二次大戦終結直後からアメリカ政府内で有力であった日本非武装化論に対しては、ソ連の日本支配をもたらす可能性を高めるだけだとして強く反対していた。

加えて、かつてケナンの上司であり国務省の先輩でもあるジョン・マクマリの存在も大きい。マクマリが一九三五年に書いた「アメリカの政策に影響をおよぼすべき極東における情勢の変化」という約一万七〇〇〇語にもおよぶ長大な覚書があるが、後にケナンが『アメリカ外交50年』を書いたときにはその覚書を延々と引用している。

マクマリは一九一〇年代から三〇年代に活躍した外交官であり、中国を中心に極東問題の専門家として知られていた。国務省に入ったばかりの若いケナンがリガに赴任したとき、マクマリはバルト三国駐在公使で上司であった。ケナンはマクマリの三五年の覚書を高く評価していた。この覚書の要旨は、ワシントン体制の問題点を指摘しつつ、日本を戦争で敗北させても極東問題から日本を排除することはできず、もし日本を排除したとしてもソ連の進出を招くだけになるという非常に予言的なものであった。ただしケナンがこのマクマリ覚書を国務省内で「発見」したのは、一九四九年になってからのようである。四七年八月から四八年いっぱい、ケナンはまだマクマリ覚書を知らなかった。したがってこのときに直接影響を受けたわけではないが、後になって自分の政策の「正しさ」を裏付けてくれることになったのである。

また、ケナンはマクマリ（一八八一年生まれ）よりもさらに前の世代の人物にも影響を受けていた。誰あろう、大叔父で同姓同名のジョージ・ケナン（一八四五年生まれ）である。老ケナンもまた、極東でロシアの勢力に対抗するためには日本が重要であり、日本を支援しなければならないと考えていた。ただしケナンが直接老ケナンに会ったのは生涯でただ一度だけであり、家族の中の伝聞として、また残された著作を通じて、間接的に影響を受けたに過ぎない。だがマクマリと同様、極東の国際政治を考えるとき、ロシア（ソ連）への対抗勢力として日本を極めて重視するという戦略構想を持っていた点では同じであった。

ケナンの日本やアジアに対する構想を分析するときには、以上のような要因を背景として考えておく必要がある。では話を一九四七年に戻そう。

何のための対日講和か

マッカーサーによって早期講和の提唱がなされる一方で、アメリカ政府内外でも、徐々にではあるが対日占領政策を見直そうという動きが始まりつつあった。一九四七年九月には陸軍次官に就任したばかりのウィリアム・ドレイパーが来日し、マッカーサーや片山首相と会談したが、日本の経済復興の重要性を強調することになり、帰国後の一〇月には三省調整委員会に「日本の経済復興」（SWNCC－384）を提出していた。

ドレイパーはもともと投資銀行家であり、占領下のドイツでもクレイ軍政府長官の下で働いていた。ドレイパーのような経済界出身の高官が強調したのは、「アメリカの納税者の負担」を減らすことで、そのために、占領した国の経済復興を進める必要があるとしていた。そこにはまた、戦後の投資先としての期待があり、改革より復興へと占領政策の方向を変化させる要因となった。

一九四七年八月にケナンと政策企画室が講和問題を発端として日本問題を検討するようになったとき、アメリカは徐々にではあるが日本復興へ向けて舵を切ろうとしていた。だが戦後日本をどのように位置づけるかという問題に答えるには、ビジネスの論理だけでは不十分であった。ドイツの場合と同様、戦略的政治的な枠組みが明確にならなければ、何のための経済復興なのかわからなくなる。ちなみにマッカーサーは、対日講和を成功させ、それを背景にして大統領選挙に出馬しようと考えていた。

一九四七年八月にボートン案が政策企画室に伝えられたとき、企画室員のジョン・デーヴィスが最初にその案を検討した。デーヴィスは八月一一日にはその検討結果をケナンに伝えている。

デーヴィスは、日本との講和条約は日本と太平洋地域におけるアメリカの目的を増進させるものであるべきだと主張した。つまり、安定した日本、その経済が太平洋経済に統合されたものであること。アメリカに友好的で、必要な場合には進んで信頼できる同盟国になること。デーヴィスの考えたアメリカの目的とはこのようなものだった。彼は対日講和草案がこうしたアメリカの目的を促進する方向ではなく、依然として非軍事化や民主化に重点が置かれていると批判した。非軍事化は既に達成されており、「日本はもはや超大国のどちらか一方に衛星国として引き寄せられるだけである」。デーヴィスの思考は既に冷戦的なものになっていた。

このようなデーヴィスの覚書を受け取ったケナンは、自分の意見をつけてそれをすぐにロヴェット次官に送った。ケナンは「アメリカはまだ日本と太平洋地域について具体的な目的を持っていない」と主張して、対日講和問題を先延ばしするように訴えた。その後、PPS－10が作成され、日本に対する占領政策を大幅に見直す方向性を打ち出すことになる。

また、ケナンたちは国務省高官を日本へ派遣する必要性を強調したが、それは東京のGHQ／SCAPがマッカーサーの指揮の下、ワシントンからの指令を待たずに占領改革を進めている面があったからだった。結果的にケナン自身が日本へ行き、マッカーサーと会見することになるが、最初から自分で行くつもりだったかどうかは、わからない。

ケナンはアメリカが明確な政策を持っていないと批判していたが、一九四八年一月六日にはロイヤル陸軍長官が日本を共産主義に対する防壁にするという演説を行っていた。アメリカの対日政策は変化し始めていた。二月二六日、ケナンは日本へ向けて出発した。ケナンに同行したのは、陸軍からスカイラー将軍、国務省からマイケル・グリーン、そして四四年以来ケナンの有能な秘書であったドロシー・ヘスマンであった。

ケナンはPPS－10を提出した後、日本に来る前からワシントンで根回しをしていた。国務省内はもちろん、初代国防長官となっていたフォレスタルや、ロイヤル陸軍長官、国家安全保障会議事務局長のソアーズなどに自分の考えを伝えて同意を得ていた。

マッカーサーとケナン

ケナンが東京に着いたのは一九四八年三月一日である。二月初めに片山内閣が倒れ、芦田内閣が成立する直前であった。あたり一面焼け野原になっていた東京を見てケナンは何か感じたであろうか。

長時間の太平洋横断飛行でフラフラになっているケナン一行であったが、なんとすぐさまマッカーサーからの「召喚」を受けた。ケナン自身とスカイラー将軍がアメリカ大使館でマッカーサーと会見した。しかし、その日の会談は会談と呼べるようなものではなく、マッカーサーが淡々と述べる独白をひたすら傾聴するといったものだった。マッカーサーは指でテーブルを叩きながら、ケナンには「背を向けて」、同じ陸軍軍人のスカイラーに延々と自説を展開した。自らの占領政策の成果を誇り、共産主義の脅威もないと語った。ケナンはマッカーサーの「演説」にうんざりし、怒りさえ感じたが、上司のマーシャル国務長官が出発前に助言してくれたことを思い出してこれに耐え、あらためて非常に丁重な手紙をマッカーサーあてに書いた。対日講和後のアジア太平洋地域におけるアメリカの安全保障政策と、経済復興に向けた集中的計画、さらに日本政府側に直接の責任を持たせるための占領管理の緩和について、ご意見を伺いたいと書き送ったのである。

マッカーサーからの返事を待つ間、ケナンは最高司令部の高官たちに向けて講演を行った。そこでケナンは自分の最も得意とするソ連と共産主義の脅威について語った。ワシントンからケナンに同行して、この講演を聞いたグリーンは「ものすごい洞察力」が示されており「才気煥発の素晴らしさ」だと激賞した。マッカーサーがウィロビー少将などの腹心からケナンの考えや講演の内容を聞いたことは確かであった。

丁重な手紙と講演会のおかげか、三月五日にケナンは再びマッカーサーと会見することができた。今回、マッカーサーは真面目にケナンの問題提起に答えた。

会談はマッカーサーがケナンの手紙に答える形で始められた。太平洋の防衛線は、「アリューシャン列島、ミッドウェー島、旧日本委任統治下の島々、フィリピンのクラークフィールド基地、そして何よりも沖縄を含めた」U字型の防衛線である。とりわけ沖縄に空軍部隊を置くことが重要だ。沖縄からの空軍力で、水陸両用戦力が出てくる東アジア大陸の重要な港湾を抑えることができる。日本本土に基地は必要ない。北緯二九度線以南の琉球列島は、アメリカが一方的で完全な管理権を持たなければならない。

以上のように、マッカーサーは極めて明確な戦略構想を示していた。ケナンがこの時点でこの構想に同意したのかどうか不明だが、明確で一貫した戦略構想を持つ必要性という基準にはかなっていた。

次に日本の経済復興についてである。マッカーサーは占領政策の主要な目的が経済復興にある点については同意するとして、ケナンの構想に賛成した。また日本からの賠償取立てについても二人がともに消極的であることが、会談の後半で明らかになっていた。

最後にケナンが手紙で質問した第三の点、すなわち占領政策の緩和が問題になると、マッカーサーは、改革計画はワシントンからの指令で提起されているほど急進的ではないと自己弁護した。講和条約についてはまだ時間がかかるだろうとし、ロシアを除外した講和条約がよいのかどうかわからないと述べた。

日本占領の研究者であるシャラーは、ケナンが最高司令部や占領軍のあり方に強い批判の目を向けていたことを指摘している。「ケナンは東京で目にするものほとんどすべてに侮蔑の念と強い嫌悪感を感じていた」らしい。一つには最高司令部でマッカーサーを取り巻く人たちの「策謀のひどさ」であり、もう一つは日本人の苦しみに対する占領軍全体の鈍感さである。

ケナンの日本に対する構想を考えるとき重要な点は、彼が民主主義を含めたアメリカ的生活様式を他国に植えつけることには限界があると考えていたこと、また日本の民主的改革よりは共産化の防止とソ連への対抗勢力としての復活を重視していたことである。

講和条約と非軍事化をどう考えるか

三月五日にマッカーサーとの二回目の会見を終えたケナンは、ワシントンに戻る予定であったが、ドレイパー陸軍次官が訪日するという知らせを受け取って、帰国を延期することにした。ドレイパーは、日本経済の実情を調査することになったジョンストン(ケミカル信託銀行頭取)調査団とともに再度東京を訪問することになっていた。

三月一〇日には芦田均内閣が成立した。芦田首相は外資の導入をめざすなど、長期的な経済復興策を柱としていたが、政権基盤は脆弱であった。ケナンは、ジョンストン調査団とともに再来日したドレイパー陸軍次官とともに、三月二一日にマッカーサーと三回目の会談を行った(ケナンと一緒に訪日したスカイラー将軍も同席した)。

ドレイパーは、当時徐々にワシントンで合意されつつあった日本の限定的な再軍備について、マッカーサーにその見解を求めた。マッカーサーは、やはり早期対日講和をめざすべきだという持論を展開した。そのうえで、講和条約締結後に日本を再軍備させるという考えには反対すると、きっぱりと言った。それは最高司令部が追求してきた原則に反するし、よしんば再軍備に向けて努力しても、現状では「第五級の」軍事力しか持てないであろう。このようにマッカーサーは理路整然とドレイパーが示した日本再軍備構想に反対した。

マッカーサーはケナンとの第二回会談でも示したような、アジア太平洋におけるU字型の防衛線という概念を再確認し、沖縄に強力な空軍力を保持すべきことを強調した。沖縄の空軍は日本本土を外部攻撃から守ることができるから、日本本土に軍隊を置く必要などない。マッカーサーとドレイパーはこの問題について合意に達することができなかった。

再軍備問題と対照的だったのは、日本の経済復興を進める方向で賠償取立てを大幅に削減する合意ができたことであった。マッカーサーは賠償問題に対するアプローチは全く非現実的だと述べ、既に決められた賠償計画を超えて賠償を取るべきではないと主張していた。

この三月二一日のマッカーサーとの会談で、ケナンがどのような話をしたのかはよくわからない。公刊された外交文書ではドレイパーとマッカーサーのやり取りしか記録されていない。ただしケナンが同月二五日付で書いた報告書は公刊史料で読むことができる。ケナンはマッカーサーの日本非軍事化構想に反対していた。非軍事化条約にはソ連も当然参加することになるが、ケナンはソ連を信頼することはできないとマッカーサーを批判している。加えて、マッカーサーが間接侵略の可能性を考えていない点も、ケナンは批判していた。現状では日本社会は共産主義に対して極めて脆弱であるというのがケナンの判断であった。

国際情勢は極めて流動的であるが、もし講和条約締結時までソ連の脅威が変わらず存在している場合には二つの選択肢しかないというのがケナンの考えであった。すなわち、講和条約を締結せず占領軍をそのまま維持するか、もしくは、公然とした軍事的侵略ができない程度の再軍備を日本に対して認めるかである。

日本の経済復興を推進する点については、ケナンはもちろんのこと、陸軍省側ではドレイパー次官が強力なイニシアティヴを発揮していた。ケナンは、海外貿易を活性化することを通じて日本の経済復興を推進する方向を打ち出している。これと関連して、賠償は大幅に縮小されなければならなかった。経済復興という原則の点からも、現実に意味のある賠償を実施することの難しさの点からも、賠償は縮小されるか事実上停止されるべきだというのがケナンの考えであった。

なおケナンは、この三月二五日付の報告書で、当時進行中であった東京裁判について批判している。人道に関する国際法に基づくB級戦犯は別であるが、国家に公務員として勤めた人間を国際的に裁く法律は存在せず、日本における連合国の大義を傷つけるというのが彼の考えであった。

問われる占領の目的

ケナンが東京を離れ、ワシントンへ戻る旅に出発したのは、一九四八年三月二三日（もしくは二四日）であった。帰国後直ちに日本訪問の成果として上記の三月二五日付の報告書「日本に対する米国の政策に関する諸勧告（政策企画室文書第28号：PPS－28）」を提出したが、長旅と激務の影響で持病の胃潰瘍が悪化したため、四月中旬まで入院することになる。

入院直前の三月二五日に提出したPPS‐28で、ケナンはマッカーサーとの会談や日本での見聞に基づいた政策勧告を示した。まず対日講和条約については先延ばしし、占領管理終結に向けて日本側に十分な準備をさせるように注意を集中すべきこと。講和条約はできるだけ簡潔かつ一般的で非懲罰的なものとすること。占領軍については徐々に縮小していき、最終的にどのようにするかは講和条約締結時点での国際情勢と日本の国内情勢によって決めること。

また、国内治安を重視する姿勢が示されていた。沿岸警備隊（海上保安庁）の設置と、FBIを模範とした中央警察組織の確立によって、警察力を強化するように主張している。占領軍による管理政策も徐々に緩和する方向を打ち出していた。

そして経済復興こそ、日本に対するアメリカの主要政策目標であると言い切っている。ケナンがデーヴィスなどの助言に基づいて大枠で考えていた方向性が、日本現地での調査によって、より具体的で説得力を持った形で国務省と政府にもたらされたのである。なお沖縄については戦略的支配について国際的承認を得るために国務省で検討を開始すべきだとして、米軍基地の存続へ向けた施策を推進するように勧告していた。

ケナンが提出した報告書（PPS‐28）は国務省内で大体支持され、陸軍省からは講和条約のタイミングや賠償問題、再軍備問題を除いて強い反対は出なかった。だがソルツマン占領地域担当国務次官補がバターワース極東局長に提出した詳細なコメントは、ケナンの報告書に関して重要な問題を提起していた。ソルツマンはケナンの報告書の基本的な論理が、占領政策による改革と日本の安定化が両立しないという考えに基づいていると、鋭い指摘をしていた。

ソルツマンは、短期的に日本の経済復興は必要であるが、その問題に集中するあまり日本に対する長期的な目的を見失ってはならないと主張した。ではその長期的目的とは何か。それは日本が民主主義国家として安定することである。共産主義「封じ込め」の視点から経済復興を最重要視したケナンに対して、ソルツマンは日本の民主化による安定という長期的利益を損なわないようにと、注意を喚起していた。このようなソルツマンの批判は、占領改革が行き過ぎれば共産主義の拡大をもたらし、日本政治の不安定をもたらす可能性があるというケナンの基本認識とは、全く逆の方向性を示していた。

こうした原則的な問題に加えて、ソルツマンは具体的な政策についてもケナンの報告書の問題点を指摘し、特に賠償をめぐるジレンマを明らかにしていた。というのは、日本を経済復興させるには海外との貿易を復活させる必要があるが、貿易相手となる国々がほとんど旧敵国であり、日本からの賠償取立てを望んでいるということであった。しかも将来日本が講和条約を締結するときの相手もまたこれらの旧敵国なのである。日本の海外貿易を復活させ、講和条約を円滑に締結するためには、これら旧敵国の希望をいれて賠償を配分することが好ましい政治状況にあった。

この指摘は、図らずも日本の経済復興が米国の利益の視点だけでは実現できない可能性があることを物語っていた。確かに占領改革は事実上アメリカが単独で推進できた。だが経済復興を重視する政策へ転換しようとしたとき、日本占領は国際的な広がりを持っていることが改めて浮き彫りになった。それはケナンの構想に対する重大な障害が国際的に存在していることを意味した。

占領政策転換への反発

ケナンやドレイパーが推進しようとする日本占領政策の転換に対する不満は、こともあろうに最も信頼する同盟国であるイギリスから表明された。ケナンが東京を離れた数日後、三月二九日に在東京米国政治顧問シーボルトは在東京英国連絡事務所長のガスコイン卿と会談した。ガスコインは米国務省から対日政策について英国側に十分な連絡がないと不満を表明した。「なぜケナンやドレイパーのような高官が日本に来たのか」。英国側はケナンかバターワース極東局長にロンドンを訪問してもらい、直接協議したいと訴えていた。英国は極東委員会のメンバーであり、「米国が単独行動を取らないように希望する」。四月二日にはロンドンの米国大使館からも英国側の不満が伝えられていた。このときイギリス側は、ケナンやドレイパーらに代表される対日占領政策の転換への動きを十分つかんでいなかったのである。

アメリカの政策転換に不満を持ったのはイギリスだけではなかった。英連邦に所属するオーストラリア、ニュージーランド、カナダも、極東委員会のメンバーであったところから、アメリカの政策転換に不満を表明した。オーストラリアは、海上保安庁の設置について、極東委員会の政策に諮らずに進められたことに「驚き」を表明するほどであった。

ケナンは極東委員会を迂回して、アメリカが一方的に政策を推進することを構想し、マッカーサーにもそう進言した。だが、極東委員会に所属するアメリカの同盟国からの不満は強く、圧力も大きかった。そのため四月下旬に退院すると、対日占領政策の転換についてイギリスやカナダなどの同盟国と、かなり厳しい折衝を行わなければならなかった。

日本が海外貿易を復活させる場合には、英国が依然として権益を持っていた東南アジア諸国などポンド＝スターリング圏との取引が大きな役割を果たすと考えられていた。また英国内の繊維産業は、競争力のある日本繊維産業の復活に警戒心を持っていたのである。英国にとって日本の占領政策や講和問題は「二義的な問題」であった。だが、日本の経済復興が東南アジアとの貿易によって推進されるという方向性を警戒していた。

この当時、英本国はドル不足に悩んでいたが、英領マラヤの天然ゴムと錫の輸出はドルを稼ぐことができる数少ない一次産品であった。マラヤの得た米ドルで英本国のドル赤字を補塡していた。英国としてはこうした経済構造を維持するため、日本の経済復興に関心を持たざるを得なかったのだった。

ケナンは、英国と交渉しながら、国務省内で日本に関する報告書であったPPS－28の修正作業を進めていた。国務省内や陸軍からの修正意見を考慮し、再軍備に関する部分が削除されたりしたが、他に大きな修正はなく、五月二六日にはPPS－28／2としてロヴェット国務次官に提出された。ロヴェット、ケナン、バターワースはこの文書を国家安全保障会議に上程することに同意して、翌日には同会議に送付された。こうしてケナンの構想は、アメリカの国家戦略として策定される段階に到達した。

同盟国からの圧力とは別に、アメリカ国内の議論はドレイパー陸軍次官の活動によって、比較的順調に進んでいた。七月二〇日にアメリカ議会は欧州復興援助計画とエロア計画の予算を承認した。

ドレイパーはガリオア計画の一部として日本（および沖縄と朝鮮）向けのエロア援助計画を推進していた。

日本では六月に昭電疑獄と言われる昭和電工事件が発覚し、この事件をきっかけとして一〇月七日には芦田内閣が総辞職、一〇月一九日には第二次吉田内閣が成立した。マッカーサーは吉田が首相になることをあまり喜んでいなかったとも伝えられている。マッカーサーや民政局などは、日本の民主化のために中道勢力に期待をかけていたのであろう。

賠償問題については一九四八年五月にドレイパー＝ジョンストン報告書が公表され、総額六億六二〇〇万円（一九三九年価格）へと大幅な減額を勧告していた。これは三月に公表されたストライク報告が出した総額一六億四八〇〇万円（同）よりもさらに賠償額を縮小したものであった。四六年一一月のポーレー案による賠償総額が二四億六六〇〇万円（同）であったから、ジョンストン報告は実にその四分の一まで賠償総額を削減したことになる。こうしたアメリカ側の政策の変化は、戦後早くから講和問題を研究していた外務省の担当者に「隔世の感」を抱かせるものであった。

ケナンの構想の結実

一九四八年一〇月七日、アメリカの国家安全保障会議は「日本に対するアメリカ合衆国の政策に関する諸勧告」と題された、国家安全保障会議文書第13／2号（NSC－13／2）を採択し、大統領に対してこの諸勧告を承認するよう求めた。これこそケナンの構想がアメリカの政策として実現されたことを示す文書であった。NSC－13／2はケナンが提出したPPS－28／2を基に策定されており、対日講和の延期や、経済復興と警察力による安定化という方針が確認されていた。そして二日後の一〇月九日、トルーマン大統領は同報告書を承認し、NSC-13/2は正式にアメリカの政策となった。歴史上、このときのケナンほど個人が国家の政策転換に決定的な影響を与えたことは稀であると言われている。

NSC-13/2は東京のマッカーサーに伝達された。だがマッカーサーは、従来からの政策の見直しがワシントンから押し付けられたこと、また自分の気に入らない日本再軍備への布石としての「警察力の強化」などの表現があったことに反発を示した。

国務省と陸軍省の関係者はこれに困惑したが、ワシントン側はやむを得ず法的根拠のある「中間指令」として、一二月一一日にマッカーサーに同指令を打電した。NSC-13/2に基づいた「経済安定九原則」を、日本政府に実施させるようにというものであった。マッカーサーもやむを得ずそれを受け入れたが、それは日本占領の実権がワシントンに移ったことを意味していた。

またこの安定化計画実施の三ヵ月後に単一為替レートを設定することが定められていた。翌一九四九年二月には、安定化計画の実施と単一為替レート設定のため、ジョセフ・ドッジが来日し、ドッジ・ラインによって経済復興と安定化が進んだ。そして四月に一ドル＝三六〇円の単一為替レートが設定された。

この間、一九四九年一月二三日に衆議院選挙が行われ、吉田が率いる民自党が二六四議席を確保し、戦後初めて単独過半数を占めることになった。二月一六日には第三次吉田内閣が成立し、中道ではなく保守路線が日本政治の基調になった。GHQの中には一月の選挙結果を見て日本政治が二極化したとの危惧を抱いた者もいたという。

第3章　封じ込めの軍事同盟

1　ケナン「X」論文」の公表

『フォーリン・アフェアーズ』誌からの依頼

一九四七年五月上旬から四八年三月末まで、ケナンはマーシャル・プランの立案と日本の経済復興政策の立案に大きな役割を果たした。この時期が外交官としてのケナンにとって「最も輝ける時」であった。ケナンの政策構想の多くがアメリカの外交政策として結実したからである。ケナンは四九年末まで政策企画室長を務めたが、四八年四月後半に退院してからは徐々に政策決定過程における影響力を失っていく。それは同時にアメリカを中心とする西側全体の冷戦戦略が軍事力を重視するようになる過程でもあった。

一九四七年七月、アメリカ議会は国家安全保障法を成立させた。これによって大統領府の下に国家安全保障会議が設置されることになり、アメリカの軍事的安全を確保するための常設機関が、平時においてさえも運用されることになった。同法は同時に空軍を陸軍から独立させ、陸・海・空三軍体制を築くとともに、それらを総合的に運用する機構として国家軍事機構（National Military Establishment）という事実上の国防省と統合参謀本部の設置も規定した。

国家軍事機構の長は、国防長官（the Secretary of Defense）と呼ばれることになり、海軍長官だったジェームズ・フォレスタルが初代長官に就任した。統合参謀本部はもともと戦時の臨時機関であったものが、平時から機能する常設機関として軍事政策や作戦計画の立案を担当することになる。さらに同法は情報収集機関として、中央情報局（Central Intelligence Agency：ＣＩＡ）の設置も定めていた。

この時期に国家安全保障法が成立したのは、ソ連の動向と直接は関係がなく、主に第二次大戦の結果であり、そこから教訓を得て将来の戦争に備えようとしたからである。アメリカ軍首脳部は、第二次大戦が終結した後、将来の軍事政策を立案しようとしたが、そこでは当然、第二次大戦の教訓を生かそうとした。空軍力の発達によって米国本土が直接攻撃を受ける可能性が出てきたこと、大国間の戦争にアメリカが巻き込まれる可能性があることが前提になっていた。したがって、将来もし第三次大戦が発生したときには、アメリカ国民の生命、財産が直接脅威にさらされることを想定せざるを得なかった。そこで平時から一定の安全保障体制を国内的に整備する必要が痛感され、それが軍の組織改編を伴って、国家安全保障法となったのである。もっとも、初代長官フォレスタルは強い反共産主義の信念を持っていた。そして、ケナンの構想に関心を持ち、それを積極的に支持していた。

ケナンが国防大学の教官を務めていた一九四六年一〇月のことである。当時まだ海軍長官であったフォレスタルは、自分のスタッフが執筆した「弁証法的唯物主義とロシアの目的」という報告書について、ケナンのコメントを求めた。ケナンが同報告書への批評を提出すると、今度はケナン自身の分析を書くように勧めた。そこでケナンは「ソ連対外政策の心理的分析」と題したレポートをフォレスタルに提出した。だがこのレポートはいま一つフォレスタルの関心に合致せず、ケナンはそれを書き直していた。

翌年、政策企画室長になった直後、外交問題評議会の名編集長ハミルトン・フィッシュ・アームストロングから論文掲載の依頼を受けたケナンは、フォレスタルに提出したレポートの修正版を、そのまま同評議会に送付した。ただ、国務省内の手続きに従って論文発表の承認を得たうえ、「X」という匿名で発表することにした。

外交問題評議会は第一次大戦後にニューヨークで設立され、外交問題についてアメリカの公衆を啓発することを目的としていた権威ある団体である。同評議会が定期刊行する『フォーリン・アフェアーズ』誌は、やはり同様に権威ある雑誌として現在でもよく知られている。

同誌の一九四七年七月号は、「X」氏の「ソヴィエトの行動の諸源泉」というタイトルの論文を掲載した。これこそ後にケナンの「X - 論文」として知られることになる論文であった。「X」という匿名で書いたのになぜ名前が知られるようになったかというと、この論文が公表された直後から、ジャーナリストによる詮索が始まったからである。「X - 論文」が公刊された日のうちに、U

P通信が「X」の素性を明らかにした。やがて『ニューズウィーク』誌などが「X - 論文」とケナンの国務省内での昇進に関する記事を載せたりしたため、ケナンは匿名どころか有名になってしまった。

対ソ戦略の提唱

ケナンは、この「X - 論文」を四つの部分に分けて問題を論じている。第一の部分では、ロシア革命をもたらしたイデオロギー的背景と、ソ連成立後の国内外の状況を論じている。いわばソ連の歴史的背景の説明である。第二の部分では、ソヴィエト権力の特徴を分析し、それに基づいてアメリカの対ソ政策のあり方についての考えが示される。第三の部分では、ソヴィエト権力やソ連社会の直面する課題、ないしは弱点を指摘している。第四の部分は短いが、アメリカ側が持つ影響力と、ソ連に対するときの精神的準備を提唱して、この論文を終えている。

この論文の中で最も注目された論点は、「アメリカの対ソ政策がいかなるものであれ、それの主要な要素は、ロシアの膨張傾向に対する長期の、忍耐強い、しかも確固として油断のない封じ込め（コンテインメント）でなければならない」というケナンの主張である。しかも「西側世界の自由な諸制度に対するソ連の圧力は、ソ連の政策の変化や策略に対応して絶え間なく移動する、一連の地理的な、あるいは政治的な争点に対して、機敏に、しかも用心深く対抗力（カウンター・フォース）を適用することによって、封じ込めることができるものである」とされた。

アメリカは、ソ連を「封じ込める」ことによって、ソ連側の緊張状態を高めることができ、ソ連側がこの数年来［第二次大戦終結以来］採ってきた政策を、遥かに穏健にし、慎重にするよう強制することができる。「このようにして、ソヴィエト権力が崩壊するか漸進的に柔弱化する傾向を促す」こともできるはずだ。いま西側世界が見ているのは、その内部に崩壊の要素を持っているソ連権力の最後の輝きかもしれない。

そしてこうした結果をもたらすためには、アメリカ側も十分な精神的活力を持っていることを全世界に示す必要がある。「アメリカが、自分が何を欲しているかを知っており、国内生活の問題も、世界的強国としての責任をも、成功のうちに解決しており、その時代の主要なイデオロギーの流れの中にあって、自分自身をしっかりと保持することができるだけの精神的活力を持っている国であるという印象を、世界の諸国民の間にどの程度創り出すことができるか」という問題なのである。

アメリカがこうした印象を世界に与えることができれば、ソ連共産主義のイデオロギーは、つまらない、時代錯誤的なものに見えるであろう。「かくして解決は、ほとんどアメリカ自身のものとなる」。「米ソ関係における争点とは、本質的に、アメリカという全般的な価値を持つ一つの国民が、諸国民の間で試されるという問題」である。

一九四六年二月の「長文電報」は政府内でのケナンの名声を高めたが、四七年七月の「X - 論文」はアメリカ社会の中で広くケナンの名を広めることになった。それだけにジャーナリズムからも注目されたが、最も体系的で鋭い批判を展開したのはウォルター・リップマンであった。

リップマンは九月二日以降、「X - 論文」批判のコラムを『ニューヨーク・ヘラルド・トリビューン』紙に掲載し、やがてそれらは『冷戦』という小さな本にまとめられた。リップマンによる批判の眼目は、「X－論文」の論理に従うと、アメリカはソ連が進出を試みるすべての地域に軍事力を展開する「戦略的怪物」になってしまうということであった。この鋭いジャーナリストは、「X－論文」とトルーマン・ドクトリンとの間に相通じるものを感じ取り、それに反対し、むしろマーシャル・プランに示されたようなアプローチを好ましいと主張したのである。

この批判はケナンにとって皮肉な批判であった。ケナンはトルーマン・ドクトリンの善悪二元論的な世界認識に反対していたし、前章で見たようにマーシャル・プランの立案過程で大きな役割を果たしていたからである。だがこのリップマンによる批判が象徴しているように、「X－論文」はソ連本土周辺に軍事力を展開するのが「封じ込め」政策であるという印象を社会に与えることになった。そうした意味で「封じ込め」政策として認識されたのが、北大西洋条約の成立であった。

2　一九四七年後半のヨーロッパ情勢

西部ドイツの扱い

北大西洋条約は、一九四九年四月四日にワシントンで調印された。後に組織改革で常設軍事機構ができ、いまではNATO（北大西洋条約機構）として知られているので、本書では便宜的にNATOと表記していく。

北大西洋条約の成立を歴史的にたどるためには、いま一度、一九四七年夏のヨーロッパ情勢に立ち返らなければならない。四七年六月五日にマーシャル国務長官がハーヴァード大学で欧州復興援助に関する演説を行うと、イギリスとフランスは直ちに関心があるという意思を示した。ベヴィン英外相はパリを訪問してビドー仏外相と会談を行い（実はアチソン国務次官が密かにイギリスに対してマーシャルの演説に注目するよう事前に注意喚起していた）、英仏外相は六月一八日、ソ連に対して欧州復興問題に関する外相会議に参加するように呼びかけた。

ソ連側もこれに応じ、モロトフ外相が随員とともにパリを訪問した。ソ連は第二次大戦で膨大な被害を受けていたうえ、経済学者のヴァルガが、米国はやがて不況となるので、それを食い止めるため海外市場を必要としているとの学説を主張していた。ソ連政府はその学説に基づいてモロトフを派遣したようである。つまりアメリカ自身にヨーロッパを援助しなければならない事情があると認識していたのだった。

だが英仏外相は既にアメリカ側から、ソ連を援助の対象にはしないという意向を伝えられていた。また英国外務省のマクリーンは、密かにソ連に情報を伝えるスパイとなっており、彼からソ連側に「マーシャル・プラン」はソ連に対抗する意図を持ったものであることが伝えられたようである。

この英外務省からの内部情報によって、会議に出席していたモロトフ外相は「マーシャル・プラン」参加を断念し帰国した。西側はソ連の排除に成功したのである。英仏両国はモロトフ帰国後、ソ連とスペイン（第二次大戦には参加せずフランコ独裁が続いていた）を除く全ヨーロッパ諸国に対して経済復興問題に関する会議への招請を行った。

七月一二日、英仏外相と、招請を受諾した一四ヵ国の代表がパリに集まり、欧州復興問題を協議することになった。この間、東欧のポーランドとチェコスロヴァキアが一度は会議参加の意志を示しながら、ソ連からの圧力によって参加を取りやめるという一幕があった。こうして復興のためのパリ会議に参加した西欧諸国と、参加しなかったソ連・東欧諸国という形で、ヨーロッパは政治的にも東西に分裂することになった。

パリ会議はヨーロッパ経済協力委員会（CEEC）とそれに付随する各種専門委員会の設置を決め、アメリカ側への援助要請額などを見積もることになった。欧州復興計画は、「マーシャル・プラン」と呼ばれるようになったが、この時点でアメリカは何ら具体的な援助計画を持ち合わせてはいなかった。

アメリカ側はダグラス駐英大使とキャフェリー駐仏大使を窓口とし、ワシントンからもクレイトン国務次官補を派遣して、あくまで欧州側のイニシアティヴを尊重するという形式を維持しつつ、間接的に欧州側と協議を進めた。アメリカ側は西部ドイツを含めた西欧復興計画を立案するよう参加各国に促したが、欧州側はそれに応えようとはしなかった。フランスはドイツを農業国にしたいと考えていたし、イギリスも一一月にロンドン外相理事会を控えているところから、ドイツ問題はあくまで同外相理事会で協議すべきだと主張していた。

だがアメリカ政府は着々と西部ドイツを欧州復興計画に参加させるための政策を推進しようとしていた。六月一二日には、国務省で経済学者のチャールズ・キンドルバーガーが参加した作業の結果がまとめられていた。その覚書は、西欧諸国間の貿易の増加と、西部ドイツ復興の必要性を確認していた。さらに政治的には中道左派のリーダーシップを強化することを目的にしていた。こうした作業に続いて統合参謀本部は七月一二日、在ドイツ軍政府に対して統合参謀本部命令第１７７９

号（JCS－1779）を発令した。これはそれまでの統合参謀本部命令第1067号（JCS－1067）に取って代わるものであった。

既に見たように、JCS－1067は一九四五年五月に発令されたもので、ドイツを敗戦敵国として取り扱うことを基本方針とし、ドイツの経済復興には消極的であった。そこで三省調整委員会（SWNCC）は、一九四七年四月からJCS－1067の修正に着手していた。ドイツ問題を協議したモスクワ外相理事会が不調に終わっていたし、ドイツ情勢を調査に行き、経済復興の必要性を訴えた、フーヴァー元大統領を長とする対独経済使節団の勧告に応えようとするものでもあった。

JCS－1779は、軍政府長官の権限として、「アメリカ政府の全般的外交政策」と一致する範囲において自由に行動することを許容したばかりでなく、対独政策に関しても大幅な変更を指示していた。「アメリカの求める世界平和は、全ヨーロッパに秩序と繁栄の条件が作り出されたときにのみ達成される」のであり、「安定しかつ生産的なドイツが経済的に貢献することを求めている」。そして「緊急の行動を要する積極的計画に関して、アメリカ政府は、安定しかつ繁栄したヨーロッパに貢献するような政治経済道義的な条件を、ドイツにおいて創出することを求めている」と、西部ドイツのマーシャル・プランへの参加を前提とした方針まで示されるに至っていたのである。しかもJCS－1779は、従来の大前提であった米ソ英仏の「四ヵ国協定」を求める明文の規定を欠いたものとなっていた。

ドイツ分割へ

一方ケナンは、ハーヴァード演説の直前、六月二日に第二報告書（PPS－2）として「ヨーロッパの石炭生産の増進」を提出し、イギリスと西部ドイツにおける石炭増産を勧告していた。パリ会議が開催されると、七月二三日には総合的報告として「アメリカの立場から見た欧州復興問題の諸側面」（PPS－4）を提出し、ヨーロッパの生産力回復と経済統合の必要性を訴えた。それだけでなく、対ドイツ占領政策の変更も主張した。すなわち、連合国による占領管理の簡略化や賠償問題の早期明確化、非ナチ化の緩和と早期解決、石炭生産などである。さらには、西部ドイツを欧州諸国間の多角的諸協定や諸機関へ参加させる方針も示された。こうした方向性は翌年の一九四八年に日本の占領管理政策にも適用されるが、それは前章で見た通りである。

ケナンは既に第二次大戦終結前後からドイツ分割を主張していた。そしてマーシャル・プランの立案と実施の過程で、改めて分割という方針に沿って、西部ドイツのみの経済復興を主張したのである。こうした方針は国務省全体でも共有されるようになっていく。

八月三〇日、ワシントンでは国務省側からの申し入れにより、ドイツ占領管理を担当している陸軍省との協議が行われた。この会議にケナンは出席しなかったが、両省の事務担当高官が会同した。この会議で国務省側は、ヨーロッパ分割を前提にした考えを示した。世界がソ連圏とその他とに二分されたので、アメリカは世界分割の責任を負わなくてよい。非ソ連圏を政治経済軍事的に連帯させることが必要で、しかも米ソ間に戦争勃発の可能性さえあると主張したのである。マーシャル援助は西欧統合という概念に基づき、西欧に限定して供与されるべきで、アメリカとしては西欧を一体として把握すべきだ。したがってドイツの西側三占領地区は、「ドイツの一部としてではなく西ヨーロッパの一部」と考えられるべきで、西欧全体の経済復興の中で然るべき重要性を与えられるべきである。

こうした国務省側からの情勢認識と政策方針に関して、陸軍省側も同意した。つまり西部ドイツの「マーシャル・プラン」参加とは、事実上ドイツ分割を前提とするものであった。やがて現実となるドイツ分割は、米英とソ連との間の不信感に基づく政策の積み重ねによってもたらされたが、ケナンの構想は分割を促進する方向で政策論的な裏付けを与えていた。しかもケナンにとって真に皮肉な運命をもたらすことになるのだが、これは後で明らかにしたい。

ワシントンで国務省と陸軍省の会議が行われている頃、ドイツでは米英軍政府が新たな合意に達していた。それはドイツの産業水準を一九三六年の一〇〇％に設定するというものであり、JCS-1779に基づく経済復興路線を実現しようとしていた。

そうした経済復興路線は、急速に実現した。西部ドイツは西ヨーロッパという枠に組み込まれ、マーシャル援助の対象となったことで大きな恩恵を受けた。だがその急速な復興には、もう一つの理由もあった。それは大規模な空襲や地上戦の影響があったものの、戦争中の被害が意外と小さかったことによる。ルールの工業地帯では、全プラントと機械設備の三分の二は「無傷のまま」であった。そのため、住宅が再建され、交通システムが復旧すると経済復興が急速に進んだのである。

ソ連側の対応

ヨーロッパの政治的分割という現実は、ソ連側にも認識されるようになっていく。冷戦後の研究によりソ連側の動向も大分明らかになった。

ソ連側は当初、マーシャル・プランとドイツ問題のつながりを認識していなかったようだ。一九四七年三月から四月にかけて行われたモスクワ外相理事会が決裂した後でも、スターリンは一一月に開催予定のロンドン外相理事会でドイツの政治経済的一体化の確立を期待していたとされる。またソ連側はこの時期アメリカが深刻な不況に直面すると予想しており、マーシャル援助もアメリカの自己利益のためだと解釈されていた。だがパリ会議に出席したモロトフは、ソ連排除と西部ドイツ復興というアメリカ側の意図に気付き、モスクワへ帰国する。ただし、既にマーシャル演説直後の六月九日、駐米ソ連大使ノヴィコフは「わが国に対抗する西欧ブロックの概要が明確に現れています」との警告をモスクワに送っていた（ノヴィコフは、一九四六年九月にモロトフの意向を忖度して米国外交を分析した「長文電報」をモスクワに送ったことがあった）。

また自国の勢力圏に属すると考えられていたポーランドとチェコスロヴァキアが、マーシャル・プランへの参加表明をしたことはソ連側を慌てさせた。クレムリンは自らの勢力圏を引き締める必要を感じるようになった。ソ連は東欧諸国とフランス、イタリアの共産党の活動を調整するため、一九四七年九月にポーランドで秘密会議を開催し、コミンフォルムを結成する。なお最近の研究では、コミンフォルムの結成は必ずしもマーシャル・プランへの対応ではないとされている。ソ連側は既に四六年頃から、同様の組織を形成する構想を持っていたようで、マーシャル・プランはそうした構想の実現を促進したに過ぎない。

さてコミンフォルムは、九月二二日の会議開催日にソ連代表のマレンコフが演説を行い、スターリンの方針に沿った状況認識を示した。それは、「資本主義の全般的危機」から第二次大戦が発生し、アメリカが世界支配をめざしていると主張していた。

会議二日目にはジダーノフが基調演説を行った。ジダーノフはソ連共産党のイデオロギーの正統性を守護する中心人物であった。彼は世界が「二つの陣営」に分かれたと主張した。一つは「帝国主義者であり反民主的な陣営」、すなわちアメリカとその同盟国であり、もう一つは「反帝国主義者であり民主的な陣営」である。この陣営は「ソ連と新民主主義諸国［東欧諸国］」が主要な役割を果たさなければならないのであった。

会議に参加したのは、ソ連共産党を始めとして、ポーランド、チェコスロヴァキア、ハンガリー、ルーマニア、ブルガリア、ユーゴスラヴィア、フランス、イタリア各国の共産党であった。こうしてソ連側においてもヨーロッパの東西分裂が強く意識されるようになった。やがて東欧諸国では「社会主義への独自の道」が否定され、フランスとイタリアでは労働組合のストライキが激化することになる。

一〇月三日には、モスクワで外務省第三ヨーロッパ局長スミルノフがモロトフに覚書を提出した。そこでスミルノフは、西側の対独政策に新しい要因が現れていると注意を喚起していた。西側はポツダム協定から離れ、ドイツ問題をソ連と協力せずに解決しようとしている。「ドイツを政治経済的に分割し、その西側地域をアメリカが形成しつつある西ヨーロッパ・ブロックの中に包含してしまうという、現実の脅威がある」。

ドイツ問題を検討するための外相理事会は、一九四七年一一月二五日からロンドンで開催される予定であった。四月のモスクワ外相理事会では何も合意が成立しなかっただけに、ロンドン外相理事会でドイツ問題に関して何らかの進展があるか、注目された。ケナンは四七年八月から日本の講和問題と経済復興問題に取り組み始めていたが、ロンドン外相理事会を前にして自らの世界的な政策構想をマーシャル国務長官に提出した。

「世界情勢のレジュメ」と題したその報告書（PPS-13）（一一月六日付）で、ケナンは、ソ連がアメリカに対する戦争を予想してはいないと指摘し、ソ連は公式的政策の面では西側への進出を考えていないと、従来からの認識を繰り返した。ただし、共産党による非公式レベルの政策では、ソ連側の活動は活発化すると予想し、マーシャル・プランに対抗するため東ヨーロッパ諸国に対する締め付けを強化するだけでなく、フランスとイタリアの共産党に対して内戦を開始するように指令を出した可能性さえあると述べた。ヨーロッパ情勢の緊迫化が予想される中、アメリカとしては西ヨーロッパを強化するだけでなく、西欧の中へ西部ドイツを組み込まなければならない。西部ドイツを含めた西欧が、全体としてソ連に抵抗しなければならないであろう。これがケナンの西ヨーロッパに関する構想であった。

さらにケナンは、ヨーロッパとアジアにおける勢力均衡の回復が、アメリカ外交の目的であると主張した。ケナンの言う勢力均衡の回復とは、先に見たようにユーラシアの支配権確立をめざすソ連に対抗して、ヨーロッパとアジアの工業中心地であるドイツと日本を復興させることを意味した。

つまり西部ドイツの経済復興には戦略的に二重の意味があった。もちろん第一は西欧復興への貢献である。だがドイツ復興の意義は西欧という地域だけに限られるものではない。日本の復興と併せて、ソ連を封じ込めるための世界戦略の一環としても必要なのである。ケナンは「五つの力の中心」という構想を、PPS‐13の中で明示的に表明したわけではなかったが、同報告書の中で展開された政策方針は、そのような構想を反映していた。

西部ドイツの経済復興にこれだけの重要性が認められるとき、ロンドン外相理事会でソ連との合意が成立してしまうことは、かえってアメリカの政策を阻害する要因となる。ケナンは極めて率直に、ロンドン外相理事会ではソ連と合意に達しないようにと主張していた。むしろ「分割ドイツを大いに利用し」、「西欧諸国が西部ドイツを受け入れられるようにする」ことが重要であるとした。ケナンが主張していたドイツ分割の方針がPPS‐13にも反映されていた。

マーシャル国務長官は、ロンドン外相理事会に臨む方針を検討する閣議で、このケナンの報告書に基づいて口頭報告を行った。報告書に示された方針は閣議で承認され、アメリカの方針となった。トルーマン大統領は、この報告書全文を自分に提出するように求めた。

一方ソ連側も一一月二一日に党政治局で、ロンドン外相理事会への代表団に与える訓令を承認した。訓令はあくまでドイツとの講和条約締結をめざすとしていた。対独講和条約は「統一された民主的ドイツ」の回復を求め、ポツダム協定に一致する形でドイツ全土を統治する「民主的な政府」の創設をめざすものであった。ソ連側は西側の西部ドイツ復興とマーシャル・プラン参加を妨害するため、ポツダム協定に基づく政策を推進するよう米英に求める予定であった。西側としてもポツダム協定を無碍に反故にすることは政治的に難しかった。

ロンドン外相理事会は予定通り一一月二五日から開催された。だが一二月一五日には、マーシャル国務長官がソ連側の議事進行妨害を理由にして、会議の閉会を主張するに至った。他の外相たちもこれに同意したため、外相理事会は何の成果をあげることもなく終了した。アメリカ側の予定通りに進んだのである。

終了後、マーシャル国務長官はイギリスのベヴィン外相と会談し、西部ドイツにおける通貨改革の実施と西ドイツ政府創設の必要性を訴え、イギリス側もこれに同意していた。

3　北大西洋条約（NATO）の成立

アメリカ外交の歴史的転換

北大西洋条約成立へ向けてイニシアティヴを発揮したのは、アメリカ政府ではなく、イギリスのベヴィン外相であった。ベヴィン外相はロンドン外相理事会が決裂したことによって、米英仏など西側とソ連との対立はもはや修復不可能であるとの結論に達していた。そして一九四八年一月四日、英政府閣議の席上、「英国外交政策の第一目的」と題した覚書を提出した。その覚書は「西欧文明に固有の倫理的精神的な力を動員し強固にする必要がある」との前提を示した後、「西ヨーロッパにおいて何らかの形の連合が創設されなければならず」、しかもそれは「公式にせよ非公式にせよ、アメリカ大陸と英連邦自治領によって後援される」という考えを示していた。こうした構想は一月二二日に英国議会でベヴィンが行った演説にも反映されていた（なおドイツ問題自体についても、ベヴィンは一月五日の閣議で、事実上西ドイツ政府樹立へ向けた政策を採るように勧告していた）。

ベヴィン外相の構想は、一月一三日には駐米英国大使インヴァーチャペル卿からアメリカ国務省に伝えられた。「西欧連合」形成の必要性が明確に語られていた。イギリスとフランスは既に一九四七年三月にダンケルク条約を締結していたが、これはあくまでドイツ復活を念頭においたものだった。今回は英仏両国はもちろん、オランダ、ベルギー、ルクセンブルクを加えた五ヵ国を中心とし、さらにスカンジナヴィア諸国、イタリア、ギリシア、ポルトガルまでを含み、状況が許せばスペインとドイツまでも参加させるという広範なものであった。

マーシャル国務長官は、英国側からの要請を受け取ると直ちにケナンにその検討を求めた。また同時に欧州局長のジョン・ヒッカーソンにも検討作業に入るよう指示した。英国側から持ち込まれた政策課題である以上、マーシャル長官の判断は妥当なものであった。だがこのことがケナンの政策立案過程における影響力の低下をもたらす結果となる。ケナンは日本へ向かう直前であり、しかもこの時期にはパレスティナ問題の検討に時間と労力を割いていたため、イギリス側からもたらされた課題を十分検討する時間的余裕がなかった。

ケナンがとりあえずマーシャルに提言したのは、軍事同盟の締結を議論の出発点にすべきではないということだけであった。ケナンの提言より一日前の一月一九日、ヒッカーソン局長もマーシャルに報告書を提出していた。テキサス出身で外向的性格のヒッカーソンは、リオ条約をモデルとした地域的集団安全保障条約の締結をめざすべきだと主張した。しかもアメリカはそれに参加すべきであると、ケナンとは全く異なる方向を示す提言を行っていた。ケナンの提言を受けた日、マーシャル長官はインヴァーチャペル大使に回答を送った。アメリカ側は英国側のイニシアティヴを歓迎し、西欧連合の構想に賛意を表したが、軍事同盟締結の可能性についてはあえて言及せず、さらに検討を進めようという慎重な態度を示した。

イギリスにとってはこの回答だけで十分であった。インヴァーチャペル大使はヒッカーソン局長と会見して励ましを受け、ロヴェット国務次官と会見することになる。インヴァーチャペル卿は極めて率直に、西欧連合にアメリカも参加する軍事同盟を構想しているとロヴェットに告げ、米英間で非公式の秘密会談を持とうと持ちかけた。経験豊富で大統領の信任の厚いロヴェットも、これには驚きを隠せなかった。この年、一九四八年は大統領選挙の年でもあり、西欧との軍事同盟という問題がアメリカの国内政治にどのような影響を与えるかは予想できず、さすがのロヴェットも慎重にならざるを得なかった。ロヴェットは差し当たり英国側からの申し出を拒絶したが、これで西欧連合の問題が終わりになるとは、イギリス側はもちろん、アメリカ側も思ってはいなかった。

二月に入ると英仏とベネルクス三国間の交渉が行われた。ベルギーのポール－アンリ・スパーク首相は、ベヴィン英外相が構想していたようなダンケルク条約をモデルにした、二国間同盟条約の集合体という考えを拒絶し、かわりに国連憲章第五一条や五二条、またリオ条約をモデルとした地域的集団安全保障体制の構築を提案した。五ヵ国はその提案に基づいて交渉を進め、三月一七日、ブリュッセル条約が締結された。西欧連合が形成されたのである。表面上はドイツ復活に備えるとしているが、実際の対象はソ連であり、参加五ヵ国の中でこれを疑うものはいなかった。

ブリュッセル条約が締結される直前、二月にはチェコスロヴァキアでクーデタが起こっていた。それはソ連大使館の支援と赤軍の間接的な影響下で進められたものであった。東西の架け橋として期待されていた国でも共産主義政権が成立した。このクーデタはアメリカ政府首脳部や国内世論に衝撃を与えた。ケナンのような専門家はチェコスロヴァキアにおける共産党政権の成立を予想していたが、それは少数の人々に限られていた。

在ドイツ軍政府長官クレイ将軍は、三月五日にワシントンあてに警告の電報を送った。「戦争は突然やってくるかもしれない」。一七日にはトルーマン大統領が議会で演説し、軍事力強化のため「選抜徴兵法」の再開を求めた。ワシントンは一時的に戦争勃発の危機感に囚われていた。

トルーマン大統領はこの議会演説の前、三月五日にマーシャル国務長官から国際情勢についてブリーフィングを受けていた。そのときトルーマンが手書きで残したメモには、このアメリカ大統領の危機感がよく現れている。「ERP〔欧州復興援助計画〕を通す、一般兵役訓練・徴兵の復活、防衛計画の実施」、「テヘラン、ヤルタ、ポツダム、モスクワ、パリ、ロンドン……」、「ロシアが最初に動くのか？　誰が最初に引き金を引くのか？　そしてわれわれはどこへ行くのか？」

三月八日、マーシャル国務長官は、トルーマン大統領と国家安全保障会議にあてて覚書を提出した。覚書は「国連憲章第五一条と第五二条に基づく、北大西洋と地中海における地域的防衛協定にアメリカ合衆国が参加する可能性」について検討するよう求めていた。

トルーマンの承認を受けたマーシャルは、三月一二日、駐米英国大使インヴァーチャペル卿に対して、アメリカが「大西洋安全保障体制の設立に向けた共同討議に進む準備がある」ことを知らせた。この知らせは直ちに英本国のベヴィン外相に伝えられる。そして三月二二日から四月一日まで、ワシントンの国防省（ペンタゴン）内でアメリカ、イギリス、カナダ三国による秘密会議が開かれることになった。この間室長のケナンを欠いたままで、政策企画室は西欧連合について検討を進めた。ケナンのいない企画室は、国務省内全体の議論に引きずられ、またヒッカーソンからの圧力も受けて、アメリカと西欧諸国との軍事同盟を推進する方向性に承認を与えてしまった。

ペンタゴンでの米英カナダ秘密会談では、A：アメリカとカナダをブリュッセル条約と連携させる案、B：新規の大西洋同盟条約の締結、C：国連憲章第五一条に基づく一般的な形式の条約、の三案が検討された。最終的にはB案に基づいて北大西洋地域における集団的防衛条約の締結をめざすということで合意が成立した。皮肉なことに、この秘密会談には英国外務省の一員として、実はソ連のスパイであるマクリーンが参加していた。ペンタゴン秘密会談の内容は、ワシントン、ロンドン、オタワだけでなく、事もあろうにモスクワでも「共有」されたのである。

ペンタゴン秘密会談での合意を知らされたロヴェット国務次官は、四月七日にトルーマン大統領と会見して、西欧との軍事同盟に関する交渉を進めることを報告した。またそれとともに議会に働きかけるため、有力な議員たちと事前に協議することを提案し、大統領の承認を得た。

大統領選挙の年に、アメリカ外交の歴史的転換となる西欧との軍事同盟締結をめざすことは、デリケートという言葉では十分表現できないほど微妙な問題であった。慎重のうえにも慎重に行動しなければならなかったが、ここでロヴェットの真骨頂が発揮された。ロヴェットは上院外交委員長で共和党の重鎮ヴァンデンバーグ議員にアプローチして説得を重ね、その結果、六月一一日に米議会上院でヴァンデンバーグ決議が行われたのである。

これによってアメリカは、自国の安全を確保するため、「憲法上の手続きに従い」、「自助と相互協力に基づき」、「国連憲章第五一条による個別的および集団的自衛権を行使」する決意を示した。この決議は、冷戦期アメリカの超党派外交を象徴するものとなる。国務省はこれ以後、自信を持って北大西洋条約の締結に向けて活動できるようになった。

六月二三日、国務省はイギリス、フランス、ベルギー、オランダ、カナダなどに対し、条約の締結に向けて、秘密の予備会談の開催を呼びかけた。そして七月五日からワシントンで交渉が開始された。

軍事同盟に対するケナンの反対

ケナンが退院し静養した後、国務省に復帰したのは四月一九日のことであった。ペンタゴン秘密会談は既に終わっており、政府内では西欧との軍事同盟締結に向けた動きが加速していた。官僚機構の中で、また英国やカナダとの交渉が進んでいた中で、ケナンが同盟締結への反対論を展開しても、現実的にその流れを止めることは難しかった。

一方でケナンは、一九四八年春のアメリカ政府内での戦争への危機感や、チェコスロヴァキアでのクーデタがあったものの、ヨーロッパ情勢は一定の安定に達したと考えていた。チェコスロヴァキアでのクーデタについては、ソ連側の防御的な動きと捉えた。ヨーロッパの東西分裂はケナンにとって規定路線であったし、欧州復興援助が現実化しつつあり（四月三日、議会で「一九四八年対外援助法」成立）、ヨーロッパ情勢は西側有利になっていると思われた。

そこでケナンは、ソ連側に対して「交渉のドアはいつでも開かれている」というメッセージを送るよう国務省内で提案した。この提案は省内で受け入れられ、この趣旨のメッセージが駐ソ米国大使ウォルター・ベデル・スミス元将軍からモロトフ外相に伝えられた。五月一〇日には二人の会談も行われた。

ところが翌五月一一日、ソ連国営タス通信が突然、この秘密であるべきスミス＝モロトフ会談の模様を都合よく編集して公表してしまった。そのため、欧州諸国から怒りに満ちた問い合わせがワシントンに届くことになった。ソ連はアメリカからの外交アプローチを対西側の宣伝に利用したのだった。スターリンは、スミス大使が手交したメッセージを自分でも読み、欄外に「あはは！」と嘲りの言葉を書きなぐったという。

しかも五月一二日には元副大統領ウォーレスがスターリンに公開書簡を送っており、一七日にはスターリンが回答を公表した。スターリンは同書簡に答え、表面上ソ連が外交交渉に前向きであるかのような印象を与えた。

これらの出来事は、もはや米ソ間では真摯な外交交渉が不可能になったことを示していた。同時に国務省内では、ケナンの提言がいつも成功するとは限らないという印象を残した。また四月一八日〜一九日に行われたイタリアでの総選挙についても、ケナンは共産党の勝利を予想して慌てたが、実際には敗北に終わっていた。

北大西洋条約締結の問題に関して、ケナンは四月二九日にやはり反対する意見を国務省内で提出した。これには、ケナン同様ソ連問題の専門家として知られていたボーレンも同調していた。ケナンたちの反対理由は、チェコスロヴァキアのクーデタがあっても、ソ連軍が西進してくる可能性はないこと。また、軍事問題に注意を向けると、せっかく開始されたばかりの西欧経済復興に悪影響を与える、というものであった。ケナンはあくまで西欧の政治経済的復興を重視していた。

しかし、この局面で最も重要な要因は、英国を始めとする西欧諸国が、アメリカとの軍事同盟締結を強く望んでいたことであった。マーシャル国務長官もロヴェット国務次官も、それを無視できなかった。さらに、国務省内でもヒッカーソン欧州局長を中心とする推進派が大きな影響力を持っていた。英国側はケナンやボーレンの動向を警戒していた。六月から駐米英国大使となったオリバー・フランクスはマーシャル長官などにアプローチし、その結果、前記六月二三日の国務省から西欧諸国への秘密会談開催呼びかけがなされたのである。

だが翌六月二四日には、西欧諸国だけでなくアメリカをも震撼させる出来事が発生した。ソ連がベルリン封鎖を本格的に開始したのだ。ベルリン封鎖については次章で触れるが、ソ連側が「封鎖」という強制手段に訴えたことで、国際情勢は一挙に緊迫化した。これによって西欧諸国は、いっそう強くアメリカとの軍事同盟締結の必要性を感じるようになった。

ケナンは軍事同盟の締結に反対する立場を変えず、また自分が招いたソ連へのメッセージ問題の余波が残る中、五月末にカナダを訪問し国防大学で講演した。メッセージ問題を念頭に置きながら、アメリカとその同盟国はソ連指導者との和解を期待できなくなったと語った。冷戦は「おそらくわれわれが生きている間ずっと」続くであろう。西側は「説得と強制という相反する要素」を駆使する「弁証法的な」アプローチを必要とするであろうと、厳しいソ連認識を示した。

北大西洋条約への懸念

六月二三日の呼びかけの結果、七月五日からワシントンで北大西洋条約締結へ向けた秘密会談が開始された。ベルリン封鎖という危機の中で、軍事同盟の問題が議論された。国務省内でもヒッカーソン欧州局長を中心に、引き続き検討作業が続けられていた。ケナンも検討作業に参加していたが、スカンジナヴィア諸国やイタリアを除外し、同盟参加国を限定するよう主張した。これに対してヒッカーソンはこれら諸国も加える、より広範囲の条約を考えていた。

ケナンが北大西洋条約の締結に消極的であったからといって、国際政治における軍事力の意義を重視しない理想主義者であったわけではない。ケナンは政策企画室長に就任した後も、しばしば古巣の国防大学で講演を行っていた。現在では国防大学の教官時代に行った講演も含めて、『戦争に至らない手段』というタイトルの書籍にまとめられている。

一九四八年八月に行った「米国対外政策の全般的潮流に関する論評」という講演では、アメリカの対外政策の手段として、次の四つを示していた。(1)軍事力、(2)経済力、(3)宣伝、(4)外交、である。つまり、政策手段の中で軍事力は最も重要な要素だと認識していた。冷戦史家のジョン・ガディスは、ケナンが軍事力の役割を限定的に考えていたと主張する。確かに「論評」の中でケナンは、民主主義国は平時の対外政策の武器として軍事力を使用することには「厳しい制約」を受けているとする。「攻撃的脅迫手段」としても「戦術的な操作」としても使用できないので、機動的というよりは「固定的要素」であるとした。

しかしケナンは次のようにも述べていた。「軍事力はただ存在しているだけで、アメリカの対外政策を遂行するにあたって、おそらく最も重要な単独の手段である」。それは「国際問題に対する米国政府の発言に重みと真剣味を加える」。この国防大学での講演は、ケナンが率直に自らの考えを述べたものである。だがこれだけではない。六月に提出した政策企画室の報告書にも類似の考え方が示されていた。

第6章で詳しく述べるが、一九四八年の夏の間、ケナンはフォレスタル国防長官からの求めに応じて、ソ連を念頭に置きながら軍事問題を検討していた。その検討作業の一つとしてまとめられたのが、六月二三日に完成した政策企画室文書第33号（PPS－33）であった。そこでは対ソ政策を実践する中で、アメリカの軍事力が持つ機能について検討されている。ケナンを中心とする政策企画室が示した軍事力の意義は次のようなものである。

（1）ソ連に関するアメリカ自身の政治的態度を裏打ちするための必要不可欠な背景として。
（2）抑止力として。
（3）ソ連の政治的侵略に抵抗しようとしている国々に対する支援の源泉として。
（4）偶発、誤算、その他の原因の結果として戦争が勃発した場合に、成功裏に戦争を遂行する手段として。

これら四つの機能のうち三つまでが、いわば平時の政治的機能であると言ってよい。軍事力は戦争のためだけではなく、平時にも重要な役割を果たすのだ。この問題に関してケナンが好んだのは、「軍事力の影」という表現である。

自らをソ連とアメリカの中間に位置すると考え、しかもソ連の政治的圧力に抵抗しようとしている諸国民は、これら二大国の持つ軍事力の影とでも言うべきものによって、強い影響を受ける。もしソ連軍事力の影が、アメリカのそれと比較してずっと強力なものであり続ければ、西ヨーロッパにおける抵抗の意志を麻痺させることも当然である。またソ連が自分の目的を軍事的手段でなく政治的手段によって達成することを可能にする重要な要因となるかもしれない。したがって、ソ連の政治的圧力に抵抗したいと考えているこれら諸国民の態度を強固にするための手段として、アメリカは断固とした軍事的強さとその決意の明確な証拠を維持する必要がある。

つまりケナンは、アメリカが強力な軍事力を持ち、必要ならそれを使用する意志を持たねばならないと主張している。なぜならそれによって西欧諸国民はソ連に抵抗するための意志を持てるからである。アメリカが西欧に「軍事力の影」を傘のようにさしかけることで、西欧諸国の政治的意思に影響を与えることができる。またそれはソ連に対する抑止力ともなる。

ではこのように軍事力の意義を強調していたケナンが、なぜ北大西洋条約に反対したのだろうか。政府内でもケナンが条約締結に反対した理由が理解できない人が多かった。そのためか、ケナンは自分の構想でないから反対しているのだと陰口を叩かれたりした。

ケナン自身の説明によれば、北大西洋条約という軍事同盟はソ連の脅威に対する誤った対応であった。ソ連の脅威はあくまで政治的脅威、つまりは間接侵略にあり、軍事力を使って西欧に攻め込んでくるという直接侵略ではない。マーシャル・プランのような政治経済復興策が最も適した対抗策なのであり、軍事力の強化をめざすことは経済復興の妨げになる。

また軍事同盟を締結する場合には、加盟国の範囲をどうするかという問題が生じる。ギリシアやトルコまで、あるいはイタリアでさえも、北大西洋に入るというのは行き過ぎであろう。厳密に地理的な意味での北大西洋を越えて条約参加国が広がれば、「対ロシア同盟体制の発展に論理的な停止点は存在しなくなり、やがてその体制は世界全体にまで広がるであろう」。もしそうなれば、同盟条約そのものの意義が失われることになってしまう。

ヨーロッパ国際政治の歴史に造詣の深いケナンは、文書化された同盟条約が機能しなかったり、全く別の目的に利用されたりという事例を数多く知っていた。第二次大戦でアメリカが欧州解放に来たことも、マーシャル・プランを実施したことも、別に同盟条約があったから、そうしたわけではない。アメリカと西欧との間の現実的な利益の一致がアメリカの西欧への関与を保証しているのである。

アメリカを西欧に関与させるためには同盟条約が必要だという考えはケナンをいらだたせた。だがケナンは、西欧諸国の不安感について十分に理解できていなかった。孤立主義の伝統を持つアメリカが再び欧州から撤兵する可能性も無視できなかったうえ、赤軍はヨーロッパ中心部まで進出していた。西欧諸国から見れば、ソ連の軍事的脅威は「すぐそこ」にあった。

ケナンが北大西洋条約に反対した最後の理由は、西欧諸国が軍事同盟を締結すると、結果としてヨーロッパ全体の東西分裂が決定的となり、修復不可能になると考えたからであった。この反対の理由も、実は少々わかりにくい。ケナンは第二次大戦末期から戦後初期にかけて、またマーシャル・プラン立案のときに至っても、ヨーロッパの東西分裂を当然視していたのではなかったか。なぜ北大西洋条約締結問題が出てきたときに、あたかもヨーロッパの東西分裂に反対するかのような主張をしたのであろうか。実はこの答えはドイツ問題の急激な展開の中に隠されている。そこで次章ではドイツ問題の展開と、それに対するケナンの対応を見てみよう。

なお北大西洋条約は、一九四九年四月四日ワシントンで調印され、アメリカとカナダを含めた西欧諸国の軍事同盟が結成された。アメリカ政府代表として条約に署名したのは、その一月から国務長官に就任したディーン・アチソンであった。敗北必然だと思われていた四八年一一月の大統領選挙で、トルーマンは見事に再選を果たしていた。『シカゴ・デイリー・トリビューン』紙は「デューイがトルーマンを破る！」と大見出しの見込み記事を書き、大誤報となった。

第4章　封じ込めとドイツ分割――「二つの世界」か「三つの世界」か

1　ドイツ問題の展開とケナン

ベルリン封鎖

一九四七年一二月にロンドン外相理事会が決裂した後、米英仏の西側三国は西ドイツ国家樹立へ向けて動き出した。アメリカ国務省は一二月一八日に、ドイツの西側占領地区からソ連への賠償支払いを停止すると声明を出していた。年が明けてベヴィン英外相が西欧連合の必要性を提唱した後、米英仏はロンドンでドイツ問題を検討する会議を開き、ベネルクス三国も参加した。この会議は、四八年二月二三日から三月六日までと、四月二〇日から六月一日まで行われ、ドイツに関する「ロンドン計画」を打ち出した。それによってまず西部ドイツのマーシャル・プラン参加が正式に認められた。次には西ドイツ国家樹立へ向かうことが合意され、西部ドイツでの新通貨の導入が決定された。

西部ドイツが経済復興するためには、マーシャル・プランによる援助だけでなく、安定した通貨の流通と、それを裏付ける安定した政府の存在が不可欠だった。戦後しばらくの間、ドイツではアメリカ製のタバコが「通貨」の代わりだった。ある町では、巻きたばこ六〇〇本で自転車を買うことができたほどだった。

一方ソ連側も、対抗手段を取ることになる。ナリンスキーやネイマークの研究によると、ソ連側は三月九日にソコロフスキー在独ソ連軍政府最高司令官とその政治顧問であるセメノフをモスクワへ召還した。この両名がモスクワに到着したときには、既に西ベルリンと西部ドイツの交通を遮断する方針が決められていた。セメノフとソコロフスキーの代理であるドラトヴィン陸軍中将が具体的な遮断計画を立案し、モロトフ外相とブルガーニン国防相に報告した。交通遮断計画は極秘のうちに進められ、党政治局でさえ事前に協議されていなかった。この決定に関与したのは、スターリン、モロトフ、マレンコフ、ブルガーニン、ソコロフスキー、セメノフだけであった。ソ連側はこうして準備を整えたうえで、三月二〇日、ソコロフスキーが連合国ドイツ管理理事会の席から退出し、同理事会の機能を停止させた。

三月二五日にソコロフスキーはソ連占領地区の境界線を管理強化する命令を出し、二七日には「大ベルリンの外部境界線の管理強化について」という命令を出した。これによって四月一日からドイツの西側占領地区と西ベルリンを結ぶ交通手段が制限を受けることになった。

しかし西側はロンドン会議で、六月一日には西ドイツ憲法（基本法）制定を決定し、さらに一八日には西側占領地区で通貨改革に踏み切った。ソ連側もこれに対抗し、自国占領地区とベルリンで通貨改革を行うと発表。西側はさらに二三日、西ベルリンにおいても通貨改革を実施すると発表した。

翌六月二四日、ついに在独ソ連占領軍は西部ドイツと西ベルリンの交通を完全に遮断した。ベルリン封鎖の開始である。西ベルリンに駐在する米英軍の兵士および西ベルリン市民の生活を維持するための物資の補給が停止された。

西ベルリンでの生活が不可能になれば米英軍は撤収せざるを得なくなり、ソ連軍に占領されてしまう。アメリカは陸路による輸送が不可能になったため、空輸によって物資を送ることを決断した。この決定は在独アメリカ軍政府長官クレイ将軍によるとされている。アメリカ空軍の輸送機がかき集められ、西部ドイツの基地で生活物資を積み込むと次々に西ベルリンへ向けて飛び立っていった。イギリス空軍の輸送機も加わった。輸送機は来る日も来る日もひたすら西ベルリンへ物資を輸送し続けた。西ベルリンには二四〇万人の市民や難民がいた。こうした「ベルリン大空輸」によって、西側は西ベルリンの米英仏軍兵士と市民の生活を支え続けることになる。

実はソ連側は当初、西側の空輸に対しても封鎖を実施する予定であった。だがアメリカの大規模な空輸作戦の実施を見て、危険性が大きいと判断し、結局空輸に対する封鎖措置は取られないままに終わる。

アメリカの対抗措置はこれだけではなかった。七月には、広島と長崎に原爆を投下したのと同機種のB–29爆撃機部隊をイギリス本土の米軍基地に派遣した。ソ連に対する無言の恫喝である。ヨーロッパに暗雲が立ち込めた。世界は冷戦が始まってから最初の危機に直面したのだった（なおこのとき派遣されたＢ－29爆撃機は実際には原爆を搭載できない通常型であった）。

ケナンのドイツ統一論

このようにドイツ・ベルリン情勢が緊迫していたにもかかわらず、一九四八年四月から六月の間、ケナンと政策企画室はドイツ問題を検討していなかった。既に述べたように、この時期には北大西洋条約締結へ向けた動きが進んでいたからである。

政策企画室がベルリン問題に着手したのは、七月一八日である。ケナンはその日に会議を開き、親友のボーレン参事官も出席していた。ボーレンはベルリン情勢だけでなく、ドイツ問題全般について検討し、報告書を提出するよう提案した。この提案は認められ、やがてロヴェット次官もそれに承認を与えた。ベルリン封鎖を解除するには、どうしても米英仏ソ四ヵ国会談を開催しなければならなかったし、それに備える意味もあった。

実はソ連側の狙いもそこにあった。封鎖解除のために米英仏ソ外相理事会を開催させ、そこで封鎖解除と引き換えに西側の「ロンドン計画」を停止させるか遅延させることを目論んでいたのだった。ソ連側はあくまでポツダム協定に沿った線でドイツ問題を処理しようとしていた。ケナンは回顧録の中で、ベルリン封鎖をソ連側の「スクイズ・プレー」だったと回想している。

ロヴェット次官の承認は八月二日であったが、ケナンはそのわずか一〇日後に検討作業の結果として政策企画室文書第37号（ＰＰＳ－37）を提出した。この報告書は驚くべき文書であった。第二次大戦中から、少なくとも一九四七年いっぱいまでドイツ分割論を唱えていたケナンが、その立場を一八〇度転換させていたからである。

ケナンはそれまでの意見を覆し、ドイツ統一論を展開していた。ケナンは回顧録の中でも、第二次大戦中からマーシャル・プラン立案のときに至るまで、自分がドイツ分割を主張し、西部ドイツの経済復興に政策の重点を置くべきだと考えていたことを率直に語っている。ところが、このときのドイツ問題を扱った箇所（第一八章）では、自分が「ロンドン計画に対しては、興味も熱意も高めることができなかった」と回想している。こうした記述はわれわれ読者を惑わせるが、このときの国務省を始めとする政府関係者も同様であった。なぜケナンは突然ドイツ統一論を展開するに至ったのか。

ケナンはまず、ドイツからの旧連合国部隊の撤収が基本的にはタイミングの問題だと断言する。「いつの日か米軍は中央ヨーロッパから撤収しなければならない」し、「いつの日かソ連軍も撤収しなければならない」。そして「いつの日かドイツは再び主権を持った独立した実体にならなければならない」のだ。確かに近現代の歴史を見れば、ケナンの主張は当然のことであった。戦勝国が敗戦国を占領したとしても、戦後処理が終わり講和条約が締結されれば、戦勝国の軍隊は本国に撤収するのが通例であった。第一次大戦のとき米軍はヨーロッパに派遣されたが、戦争終結とともに本国に引き揚げている。

ルーズヴェルト大統領もヤルタ会談の際、米軍が「二年を大幅に超えて」ヨーロッパに留まることはできないであろうと語っていた。米軍を長期にわたってヨーロッパに留めることなど米議会は決して同意しないであろうと。ケナン自身も、「新世界」が「旧世界」の保護者になるのは不自然であると考えていた。このように見れば、ヨーロッパから米軍を撤収するのは、少なくともこの時点では必然だと考えられており、確かにタイミングの問題だった。

さらにこの頃、顕在化していたユーゴスラヴィアのソ連側陣営からの離反も、ケナンの考えに影響を与えた。ケナンは、マーシャル・プランによって、ソ連と東欧諸国との間に一定の緊張が生じていると見ていた。ユーゴスラヴィアの離反は、そうした緊張関係の表れだと考えられた。もしソ連軍をある程度後退させ、他の東欧諸国が「チトー化」すれば、ソ連軍を完全にソ連国内まで撤収させる可能性が出てくるかもしれない。

こうした状況を考慮して、ケナンの判断はもたらされた。米軍を含む旧連合国軍の撤収がタイミングの問題であれば、ベルリン情勢が緊迫し、四ヵ国外相理事会が開催される可能性のある「いま」こそ、ドイツ問題全般の解決を図り、占領軍の撤収を進める好機ではないか。情勢が西側有利になっているときに米英仏ソ占領軍を撤収させて統一ドイツ政府を樹立すれば、西側寄りになることが期待できる。そのうえ、東欧諸国に「チトー化」の動きが広まれば、ヨーロッパの分断を解消できる方向が見えるかもしれない。東欧諸国の情勢が流動的なうちの方がヨーロッパ問題全体を解決できる可能性が高い。

またケナンは、長期的に見て、ドイツと東欧諸国との関係を切り離しておくことは不合理だと考えていた。ドイツと東欧諸国との経済関係は、歴史的に深いものがあった。

PPS-37は、以上のような状況認識に基づいて立案された。だがこうした認識は、それまでケナンの周囲にいた政策決定者たちから見て、あまりに唐突な政策の転換であるように思われた。そのため反対論も噴出した。特に北大西洋条約の推進者であったヒッカーソン欧州局長から強い反対が表明された。そのためマーシャル国務長官は、まず外部コンサルタントの意見を聴取するよう、ケナンに命じた。

外部コンサルタントと政策企画室との会合は、九月一五日と一六日に行われた。コンサルタントには、この四ヵ月後には国務長官となるアチソン元国務次官や、外交問題評議会のアームストロング、ハーヴァード大学長ジェームズ・コナントを始め、大企業の経営者、有名弁護士などが指名されていた。コンサルタントグループは、英仏との協調を重視すること、ソ連が受け入れるかどうか疑問の余地があることなどを指摘したが、全体としてケナンの構想には一定の価値があると、その重要性を認めた。

これに力を得たケナンと政策企画室は検討作業を進め、一一月一二日に政策企画室文書第37／1号（PPS‐37／1）を完成させた。この報告書の中でケナンは、「プログラムA」と名付けたドイツにおける東西の兵力引き離し構想と統一ドイツ政府樹立のための具体的計画を提示した。

この「プログラムA」は極めて独創的で、ケナンの優れた政策立案能力を示している。だがその一方、この「プログラムA」ほど、実際の政策決定過程の中で翻弄された文書も珍しい。マーシャル・プランや日本の経済復興路線に関するケナンの構想は、比較的順調に承認され、現実化した。しかし「プログラムA」は、構想自体としては優れていたが、現実の政策決定過程の中で間歇的に注目されたり批判されたりを繰り返した。しかも最終的には政策として実現することなく、歴史の中に埋もれていった。

マーシャル国務長官はPPS－37／1を受け取ったが、退任間近の長官に、もはや検討する時間は残っていなかった。この問題は一九四九年一月から始まるトルーマン政権第二期の国務長官となるディーン・アチソンの手に委ねられた。

ケナンがドイツ問題の検討に着手した一九四八年夏から秋にかけて、西部ドイツでは重要な動きがあった。七月一日、米英仏占領軍当局は、西部ドイツを構成する一一州のドイツ側行政長官(minister-president)たちに対して、九月一日までにフランクフルトに集合し、憲法制定議会を開催する権限を与えていた。

こうした状況の中、ドイツ現地にいる米軍政府長官クレイや、クレイの政治顧問を務めていた国務省のロバート・マーフィーなどが「プログラムA」に反対していた。クレイやマーフィーは既に西ドイツ国家樹立を既定路線と考えており、それを覆す可能性のあるものは好ましくないと考えていた。さらにケナンの親友であるボーレン参事官も、「プログラムA」には難色を示した。フランス情勢に造詣の深いボーレンは、米軍の撤収がフランスに安全保障ノイローゼを引き起こしてしまうと警告した。ワシントンの国務省内でも、ドイツ現地の出先機関でも「プログラムA」は受け入れられなかった。ケナンたちが政策論争をしている間も「ベルリン空輸」は続いている。米英両国の空軍による空輸は英雄的行為になりつつあり、輸送機は「三分毎に」テンペルホーフ空港に着陸していた。

2 ドイツ分割か、統一か

アチソン国務長官による評価

トルーマン大統領によって新国務長官に指名されたディーン・アチソンは、既に国務次官補と国務次官の経験者であり、ケナンともかなり親しかった。この二人の人間関係には、アメリカ外交政策における方向性の違いが反映されることになる。

一九四九年一月三日にケナンはアチソンに手紙を送った。そこでケナンは、ドイツ問題の処理こそが外交政策を成功させるカギになると助言して、アチソンを「教育」しようとした。この手紙の影響があったためか、アチソンは迅速に動いた。正式に国務長官に就任した三日後の一月二四日には、自分の方針をトルーマン大統領に伝えている。それは国務省が国家安全保障会議を通じてドイツ政策についての報告を提出するという手続き的なものであった。アチソンは自分なりの構想や方針を持っていたわけではないが、ドイツ問題への対応は国務省が中心になって行い、政策決定における主導権を握ろうとしたのだった。

アチソンの迅速な行動は続く。二日後の一月二六日にはロイヤル陸軍長官と会談した。ドイツ問題を検討するために国務省と陸軍省との間で委員会を設置する方向で協議が行われた。実際にドイツを占領し軍政を敷いていたのは陸軍であったから、ドイツ問題を検討するためには陸軍側と調整する必要があった。また、ロイヤル陸軍長官自身もドイツ問題の解決に向けて動いていた。

一月一九日、ロイヤルはフォレスタル国防長官あてに覚書を提出した。ロイヤルはドイツに関してアメリカが長期的な政策を確立すべきだと訴え、ケナンの「プログラムA」を修正するか、それに代わるものを案出すべきだと主張した。一月二八日に開かれた国家安全保障会議ではドイツに関する政策委員会を設置することが議論され、同会議の中にドイツ小委員会を設置し、その小委員会の下に運営委員会を設置することを決定した。運営委員会の議長はケナンであった。

二月一四日、ケナンはドイツ小委員会に運営委員会の報告書を提出した。報告書はアメリカの直面している問題を四つに分類した。第一に、ドイツに対するアメリカの長期的政策。なおこれにはヨーロッパの中でドイツが将来果たすべき役割についての検討が含まれていた。第二に、ドイツの中で西側が占領している地域に関する政策。これは英仏と交渉しながら推進しているロンドン計画が取り扱う分野である。第三が、統一ドイツについて米英仏ソ四ヵ国協定を進める場合の政策。第四に、ベルリン問題に関する政策。ケナンはこれらの問題を英仏両国と検討するため、国務次官補レベルで交渉を進めるように提言した。だがこの時点では国家安全保障会議も、国務省や陸軍省も、ドイツ問題に関して最終的な結論を出すには至らなかった。そこでケナンは日本のときと同様に、ドイツ現地に行って直接状況を知りたいと考えるようになった。

アチソン国務長官も、ケナンがドイツから帰るまで問題の最終的決定をしないと明言した。ケナンは三月一〇日にワシントンを発ったが、その前日に国務省内で開かれた会議でのことである。この会議にはアチソン、ウェッブ次官、ラスク次官補、ドイツ・オーストリア局長代理でドイツから帰ったマーフィー、そしてケナンが出席していた。

この会議でのアチソンの発言は非常に興味深い。会議ではまず、ケナンがドイツ政策について語った。そして「プログラムA」で示した自分の政策提言が置かれている状況について説明した。対ドイツ政策の担当者たちから見ると、西ドイツ政府樹立の方針を変えるには最早遅過ぎるとして、自分の政策構想は受け入れられていないと、ありのままを語った。

これに対してアチソン国務長官は、ケナンが自らの構想を捨ててしまうことは「残念である」と発言している。「ケナンの議論には説得力があり、自分はほとんど納得させられた」。この時点でアチソンはケナンの「プログラムA」を積極的に評価していたのである。さらにアチソンは、西ドイツ国家建設への決定がどのように行われたのか理解できないと続けた。決定はアメリカ政府全体の決定ではなく、在独軍政府のクレイ将軍あたりから出たものではないかと疑義を呈すると、さすがに事務当局から強い反発が出た。マーフィーはロンドン計画に至るまでの過程を説明し、それが前任のマーシャル長官の同意を得たアメリカ政府の決定であると強調して、アチソンを説得した。

それでも、アチソンは西ドイツ政府樹立をしばらく見合わせたいという希望を表明した。ソ連がベルリン封鎖を解除して、ドイツ問題を協議することになるかもしれず、トルーマン大統領から政策についての諮問があるかもしれない。結局アチソンはロンドン計画を否定はしなかった。しかしケナンがドイツを訪問して報告書を提出するまで、ドイツ政策に関する決定を引き延ばしたいと言って譲らなかった。

しかもアチソンはこの会議の後、ケナンを自宅に連れていき、協議を進めた。アチソンはケナンに対して、ヨーロッパで関係者――米軍のドイツ関係者だけでなく、ダグラス駐英大使やキャフェリー駐仏大使、ベルギーのスパーク首相も含む——との会見すら許している。かなり大きな権限がケナンには与えられた。アチソンは後に回顧録を書いたとき、自分が当初からケナンと意見を異にしていたと主張しているが、これは正確ではない。残っている史料は、その主張とは全く反対のことを示している。

ではアチソン国務長官を納得させた「プログラムA」(PPS‐37／1)とはどのようなものであったのか? まずこの計画は、ドイツとの講和条約に代わるものではなく、その前段階としてのポツダム協定に代わるものとして構想された。最初の目標は、自由選挙により議会を設置し、その議会で憲法を制定して、ドイツ全域を統治する政府を速やかに樹立することに置かれる。次に軍政を終わらせて、占領管理体制を終了させる。最後に、ドイツ政府が統治の責任を付託されてから一五〇日以内に米英仏ソ各占領軍は撤収し、特定の周辺地域に再配置される。

以上がケナンと政策企画室が構想した「プログラムA」の概要である。ケナン自身もこの構想がすぐソ連に受け入れられるとは考えていなかった。むしろ交渉の出発点として心理的な影響を与えることを期待していた。しかし一九四七年末までドイツ分割を主張していたケナンが、こうした構想を提示するに至ったことは確かに大きな転換であった。

ドイツ統一構想の放棄

一九四九年三月、ケナンはドイツに約二週間の出張をし、報告書を提出した。ケナンはドイツ情勢が重大な局面にあるとし、アメリカは西側寄りのドイツ人を支援すべきであるとした。厳しい計画よりもそれを緩和するように訴え、軍政府の停止を主張した。

この報告書はアチソンにとって待ちに待った報告となるはずであった。だが現実にはこの報告書は「プログラムA」とともに歴史の中に埋没することになる。この時期、予想をくつがえしてドイツ情勢に大きな変化が生じていた。ケナンがドイツ出張に行っている間に、ソ連側がベルリン封鎖を解除する動きを見せていたのだった。特使としてジェサップ無任所大使がソ連国連代表部のマリクと会談し、折衝を重ねた。その結果、ソ連側は四月末に封鎖を解除すること、それと引き換えに西側は米英仏ソ四ヵ国外相理事会の開催に応じることが合意された。

三月三一日、アチソンは一月にトルーマン大統領に約束していたドイツ政策に関する報告書をホワイトハウスに提出した。この報告書は、ケナンの「プログラムA」とは反対の立場を取るマーフィーたちの見解を反映したもので、アメリカはそれまでの「ロンドン計画」の方針を変更することなく、西ドイツ国家の樹立とその西ヨーロッパへの統合を政策目標にするよう、主張していた。トルーマンはこの方針を承認した。

この前後、三月三一日にアチソンはイギリスのベヴィン外相と会談し、四月一日にはシューマン仏外相と会談した。英仏外相は北大西洋条約調印のため、ワシントンを訪れていた。両者との協議は、西ドイツ国家樹立の方向性が最も現実的な政策であることをアチソンに自覚させた。四月八日、米英仏三ヵ国はドイツ連邦共和国の樹立について合意し、フランス占領地区を米英共同占領地区（バイゾーン）へと統合、在独占領機構を改編することを決定した。第二次大戦中からマーシャル・プランの立案を経て、一九四七年末までケナンが推進しようとしていた政策が実現されたのである。

しかし非常に皮肉なことに、かつてのケナンの構想の実現は、四八年春以降の自分の構想に対する最大の障壁になった。

しかも歴史の神クリオは、さらにもう一度気まぐれを見せて、ケナンを翻弄した。

ソ連が主張したように、ベルリン封鎖を解除するためには、米英仏ソ四ヵ国外相理事会を開催してドイツ問題を協議する必要があった。四月、米英仏とソ連は翌月の五月一二日に封鎖を解除すること、同月二三日にパリで四ヵ国外相理事会を開催することで合意した。アメリカ国務省は早速、外相理事会へ向けた準備を開始した。アチソンは、ソ連との交渉にあたったジェサップ無任所大使に国務省内の意見を集約するよう依頼した。

このときジェサップは、政策企画室員のアダムスからケナンの「プログラムA」について知らされ、それを高く評価するに至る。「ドイツのような国を永遠に、あるいは長期にわたって押さえつけておくことはできないということを、歴史の経験は示しているのではないのかね？」

ケナンの「プログラムA」が関係者を惹きつけるのは、なんと言ってもそれがドイツ問題の根本的な解決をもたらす可能性を示している点にあった。また同時に、ソ連軍をヨーロッパ中心部から撤収させることもできる（アメリカ軍も撤収しなければならないが）。この意味で「プログラムA」は戦後のヨーロッパ秩序のあり方に、決定的な影響を与える可能性を持っていた。

四月一八日、アチソン国務長官を議長にして国務省首脳部の会議が開かれた。ウェッブ国務次官、ジェサップ大使に加えて、ケナン、ボーレン、マーフィー、ラスクも出席した。この会議では改めて、「ロンドン計画」の線に沿った西ドイツ国家樹立路線と、ケナンの「プログラムA」の路線とが比較検討された。面白いことに、決断力に富むアチソン自身が、依然としてどちらの方向に進むかの態度を明確にしなかった。結局会議では、ジェサップが言ったように、アメリカとしては「最善の計画」を準備しておくべきだという点で意見がまとまり、「プログラムA」が生き残ることになった。もちろん西ドイツ国家樹立路線が否定されたわけではなかった。

四月二八日にアチソンは声明を出したが、米英仏が西ドイツ国家樹立へ向けて動くことは、全ドイツ的解決への希望を捨てることを意味しないと、やはりどちらとも取れる内容であった。五月四日にはウェッブが「プログラムA」の概要を国防省へ送った。この時点でもアチソンは態度を決めかねていた。ヴォーヒーズ陸軍次官補は、それを在独軍政府長官クレイに送った。だがドイツ現地で責任ある立場にいるクレイ将軍は、「プログラムA」に対する強い不満と反対を表明した。「ケナンは理論ばかりだ」。クレイにとって西ドイツ国家樹立は規定路線となっていた。国務省のマーフィーも、ヴォーヒーズに対して「プログラムA」が国務長官の承認を得たものではないと、密かに連絡している。

この時期のジレンマをアチソン長官は次のように述べている。「ドイツ統一がそれ自体目的でないのと全く同様に、ドイツ分割もそれ自体が目的ではない」。つまりいずれの立場を取るにせよ、ドイツ問題はヨーロッパ全体の問題と切り離すことができなかった。

アチソンは四ヵ国外相理事会を前にして、米英仏三ヵ国の予備会議に出席するジェサップとボーレンに対して、「プログラムA」について言及してよいという権限を与えた。だがここから事態は急転直下の勢いで進むことになる。

五月一二日付の『ニューヨーク・タイムズ』紙に掲載されたジェームズ・レストンによる記事で、「プログラムA」の概要が紹介されたのである。しかも見出しは、西側三国がドイツ北部の港湾地区まで兵力を撤収させることを強調していた。レストンが自分で取材した結果なのか、あるいは関係者のリークであったのかは不明である。この記事は英仏両国の政府と世論を激怒させるのに十分な衝撃を与えた。

結局、この記事によってケナンの「プログラムA」は政策上の選択肢として最終的に放棄された。なおケナンの伝記を書いたガディスは、ソ連側もドイツからの撤兵を望んでいなかったと指摘している。在独ソ連高等弁務官のチコフ将軍が、予備会談に出席したボーレンと会ったとき、次のように言ったという。「ドイツ人はわれわれを嫌っている」、「われわれはドイツに部隊を維持する必要がある」。確かにこれでは、米英仏ソの相互的な兵力撤収は不可能であったと言わざるを得ない。こうしてドイツ分割は避けられないものになった。一九四九年五月には、ドイツ連邦共和国(西ドイツ)が成立し、九月にコンラート・アデナウアーが初代首相になったのであった。

3 戦後ヨーロッパ秩序をいかに創るか

西欧統合におけるドイツ問題の扱い

ドイツ問題の解決は、ヨーロッパ全体の秩序のあり方に決定的な影響を与えるものであった。ヨーロッパ大陸で再び大戦争が起きないようにするには、第一次大戦後のようにヨーロッパ諸国を単に主権国家として再興するだけでは不十分であった。第二次大戦後のヨーロッパでは、国際関係論で「地域統合」という概念で知られる、国際社会の組織化が進められた。この動向にはソ連との「冷戦」があったからという理由だけでは十分に語れない独自のモーメントがある。それは主権国家を超えた視点から、どのようにして平和で繁栄した国際秩序を築くかという、長期的なヴィジョンと関係している。

一九四八年になるとマーシャル・プラン実施のためにヨーロッパ経済協力機構（OEEC）が設置されたし、軍事的にもブリュッセル条約によって西欧連合が形成された。四九年にはヨーロッパ議会が設置され、さらにアメリカも参加する北大西洋条約が締結され、それがNATOとして発展する。こうした「ヨーロッパ地域統合」の方向性を、アメリカとしてどう把握し、どのように対応するかという問題が浮上していた。ケナンは回顧録の中で、こうした問題を検討するため四九年にロンドンを訪問したと語っている。ヨーロッパ統合問題をイギリス外務省の友人と協議するためだったとのことだが、この回想は真実の半分しか伝えていない。ケナンが回顧録で語っていない歴史を明らかにするため、少しイギリス側の事情について説明しておきたい。

一九四九年二月二日、イギリス外務省内で事務次官委員会（The Permanent Under-Secretary's Committee：PUSC）という組織が発足した。この新組織は、ケナンが室長を務めるアメリカ国務省の政策企画室に倣って設置されたものだった。英国側はヨーロッパ問題についての意見交換もさることながら、組織のあり方についての意見や同様の組織の連絡経路を確保したいという思惑から、ケナンとの協議に積極的であった。

イギリスは国力が衰退しつつあったが、その中で世界的な影響力を保持しようと苦しんでいた。英国外務省は、長期的視点に立って、可能な限り帝国的権益を維持するための国家戦略を立案しようとしていた。ケナンとの協議によって、アメリカの政策をイギリスにとって有利な方向に導く端緒を開こうとしていた。

スケジュールの調整ができてケナンがロンドンを訪問したのは、一九四九年の七月であった。ケナンは事務次官委員会のジェブ卿と数度にわたって会見し、自由に意見を交換した。英国側は、ヨーロッパ統合問題のみならず、中東政策や東南アジア政策に関する政策文書もケナンに見せた。もちろん文書の中でアメリカに批判的な表現のところは修正されていた。

ケナンもアメリカ側の文書を見せたが、それはあくまでケナン個人の構想を示したものだとされた。だがケナンとジェブとの間で行われた意見の交換は、アメリカ国務省とイギリス外務省の政策構想のすりあわせとして一定の意義があったようである。

第二次大戦後、ヨーロッパ大陸では何らかの国家連合が必要であるという考えは、広く共有されていた。またケナンを始めとするアメリカの政策立案者は無論のこと、西ヨーロッパの政治指導者たちも西欧統合という方向を受け入れていた。

だが実際に、どのような戦後ヨーロッパ像が描けるかというとき、ケナンは三つの秩序像しか描くことができなかった。まずは「ドイツの支配」である。真の欧州連合が成立せず、ドイツが強力で独立した国家として復興した場合の将来像である。次が「ソ連（ロシア）の支配」であり、真の欧州連合が成立しないうえに、ドイツが強力で独立した国家として再生しない場合に現実化する可能性がある。こうした二つの「災い」を防ぐために必要とされるのが、「欧州連合」であり、ドイツの一部を含むが、他国がドイツの影響力を押さえられるだけの十分な影響力を持っている連合である。

ソ連と東欧諸国を排除した西ヨーロッパ連合を考える場合、ドイツの影響力を押さえるという課題は、さらに深刻となる。ドイツが非中央集権的に細分化され、それぞれの邦が西欧統合に参加できるのなら、比較的容易である。しかしドイツのナショナリズムを考えると、現実的な方法とは言えなかった。そうなると、統一されたドイツか、中央集権的に統一された西ドイツ国家が西欧統合に参加することになるが、それは他の国々にとって重荷であろう。統一ドイツが現実化しない場合でも、つまり西ドイツだけでも、他の西欧諸国にとっては大問題なのである。無論、統合を進める場合には、何らかの保障措置が必要であった。第一に、ルール地域の国際管理である。第二に、西ドイツ経済を西ヨーロッパ経済に緊密に結びつけるための施策である。しかしこれで十分であろうか？

そこで考えられるのは、西ヨーロッパ統合に、ドイツに対するカウンター・バランスとなれる国家を参加させることである。フランスはもちろん統合に参加するが、それだけでは不十分であろう。ではどこの国が参加すべきであろうか？　それはイギリスである。イギリスが西欧統合に参加し、フランスとともに西ドイツの影響力に対抗できれば、西欧統合がうまく進展するに違いない。ところがイギリスは、西欧統合という概念や運動に最も不向きな国家であった。イギリスは「帝国」を持っており、中東、アフリカ、東南アジアなど、ヨーロッパ域外と密接な経済的関係を持っていたからである。これら地域は「ポンド＝スターリング圏」を構成しており、その中心であるイギリス本国を、単に西欧における一つの主権国家として、他の国々と経済統合させることは困難であった。

ここから、西欧統合という問題は、欧州をめぐる大きな戦後秩序構想と連動することになる。端的に言えば、「二つの世界」になるか、「三つの世界」になるかという問題であった。

「二つの世界」か「三つの世界」か

「二つの世界」は、この時期既に現実化していたように、ドイツを東西に分割し、その分割線がヨーロッパ全体の分割線にもなるというものである。分割線の西側が西ヨーロッパであり、東側が東ヨーロッパとなる。分割されたドイツの西側は西ヨーロッパの一部となり、東側は東ヨーロッパの一部となる。西ヨーロッパは、マーシャル援助の受け入れ国と北大西洋条約の参加国が中心となって構成され、西ドイツも西ヨーロッパ統合に参加する。東ヨーロッパは、コメコン（経済相互援助会議）に参加し、後にはワルシャワ条約機構にも参加することになる。西ヨーロッパはアメリカの勢力圏であり、東ヨーロッパはソ連の勢力圏となる。

「三つの世界」は、ヨーロッパが米ソどちらからも独立した、一つの勢力となることを考えた戦後秩序構想である。ケナンが「プログラムA」を案出し、ドイツにおける旧連合国の兵力引き離しを訴えたのは、まさにこの「三つの世界」からなる戦後秩序を考えたからであった。

戦争直後の最も困難な時期、ロシアの周りには「力の真空状態」しか存在していなかった。そのためアメリカは単独行動によってのみ、その状況に対処することができた。だがケナンから見て、そのような単独行動による秩序の回復は、アメリカに過度の負担をかけるものであった。ケナンは、アメリカが「組織の点でも、気質の面でも、一大帝国になることには決して向いていない」と考えていた。この意味でケナンは、アメリカのパワーの限界を強く意識していた。したがって「二極」の責任という負担をアメリカから取り除くために、可能な限り早急に、独立した勢力をヨーロッパ大陸に確立することが重要となる。

ケナンがドイツにおける兵力引き離しを提唱して、ヨーロッパの東西分裂を解消する方向性を維持しようとしたのは、まさにこのような理由からであった。ケナンの考えたもともとの「封じ込め」戦略とは、決してアメリカの帝国的な勢力拡大を前提としたものではなかった。「リムランド」に位置する、イギリス、ドイツと中部ヨーロッパ、日本という「力の中心」（パワーセンター）が、「ハートランド」であるソ連「封じ込め」の負担を、アメリカと分かち合うことを理想形としていたのである。

こうした理想形を考えていたケナンは、ヨーロッパ統合についても若干風変わりな構想を抱いていた。それは、ヨーロッパ統合は大陸内にある国々だけが参加し、イギリスはアメリカ・カナダとともに、海洋国家だけの連合をつくるというものであった。イギリスを大陸グループと切り離すことで、イギリス独自の欧州域外との交易に影響を与えることはなくなり、イギリスは世界的な大国としての立場を維持することができる。もしイギリスが、完全にヨーロッパ大陸諸国と統合されてしまえば、歴史的につながりがある英連邦との関係を解消する必要があるかもしれない。イギリスは、アメリカおよびカナダとの連合を形成することで、従来からの英連邦やその他の海外への関与を維持することができるであろう。また、原子力をめぐる米英カナダ三国の枠組みや、やはり米英カナダで進めている対ソ軍事計画の枠組みを、そのまま維持することができる。その意味で戦略的な現実と一致させることができ、好ましい。

だが、このアメリカ・カナダ・イギリス連合にも、大きな問題があった。それはアメリカのドルと、イギリスのポンド＝スターリングとの関係をどのようにするかである。ケナンは、この枠組みを作ることによって、「ドル＝ポンド問題」の解決が容易になると考えていた。しかし当時のイギリスは、可能な限りポンド＝スターリング地域における影響力を維持しようと考えていたから、それらをすべてドルに置き換えることは不可能であった。

「二つの世界」と「招かれた帝国」

ケナンの考えた独自の地域統合構想は、アチソン国務長官を中心とする政府主流派の考えとは大きく異なっていた。ケナンの親友であり、やはりソ連問題の専門家であったチャールズ・ボーレンも、ケナンの構想には賛成しなかった。ボーレンは、アメリカ軍が欧州にいて、ソ連赤軍とフランスとの間に存在しているということでフランスは安心感を得ていると指摘した。それに、もし大陸ヨーロッパだけをまとめ「第三勢力」をつくろうとすれば、ドイツ復活に対する強い懸念が生じるであろう。

一方ケナンは、大陸部だけの欧州統合になれば、ドイツがヨーロッパで覇権的な存在になるのはやむを得ないと考えていた。無論、それがかなり深刻な問題であることは自覚していた。第二次大戦中、時々ヨーロッパに住んでいたケナンは、ドイツを中心にしてヨーロッパが「統合」された状況をいくらか直接体験したことがあった。そして戦時中のドイツが唱えた「新秩序」の問題は、「それがヒトラーのものだった」からに過ぎないと考えていた。

ボーレンは主流派を代表してケナンを批判した。ドイツ復活に対する強い懸念がある中で、「プログラムA」の方向性は「フランス、ベルギー、オランダで好ましくない反応をもたらすだろう」。西ヨーロッパを政治・経済・軍事的に安定させるには、まだしばらく米軍がドイツに留まり、イギリスを統合に参加させる方がよい。

実際、イギリス、フランス、オランダ、ベルギーなども、ヨーロッパを分断し、自分たちがアメリカの勢力圏に入る方がリスクは少ないと考えていた。ドイツが強力な影響力を発揮する可能性があるヨーロッパ大陸だけの地域統合は、あまりにリスクが大きいと考えていたのだった。西ヨーロッパ諸国だけの統合を進めると、確かにドイツ分割は固定化されるかもしれないが、それは「より小さい悪」だった。

西ヨーロッパ諸国も、アメリカが戦後も引き続きヨーロッパの問題に関与することを望んでいた。とりわけアメリカ軍がヨーロッパの中心部に駐留し続けることを希望していた。西ヨーロッパは、アメリカの軍事的関与があることを確信しない限り、精神的に安定せず、経済復興を進めることもできなかった。ヨーロッパの東からやってくる「悪意の挑戦」に対して、西欧諸国はより穏健な対抗勢力を「招き入れた」。つまりアメリカは「招かれて」帝国になったのである。

冷戦史家のガディスは、戦後のヨーロッパに作られたこのシステムを、「即席で、人工的で、恣意的であった」と述べつつ、実際にはケナンたちが予想したよりも安定的で回復力があったとも指摘した。だがこの見方は、視野が短期的であり、やや表面的である。

アメリカが西ヨーロッパに関与することが一つのシステムであるならば、このシステムは、一種の「大西洋共同体」が、緩やかではあるが成立していたことを示すものではなかったか。もしそうならば、このシステムは、マッキンダーが第二次大戦中に書いた論文で既に述べられていたし、少なくとも第一次大戦のときから現実のものとなっていた。すなわち、アメリカが戦略的縦深の役目を果たし、イギリスがヨーロッパへの前進基地であり、フランスが「水陸両用勢力」としてヨーロッパ大陸での橋頭堡となるというものである。

第二次大戦後に変化したのは、アメリカがその縦深性を維持しながら、平時の西ヨーロッパに軍事力を展開し続けるという点であった。また分割されたドイツの西半分が、「ハートランド」から進出してきたロシアに向き合う最前線国家となったことだった。ドイツが「大西洋共同体」に「参加」したことは、その共同体が拡大したことを意味したに過ぎない。アメリカは、既に第一次大戦のときから「招かれて」いたのである。

イギリスの「第三勢力」論構想

実はこの時期、イギリスも自ら「第三勢力」となることを検討していた。ケナンの構想とは異なり、英本国が西欧統合に参加する形での「第三勢力」論であった。それが一九四八年一月にベヴィン外相がイギリス議会で表明した構想であった。

ベヴィンは、西欧連合を形成するよう求めた演説の中で、その西欧連合を、イギリスが依然として影響力を持つアフリカや中東と連携させるよう主張した。イギリス本国とフランスやベネルクスが連合し、その連合をヨーロッパで拡大するとともに、英連邦やアフリカとも連携させることを構想した。それによって、アメリカとソ連に匹敵する、第三の「超大国」としての地位を維持しようとしたのだった。

第二次大戦が終結に向かうにつれ、イギリス外務省は戦後の世界秩序について検討を進めたが、英帝国の前途は決して明るいとは言えなかった。アメリカとソ連が、「超大国」として台頭するのに対して、イギリスは戦争による経済的疲弊のために対外的影響力を弱体化させることが予想された。そうした相対的な地位の低下は、ベヴィン外相や外務省にとって、当初は受け入れられない状況だと考えられた。また一九四七年に一時的にポンドの交換性を回復してもよい結果は得られず、財政的困難は明らかになっていた。外務省だけでなく大蔵省もまた、「第三勢力」となることを望んでいた。国際通貨としてのポンドの地位を維持し、「ポンド＝スターリング圏」をできる限り維持しようと考えていたからである。

だが一九四九年に新設された外務省の事務次官委員会が活動を始めると、「第三勢力」論の実現可能性に疑問符が付くようになった。「第三勢力か大西洋共同体か」を考察した事務次官委員会の政策文書は、アメリカとの「特別な関係」に基礎を置く、「大西洋共同体」を現実的な選択肢として提示するに至った。それはアメリカとの緊密な同盟関係を維持しつつも、西ヨーロッパの統合に参加し、ソ連に対抗する西側ブロックの形成を進めるべきだと主張していた。

ケナンは、自分のアメリカ・カナダ・イギリス連合という構想とは異なっていたが、イギリス側の第三勢力論には親近感を持っていた。パワーセンターの一つであるイギリスが、封じ込めの負担を引き受けることになるからである。実はケナンは当初、イギリスを西欧統合に参加させて、ドイツのカウンター・バランスにすることを考えていた。だがイギリスが英連邦や海外との関係を解消することができず、経済的にも弱体化したため、その構想をあきらめ、代わりにアメリカ・カナダ・イギリス連合を構想したのだった。

ケナンの構想は、アメリカが帝国になることはできないという、自国の力の限界を強く意識することを出発点としていた。これに対してアチソンやボーレンは、アメリカが「帝国」になることを受け入れていた。アメリカが主導して、国際秩序を作らなければならないと考えていたのである。トルーマン大統領も含め、これがアメリカ政府の主流派の考えとなった。世界は二つに分かれることになったのだった。

第5章　地政学的周辺部における封じ込めの模索

地政学的な五つのパワーセンターの構想に基づいて封じ込め戦略を実施しようとするとき、この構想には重要な補完的戦略が必要であった。というのは、五つのパワーセンターのうち、アメリカにとって同盟国となるべき「リムランド」の三つのパワーセンターは、経済的に自足的な単位ではなかったからである。アメリカは豊かな天然資源に恵まれ、すべての面で完全に自足的というわけではなかったが、それでも自足の度合いはかなり高かった。また敵対的なパワーセンターであるロシア（ソ連）の経済的自足度も極めて高かった。

これに対して、イギリス、（西）ドイツ、日本は、それぞれ優れた工業生産力を持ってはいたが、その工業力を支える天然資源を国内だけで完全に賄うことは難しかった。また生産物を海外で販売するための市場も必要であった。イギリスが英帝国を必要としたように、天然資源と市場をパワーセンターに与えるためには「周辺地域」が必要だった。

ガディスは、ケナンの封じ込め戦略は、戦略拠点防衛構想であったと主張している。しかし、アメリカがこれら三つのパワーセンターを復興させようとしたとき、その周辺部も共産主義陣営に取り込まれないようにする必要があった。そうなると、パワーセンターと周辺地域をともに防衛するためには、共産主義陣営の拡大を防止するために防衛線戦略を採らざるを得なくなる。この意味で封じ込め戦略は、それ自体の内部に、防衛地域を拡大させざるを得ないダイナミズムを持っていたのである。

1　東南アジアの民族主義運動と新秩序

相次ぐ独立宣言

日本は一九四五年八月一五日に無条件降伏したが、これはアメリカ側が当初予想していたより早く実現した。アメリカ参謀本部は四五年一一月に「オリンピック作戦（南九州上陸作戦）」を、四六年三月に「コロネット作戦（関東平野上陸作戦）」を実施する予定であった。ドイツの場合と同様に、地上戦によって日本の首都である東京を制圧しない限り、戦争終結には至らないと考えていた。

だが日本の降伏が早まったことで、アメリカ軍は対応を余儀なくされた。その最たるものが朝鮮半島における日本軍の降伏受け入れである。八月一五日にアメリカ側が提案した分割占領案に基づいて、北緯三八度線を境界線とし、その北側はソ連軍が、南側は米軍が占領することになった。中国大陸では有力かつ大量の日本陸軍部隊が急に敗北した形になったため、その武装解除を受け入れる際に国民党と共産党との軋轢が生じた。そして国共内戦が開始された。

東南アジアでは日本が「突然に」敗北したことで、一時的な「力の真空」が発生した。その「真空」状態を利用して、民族主義運動の指導により独立宣言が発せられた。ヴェトナムは戦争末期にいわゆる「仏印処理」によって、現地の傀儡的フランス支配体制が日本軍によって崩壊させられたが、その日本軍による直接支配も突然終わりを告げたのであった。その間隙をぬって、九月にホー・チ・ミンが独立を宣言した。インドネシアでも日本の降伏後、直ちにスカルノが独立を宣言した。またフィリピンは既にアメリカから独立する予定であったが、米軍は対日戦終了後、共産党系のゲリラであるフクバラハップを弾圧した。マラヤでもやがて共産党系のゲリラ活動が開始されることになる。東南アジア全般の状況としては、イギリス、フランス、オランダなどの植民地宗主国が、自国軍隊を復帰させ、植民地支配を再開しようとした。だが植民地で成長してきた民族主義運動は、その動きに反発し、独立戦争を開始する。

アジアでは、戦争終結直後から内戦や独立戦争が開始され、それに東西対立が連動したため（あるいは米英やソ連が東西対立の視点から、これら戦争を認識したため）、「冷戦」は「冷戦」に止まることができなかった。国際的な「冷戦」の政治的・戦略的文脈から、アジアの内戦や独立戦争が把握された。「冷戦」と言われながらも、アジアでは実際の戦争が行われていた。

なぜこのような違いが生じたかといえば、ヨーロッパでは既に主権国家体制が成立し、歴史を重ねていたからである。そこでは、国境線の改変や政府の交代があったとしても、既存の国家の復活として国際秩序に再度参入するという道があった。ポーランドはポーランドとして、チェコスロヴァキアもチェコスロヴァキアとして国際社会に復帰することができた（バルト三国のような例外はあった）。

これに対してアジアでは、そもそも主権国家から構成される国際秩序というものが存在していなかった。主権国家でさえ、一部を除いて存在していなかったのである。アジアにおいて旧秩序への復帰とは植民地体制への逆戻りを意味した。第一次大戦やその後の民族主義運動の勃興、さらには日本軍による占領を経て、アジアの民族主義運動は、新しい国家の建設と新しい地域的国際秩序の形成をめざすものになった。アジア諸国は軍事力に訴えてでも前進するしかなかった。アジア諸国の不幸は、国家としての独立が、資本主義か社会主義かという体制選択を伴っていたことであった。

英仏植民地体制復活の思惑

ソ連と中国は、ヨーロッパとアジアで戦略的な分担をするという国際政治上の大きな枠組みを作ろうとしていた。そうしたとき、アメリカを始めとする西側諸国はアジア全域についてどのような政策を採ろうとしていたのであろうか。やや時間を逆戻りして、第二次大戦中の動きから確認してみよう。

開戦直後の一九四二年春頃までには、フィリピンを含めて東南アジアのほとんど全域は、日本軍の占領下に置かれた。連合国側は四三年夏に「東南アジア連合軍最高司令部」すなわち「東南アジア司令部」を創設し、マウントバッテンを総司令官に任命した。この人事にも表れているように、東南アジア司令部はイギリス主導の下で設置された。イギリスは戦争が終結した後、再び東南アジアで植民地体制を復活させようとしていた。

これに対してアメリカのルーズヴェルト大統領は、英帝国を始めとする植民地体制には批判的な信条を持っていた。ただルーズヴェルトの反植民地主義は、必ずしも首尾一貫したものではなかった。オランダの蘭領東インドへの復帰に対しては、それほど強く反対しなかったようであり、フランス植民地についてもアフリカなどでの復活は容認していた。ルーズヴェルトが最も強く反対したのは、インドシナにおけるフランス植民地の復活であった。

アメリカが大戦中から主張した信託統治は、ルーズヴェルトの反植民地主義を戦後構想の中に取り入れたものであった。イギリスはアメリカの信託統治構想に強い警戒感を持った。イギリスが「東南アジア司令部」の設置に積極的であったのも、単に対日戦を遂行するためではなく、戦後東南アジアの勢力圏を維持しようと考えていたからであった。

一九四五年八月、日本が無条件降伏したのに伴って、東南アジア全域にとどまっていた日本軍の武装解除を受け入れ、日本軍を復員させる必要が生まれた。この戦後管理問題については、七月から八月にかけて行われたポツダム会談で、インドシナは北緯一六度線を境にして、その北側を中国が、南側をイギリスが担当することになった。一六度線以北は「中国戦線」で、同以南は「東南アジア戦線」とされていた。

この決定に従って、九月一一日から中国国民党軍は北部インドシナに進出し、イギリス軍も九月中旬にはサイゴンに、次いで蘭領東インド、すなわちインドネシアに進出し(先遣隊は九月上旬に進出済み)、一九四六年一一月三〇日まで駐留を続けた。その後オランダ軍が「復帰」し、戦後管理を行うようになる。北緯一六度線以南のインドシナについても、一九四六年三月末をもってイギリスによる戦後管理が終了し、四月一日からインドシナは再びフランス領になった。ところが、一九四五年九月二日にはヴェトナム民主共和国の独立が宣言されていた。ホー・チ・ミンを指導者とするヴェトミンが主導したものであった。フランス軍が復帰したときには既に反仏蜂起が各地で発生していた。四六年一月六日、第一回総選挙が行われ、ヴェトミンが圧勝した。フランス側は四五年一一月から、ホー・チ・ミンと秘密交渉を行っており、一時は双方とも妥協した協定が結ばれたが、長くは続かなかった。四六年一二月一九日、フランス軍とヴェトナム軍はついに衝突する。以後七年半にもわたって続く「第一次インドシナ戦争」が開始されたのである。

イギリスの限界とリアリズム

イギリスは「東南アジア司令部」の管轄地域拡大によって、自国の軍隊を東南アジアに展開できたが、現実には戦後の兵力縮小の影響や財政上の問題を抱えていた。インドネシアに展開したイギリス軍も、その内実はほとんどがインド兵とグルカ兵であった。十分な兵力が展開できないうえ、インド・パキスタンが独立していく中で、インド軍兵士に依存することも難しくなった。

そこでイギリスはフランスやオランダに各々の植民地の管理をまかせ、自国の様々な資源を重要地域の管理に向けて集中させようとした。イギリスは、あくまで東南アジア地域の安定に「責任」を持つ、世界的な大国であり続けようとした。

イギリスにとって東南アジアにおける冷戦は、一九四八年夏のマラヤにおける共産主義者による反乱によって始まったと言われている。なお植民地体制への復帰について、イギリスは極めて巧妙であった。インド・パキスタンだけでなく、ビルマにも独立を与え（無論、これら諸国の独立を認めざるを得ない状況もあった）、実質的な植民地の縮小を許容する一方で、マラヤの権益を確保する方針は堅持し続けた。こうした硬軟取り合わせた政策をフランスやオランダにも期待していたと思われる。

しかし同時に、東南アジアにおけるフランスやオランダとの関係は、ヨーロッパ情勢の従属変数であり、ヨーロッパにおける国際政治状況があくまで独立変数であった。一九四七年以降、明白になるソ連との対立によって、イギリスは本国の利益が直接関係する、ヨーロッパにおけるフランスやオランダとの友好関係を優先的に考えなければならなかった。この点からイギリスは、真に好ましいと考える政策ではなく、フランスの政策を、フランスの政策であるがゆえに支持する、という状況に追い込まれていくのである。

なおイギリスは、東南アジアの共産主義運動について、早くから関心を持ち、注視していた。一九四六年四月一〇日頃、英国のサイゴン総領事館の館員が、フランスの同意を得たうえでハノイに行き、ホー・チ・ミンと会談している。

ホーと接触した館員は、ホーが優れた人物であり、確かに革命家であるが、「誠実な愛国主義者」でもあるとの印象を受けていた。一九四七年に入っても、英国の出先機関でのホー・チ・ミンに対する評価は高い。同年二月のシンガポール特別弁務官の報告では、次のような指摘が見受けられる。「どこで民族主義が終わり、そして共産主義がはじまるかは必ずしも容易な事柄ではない」。

この言葉は、当時の英国や、やがてアメリカが直面することになるジレンマの本質を抉り出していた。イギリスもアメリカも、アジアの民族主義に対抗するつもりはなかったが、共産主義は封じ込めなければならなかった。では民族主義者が共産主義者であった場合には、どうすればよいのか？　アメリカが主導権を握るにつれ、共産主義の脅威がより大きく問題視され、民族主義の側面に対する認識が後退していくことになる。

一九四八年になり、マラヤでの共産党蜂起などの影響で、イギリスも東南アジアにおける共産主義運動に対する態度を硬化させていく。インドシナではヴェトミンが有利に戦争を進め、フランス軍は厳しい状況に置かれていた。七月にイギリス外務省がまとめた文書では、フランスのインドシナからの撤退が東南アジア諸国に悪影響を与えること、蔣介石も二つの共産主義国に挟まれることになり、その立場を悪化させるであろうこと、そして何よりもマラヤ情勢への危惧が示された。

一方でイギリスは、そのアジア政策で極めてリアリスティックな決定を下していた。共産中国の国家承認である。一九五〇年一月六日、イギリス政府は中華人民共和国を国家として承認した。この行為はアメリカやフランスに衝撃を与えざるを得なかった。またこの承認は、コロンボで予定されていた英連邦諸国会議の直前に行われ、英連邦諸国にも波紋を広げるものであった。しかもその直後、共産中国がホー・チ・ミンを指導者とするヴェトナム民主共和国を国家承認し、ソ連もそれに続いた。このとき毛沢東はまだモスクワ滞在中であったが、ホーも密かにモスクワを訪問していた。そして中国側はヴェトナムを支援することを約束した。こうした中ソの動向は、アジアにおける革命は中国が主導するという、中ソ間の戦略的分担の構想が実施に移されたと解釈することもできる。中国を支配した共産主義運動が東南アジアへ拡大していく可能性が現実のものとなっていた。

時間が少し前後するが、フランスは苦しい状況を打開するため、阮朝の最後の皇帝で香港に亡命していたバオ・ダイを担ぎ出し、別のヴェトナム政府を作り上げ、政治的にインドシナ問題を解決する契機にしようとした。一九四九年三月八日、フランスのオリオール大統領とバオ・ダイとの間で、いわゆる「エリゼ協定」が結ばれた。フランスはバオ・ダイを指導者とするヴェトナムが国際的に国家承認を受けられるように、イギリスなどに働きかけた。

イギリスは状況を注視しながら自国の立場を決めようとしたが、在サイゴン総領事館やシンガポール高等弁務官などから、「バオ・ダイに対する一般国民の無関心」や、バオ・ダイの指導者としての資質に疑問を呈する報告が、ロンドンの外務省に伝えられていた。

一九五〇年一月二九日、フランス議会はようやくエリゼ協定を批准した。これに応えてイギリスも二月七日にバオ・ダイ率いるヴェトナムを国家承認し、同日アメリカもこれに続いた。一月末から二月初めにかけて、米英仏がバオ・ダイ政府を承認し、中ソがヴェトミン側を承認することになり、朝鮮半島で北緯三八度線を挟んで北朝鮮と韓国が成立したのと同じ状況が、インドシナ半島においても出現した。

イギリスの立場に注目すれば、中国では共産主義国家を承認しながら、インドシナ半島では「自由主義」国家を承認するという、奇妙な政策を採ったことになる。よく言えばリアリスティックな政策であり、悪く言えば首尾一貫しない、しかも西側全体の利益に合致しない利己的な政策であった。イギリスがこうした政策を採ったのは、その前年にあたる一九四九年夏以降、すなわち中国内戦で共産党の勝利が確定した後、東南アジア政策についての再検討が外務省内で行われていたからである。なおこの再検討については、アメリカの政策を考えるときにまとめて分析したい。

2 対中政策に関する議論

中華人民共和国の成立

戦後アメリカの主な関心は、占領管理を進める日本と、独立を付与する予定のフィリピンにあり、東南アジアはイギリスに任せるという姿勢であった。一方、日本やフィリピンとは異なる次元でアメリカが注視したのが中国であった(なお朝鮮半島への関心は二義的であった)。言うまでもなく、戦後アジアにおけるヤルタ体制を確立するためには、国民党指導下の中国が地域大国として安定する必要があったからである。ルーズヴェルト米大統領の「四人の警察官」構想の中で、中国は米英ソとともにその一角を占める予定であった。だが中国情勢の現実は、そのような構想の実現を困難にしていた。

アメリカは一九四二年三月に、中国軍の近代化とそれによる強化を促すため、スティルウェル将軍を中国に派遣した。だがスティルウェルは、国民党が腐敗していると考え、蔣介石との関係も悪化した。そのためルーズヴェルトは四四年一〇月、スティルウェルを解任した。既に大戦中の一九四三年暮頃から、在華のアメリカ外交官たちによって、国民党の腐敗や国共間の衝突、内戦の危機などに関する情報がワシントンに伝えられていた。ワシントンはパトリック・ハーレー将軍を中国に特使として派遣し、やがて彼を大使にして、国共間の調停を進めた。四四年八月三一日、ハーレーは中国へ向かう途中でモスクワを訪問し、モロトフ外相と会談した。その際ソ連側は、アメリカが中国問題で指導性を発揮していることを歓迎するとの立場を明らかにし、ソ連が中国の共産主義者と関係を持っていないと伝えた。こうしたソ連の見解を知ったうえで赴任したハーレーは、国共調停に楽観的であった。

一九四五年四月にアメリカは、ハーレー談話によって蔣介石支持の立場を明らかにした。またソ連も、二月のヤルタ協定に基づいて、日本降伏の前日八月一四日に国民党政府との間に中ソ友好同盟条約を締結していた。八月一五日、日本降伏に際して蔣介石はラジオ演説を行い、抗日戦争の勝利を宣言した。だが不幸にも、この宣言は中国における内戦の開始を告げるものとなった。

既に八月一〇日、日本がポツダム宣言を受諾するという方針が、中国でも傍受されていた。八路軍総司令の朱徳は、翌一一日には指揮下部隊の華北や東北への移動と進撃を命じていた。これに対して蔣介石は、八路軍に対して現地駐屯を継続し、待機するよう指示した。だが八路軍は進撃を開始し、八月三〇日には山海関を占領し、九月六日には東北の中心都市である瀋陽に進出した。

こうした中、八月一五日前後に蔣介石は毛沢東に電報を送り、重慶で会談を開くよう呼びかけた。毛沢東の下へは、スターリンからも、この会談に応じるようにとの電報が届いていたとされる。八月二八日から四〇日以上続く「重慶会談」が蔣介石らと毛沢東らとの間で開始された。そして一〇月一〇日、「双十協定」が結ばれた。それは「蔣介石主席」の下で新中国の建設を進めようとするものであった。蔣介石は「軍隊の国家化」を推進しようとした。しかし毛沢東は次のような命令を党内に出していた。「解放区の軍隊は一丁の銃、一発の弾丸をも必ず保持しなければならない」。

一九四五年九月から一一月にかけて、国民党軍は華中にいた軍隊を北京・天津方面へ移動させ、東北へ進出させようとしたが、共産党軍はこれを阻止しようとして大規模な戦闘が起こった。一一月、国民党軍はアメリカ軍の支援を受け、山海関と錦州を一時的に奪回した。

こうした中、一九四五年一一月二六日、ハーレー駐華大使が突然辞任を発表した。自らが尽力した国共間の協定が事実上破綻したことなどが原因で、調停に自信を失ったのだった。中国情勢を憂慮していたアメリカは、一二月一六日にトルーマン大統領の声明を発表した。トルーマンはアメリカの目的が「強力で統一された民主的中国」の建設にあることを確認した。そして国民党政府を基盤にしながらも、共産党を含むすべての政治勢力が参加する連合政府樹立を訴えた。この連合政府構想の中には、連合政府実現と同時に中国共産党軍を廃止し、中国国民党軍に統合するという構想も含まれていた。

しかしその後、特使として中国へ派遣されたジョージ・マーシャルが国共間の調停は不可能になったと判断し、一九四六年末に本国への召還を求めると、アメリカは国共間の調停によって中国内戦を収拾することを断念し、淡い期待を抱きつつ、国民党へ援助を与えるだけの段階に移行した。

一九四七年末の時点で、国民党軍の兵力は二七〇万人、対する共産党軍は一一五万人だったと推測されている。だが戦況は四七年夏頃から転換点を迎え、急速に共産党有利となっていく。四九年一〇月一日、毛沢東が北京で中華人民共和国成立を宣言すると、一二月一〇日、蔣介石は長男の蔣経国とともに成都から台北に空路で逃れ、中国大陸での国民党支配は終わりを告げた。

ケナンの東アジア認識

一九四五年八月から四九年一〇月まで、中国情勢の変転に対してアメリカは有効な政策を打ち出すことができなかった。そもそも中国においてアメリカは「封じ込め」政策を実施したのであろうか。確かに四七年以降、国民党政府を支援したことを「封じ込め」政策であったと考えることは一応可能であろう。だが実際には限定的な軍事・経済援助を行っただけであり、中国国内に共産主義に対抗できるだけの政治勢力を育成するか、見つけ出すことはできなかった。国民党が中国全土を支配できない状況が明らかになったとき、アメリカが最も注視したのは、中国共産党がどの程度、ソ連共産党の影響下にあるかであった。

一九四七年七月一六日から九月一八日まで、アメリカ政府はウェデマイヤー将軍を特使として派遣し、改めて中国情勢の把握に努めた。ウェデマイヤーが帰国して出した報告書は、国民党改革の必要性を訴えていたが、同時にソ連共産主義の拡大の危険を指摘し、国民党を支援する必要があると強調していた。

また中国問題には、アメリカの国内政治も関係していた。アメリカ国内には一種ロマンティックな中国観を持つ人々が多くいた。それらの人々は社会の各層にいて、中国国民党からの働きかけに応じるばかりでなく、「中国ロビー」としてアメリカ国内世論に大きな影響を与えていた。こうした世論を背景に、また国民党からの様々な働きかけもあって、連邦議会には強力な「中国ブロック」とでも呼ぶべき、国民党支持派の議員たちがいたのである。

では行政府の内部、国家安全保障会議や国務省ではアジア情勢についてどのような政策立案作業が進められていたのであろうか？　既に見たように、政策企画室は一九四七年一〇月に対日講和問題を取り上げる中で、対日政策全般の見直しを提言していた。また同企画室は一一月六日には「世界情勢のレジュメ」（PPS－13）を立案して、世界情勢全体を検討していた。

その中で極東情勢についての分析も示されていたが、明るい見通しはなかった。極東については「ほとんど完全な不安定情勢」というのが、当時の状況認識であった。中国については、アメリカができることはほとんどないと考えられていた。せいぜい急激な軍事情勢の悪化を防止するよう努力することであった。ただしソ連がこの地域でできることには、軍事的経済的制約があるとも指摘されていた。ソ連側の力の限界が認識されていたことは注目すべきである。

朝鮮半島については、純粋に平和的で自由な民主政治の発展へ向けての、「いかなる現実的な希望も、もはやない」とされた。政治的未成熟、不寛容と暴力が、朝鮮半島の政治を支配することになると予想していた。なおこの「世界情勢のレジュメ」は、ヨーロッパ、中東、極東の情勢を分析しているが、東南アジアについては何も述べていない。少なくともこの時点では、「封じ込め」の観点から東南アジア情勢を分析するという発想は、政策企画室にはなかったと言うことができる。

対中国政策に関しても、国家安全保障会議を中心にした政策立案が進んでいたが、事態の推移は急速であった。一九四七年一一月四日、ケナンは政策企画室の見解をまとめた覚書をマーシャル長官に提出した。ケナンは、国民党が自ら必要とする内部改革ができないことを指摘し、国民党の将来に悲観的な見通しを示した。また国民党政権の崩壊はアメリカの国益にとって破滅的ではないと主張して、中国の戦略的重要性を積極的には評価しない立場を示した。

ケナンやアジア専門家のデーヴィスの考えは、端的に言って、ヨーロッパと、アジアおよび中国とでは、情勢が異なるというものであった。ヨーロッパは戦後復興を考えればよいだけだが、アジアや中国は第二次大戦の影響を受けて、政治的、経済的、社会的な革命が進行中であった。つまり、中国情勢については、傍観せざるを得ないというのが彼らの考えであった。

中国に対して打つ手なし

一九四八年春には、議会でヨーロッパ復興援助に関する議論が開始された。国務省が望む対欧州復興援助を立法化するためには、議会内にいる親中国派（つまりは国民党の支持者）からも支持を得る必要があった。そのためには、たとえ無意味であるとわかっていても、中国に対して「何かする」必要があった。いわばヨーロッパ復興計画を実現するための立法措置は、対中国援助を望む議員たちによって「人質」に取られていた。

議会では超党派外交を象徴する共和党のヴァンデンバーグも、国務省と同様に欧州復興援助のためには対中国援助の立法化が必要だと考えていた。中国援助計画は、欧州復興援助、ギリシア・トルコ援助と一括で扱われることになり、四月三日に、「一九四八年対外援助法」として議会の承認を得た。最終的に対中国援助は、六月に上下両院で承認されたが、援助額は経済援助が三億三五〇〇万ドル、軍事援助が一億二五〇〇万ドルで、計四億六〇〇〇万ドルであった。当初の政府提案であった五億七〇〇〇万ドルの経済援助という額からは、かなり削減されていた。また対欧州援助の総額が四八年からの四年間で一七〇億ドルとされていたのに比べると、明らかに少なかった。

こうして議会で対外援助に関する議論や採決が進んでいく一方、政府内でも中国政策に関する議論が続いていた。一九四八年一月一五日、フォレスタル国防長官は国家安全保障会議に対して、国務省が対中国政策を再検討し、明確な政策を立案すべき、という要請を行った。国務省側は政策企画室がその立案作業を引き受けたが、当初から消極的であった。流動化する中国情勢の中で、明確な政策など確立できないと考えていたからである。ケナンやバターワースは、意図的に文書の作成を遅らせた。

アメリカ政府の最上層部で中国に関する政策立案が再び活発になったのは、一九四八年も夏になってからであった。七月下旬にロイヤル陸軍長官が国家安全保障会議に提出した覚書が、そのきっかけを作った。ロイヤルの覚書は「中国の危機的な状況に関して合衆国が取ることのできる行動の選択肢」というタイトルが付けられており、国家安全保障会議文書第22号（NSC-22）という番号が付けられた。提起された選択肢は次の四つであった。（1）実行可能な範囲内で最大限まで米国の援助を増加させる。（2）完全に手を引く。（3）現在承認されている計画に基づいて援助を続ける。（4）国民党に対する国家承認と援助を停止し、これから現れてくる地方政府に振り向ける。

こうした選択肢を示したからといって、ロイヤルが劇的な政策の変更を求めたわけではなかった。ロイヤルが好ましいと考えたのは、（3）であり、つまりは現状の政策を続けるということでしかなかった。こうした状況を見たケナンとバターワースは、「機が熟した」と考え、政策企画室と極東局で、中国に対する政策立案を本格的に始めることにした。

国務省と軍関係者の綱引き

ケナンら国務省側が、「機が熟した」と判断してから本格的に着手した中国情勢に関する政策文書――後にデーヴィスが「中国に関する決定的文書」と自賛することになる――は、九月七日に完成し、政策企画室文書第39号（PPS-39）「中国に対する合衆国の政策」として回覧された。政策企画室長のケナンは九月一五日にこの文書をマーシャル長官に提出した。三五ページにわたる長大な文書であった。

この文書はまず、中国の人口があまりに多いことや、工業化が遅れていることなど、中国が直面している問題の背景を概観した。その後で歴史的展開を要約して、ソ連と中国の関係についてふれ、中国に対するクレムリンの目的は、同国への影響力を拡大し、全中国領土を支配することであるとした。「中国を共産主義側につけることは、大変な政治的勝利」だとされた。ただし、クレムリンがどこまで中国共産党をコントロールできるかは疑問であった。人口増加、低い生活水準、経済的後進性などを考慮すると、「無秩序状態か独裁」しか道はないであろう。一方、国民党政府の消滅は時間の問題であるとして、この時期の政府における共通認識を繰り返していた。つまり、国民党政府を承認し、援助し続ける。もちろん全面的介入は問題外であった。

興味深いことに、この事情はソ連にとっても同様であって、ソ連の中国に対する影響力にも限界があるとされていた。ただしアメリカとしては、中国がソ連の政治的軍事的な力（パワー）の付加物になることを妨げる必要があるとされた。というのも、中国がソ連の付加物になったときにのみ、アメリカにとって非常に大きな重要性を持つからであった。こうした点を前提にして、アメリカは流動的な情勢に柔軟に対応できるようにすべきであるとされた。

一九四八年一〇月一三日、国家安全保障会議は、このPPS‐39をほとんど修正しないまま、国家安全保障会議文書第34号（NSC‐34）として関係者に配布した。だが中国情勢がますます悪化していく中で、軍の関係者は何らかの積極的な措置を取るように主張していた。

一一月二四日、政策企画室はPPS‐39／1という文書を作成した。これはケナンが、フォレスタルなど軍関係者や国家安全保障会議事務局の動きに対抗するためのものであった。PPS‐39／1も、基本的な内容はPPS‐39と変わっていなかった。中国共産党が成功したのは大部分が国内的要因であり、外部からの支援があったからではない。中国情勢に影響を与えるためには、アメリカが主要な責任を負わなければならない。しかし全面的な介入に伴う大きな負担など、議会も世論も認めるはずがない。中国の共産化はアジア情勢全般を悪化させるが、アメリカの国益にとって破局的なものではない。

ケナンは、この文書をマーシャル長官とロヴェット次官に送り、国家安全保障会議で議論してもらいたいと要請した。ここでマーシャル長官自身が動いた。一一月二六日の閣議で、マーシャルはトルーマン大統領に直接中国問題を報告したのである。あらかじめ、ブリーフィング用の文書作成を指示されたケナンたちは、一つだけ新しい政策を提案していた。それはアメリカ政府が採ってきた政策について、大統領が声明を出すなどして公表すべきだというものである。この提案は、翌年『中国白書』として結実することになる。この一一月二六日の閣議では、大統領声明などは国民党政府にとって最後の一撃となり、その崩壊を早めてしまうという意見もあった。そこでトルーマンは、公表するという基本方針を認めたものの、公表自体は延期するという決定を下した。

年が明けて一九四九年二月三日、国家安全保障会議で前年一二月にフォレスタルが提起した中国援助問題が再び取り上げられた。なお一九四九年一月からトルーマン政権は二期目に入っており、国務長官はディーン・アチソンに変わっていた。アチソンは、これ以上国民党政府に援助を与えることは無駄であると主張した。そこで国家安全保障会議は、トルーマン大統領に対して対中国援助を停止するよう勧告した。ところがトルーマンは、この勧告をくつがえし、対中国援助は停止しないと声明を出してしまった。

この一九四九年二月三日の国家安全保障会議では、長期的な対中国政策もまた議論の対象になっていた。長期的政策については、NSC-34（PPS-39）で示された方針と、フォレスタルに鼓舞された国家安全保障会議事務局が四八年一一月上旬に作成した文書の方針の二つがあった。既に見たように、前者はケナンやデーヴィスたちの「何もしない」方針であり、後者は軍の関係者が支持していた具体的な政策方針を決める文書であった。この二つの流れのせめぎ合いから、妥協として、NSC-34／1という文書が既に四九年一月一一日にできあがっていた。

NSC-34／1は、当面の政策として、中国がソ連の力の付加物になることを妨げるという方針を打ち出していた。だが実際にはこの文書は、具体策の示されていない無意味な文書であった。このとき少なくとも政府内では、長期的な中国政策に関する議論が、やり尽くされてしまっていたのである。

「中国への介入」を完全に放棄

政策企画室のケナンとデーヴィスは、改めて一つの文書を作成していた。それはPPS－39／2であり、二月二五日に完成し、前年に提出したPPS－39（NSC－34）の方針を再確認していた。ただ共産党の勝利が確実になったことを受けて、共産党が今後直面する課題についてふれている。「革命における勝利の果実とは、責任である」。つまり国内統治の問題が共産党に突きつけられることになるというのである。

国民党の残滓は、中国南部か台湾で数ヵ月か数年生き残るかもしれないが、あくまで地方政権に過ぎなくなるであろう。ただし国民党政府に対する国家承認は、状況が明確になるまで続けるべきである。中国共産党とソ連との間の離間に注意すべきであるが、中国におけるクレムリンへの対抗は、あくまで中国国内の自生的勢力によるものとなる。

このようにPPS－39／2は、中国における国共内戦が終結に近づき、次の段階が始まることを予想していた。その一方で、それまで堅持していた方針を継続することも勧告していた。つまり、国民党政府を支持し支援するが、全面的に中国に介入することは避けるという方針である。一九四九年三月三日、国家安全保障会議はPPS－39／2を検討し、同文書をNSC－34／2として承認した。この文書の最後に示された勧告が、当面の間実施可能な政策であることが合意されていた。

最近のある研究によれば、この三月三日の会議で、中国大陸に援助を送ることに関する実質的な議論が終わったという。国民党に最小限の援助を与えるが、中国への介入は避ける（「何もしない」）という方針が、固まったのであった。これ以後、中国をめぐる政府内での議論は、中国とソ連の離間の可能性に関する議論、すなわち中国の「チトー化」と、台湾に対する援助に関する議論へと移行した。ただし議会や国内世論において、中国をめぐる論争は続いていく。やがてそれは「中国の喪失」という議論となり、その背景には米国内や国務省にいる共産主義者の陰謀があるという、マッカーシズムがアメリカ政治の中で猛威をふるうことになった。

3　東南アジアを戦略的にどう位置づけるか

多様な状況の東南アジア

アメリカ政府上層部で中国問題に関する議論が一応収束の方向に向かったとき、次に問題となるのは、どこで「一線を引く」か、であった。中国共産化が現実となりつつあるとき、アメリカはそれを前提とした戦略の立案を迫られていた。

一九四九年一月から国務長官となったアチソンは、ケナンに対して政策企画室で包括的な東南アジア政策を立案するよう指示した。ケナンは、例によってデーヴィスの助言を重視しながら政策立案にあたったが、このときデーヴィスは既に自ら政策文書の作成を始めていた。デーヴィスは前年六月にバンコクで開かれたアメリカ在外公館の会議に出席しており、会議終了後、インドネシア、シンガポール、インドシナ、香港、フィリピンを訪問していた。帰国したデーヴィスは八月には最初の草稿を完成させたが、それ以後、作業はなかなか進まなかった。

だがアチソンの指示によりケナンが立案作業を進めることになり、ようやくデーヴィスの作業も進むことになった。もともとケナンは東南アジア情勢にあまり関心がなく、ましてや同地域の専門家でもなかったが、必要に迫られて同地域の情勢を深く分析するようになっていた。

ケナンが東南アジア、とりわけインドネシアに関心を持ったのは、一九四八年九月に共和国政府が共産党も加わっていた局地的な蜂起を弾圧することに成功したからである。一二月にケナンはマーシャル国務長官に覚書を提出したが、そこではインドネシアを「クレムリンとの闘争において、現時点で最も重要な争点だ」と主張するまでになっていた。スカルノとハッタの共和国政府は、共産主義に抵抗できる力量を持っていると評価された。この点はケナンの「封じ込め」構想にとって極めて重要な意味を持っていた。争点となっている地域の現地政府が、共産主義運動を抑えることができるという点が、彼の構想の重要なポイントであったからである。

ケナンはインドネシアの重要性を強調した。「インドネシアは北海道からスマトラまで延びる島嶼連鎖の重石である」。なぜなら、この太平洋島嶼群はアジア大陸塊にある共産主義に対する政治経済的対抗力（カウンター・フォース）であるばかりでなく、必要な場合には東アジア大陸や南アジアを制するアメリカの海空軍力の基地となる地域でもあるからである。ケナンは東京でマッカーサーが語ったのと類似の不後退防疫線を設定し、それによって「一線を引く」ことを構想した。インドネシアは、その構想のカギを握る存在となった。

このようにインドネシアを重視する構想を持ったケナンや政策企画室は、オランダの軍事行動に批判的となっていく。オランダは、インドネシアにおける植民地体制維持のため、二度にわたる軍事行動に訴えていた。アメリカは最終的に、オランダ本国に対してマーシャル援助を供与しないという恫喝によって、それを停止させた。

だがフランスに対しては同様の圧力をかけることはできず、インドシナについてはフランスの軍事行動を許していた。またデーヴィスは、自らバンコクでの在外公館会議に出席していたためもあってか、タイを重視する見解を持っていた。マラヤと国境を接するタイを重視する姿勢は、イギリスが歓迎するところでもあった。また既に見たように、インドシナに関してはフランスとバオ＝ダイ政府との間でエリゼ協定が結ばれ、「統一国家として」ヴェトナムの独立が承認されていた。だがヴェトミンの抵抗がなくなるわけではなく、インドシナ戦争は続いていく。一口に東南アジアといっても、個々の状況は全く異なっていた。

植民地支配をめぐるジレンマ

様々な構想や、現実の事態の展開を加味しつつ、デーヴィスはようやく東南アジアに関する政策文書を完成させた。一九四九年三月二九日に完成したこの文書は、いくつかの修正を経たうえで五月には「東南アジアに対する合衆国の政策」（PPS－51）として、アチソン国務長官に提出された。PPS－51は基本的に委員会によって起草された文書であり、ケナンやデーヴィスの個人的な見解はあまり反映されていないとする研究もあるが、制作過程でデーヴィスが影響力を持っていたことは明らかである。

PPS－51はまず東南アジア地域全体を概観したうえで、同地域の経済的、政治的問題を分析した。そして「ソ連側世界との闘争と東南アジア」を考察し、同地域と大西洋共同体との関係を解説した。地域的な分析の最後に、この地域に対するアメリカの政策が提起されていた。さらにその後で各国別の情勢分析が展開され、最後に勧告が示されている。

注目すべき点は、インド・太平洋地域にまたがる「大三日月地帯」という地政学的構想を示していたことである。アジア大陸が共産化するなど、敵対的政治勢力になったとき、それを「封じ込め」るための戦略構想である。大三日月地帯とは、日本、オーストラリア、インドを結ぶ地帯のことであり、現在の「QUAD」にも通じる構想であった。そして東南アジアは、その地域自体は戦略的に二次的だが、大三日月地帯の結節点となっているという意味で極めて重要となった。

東南アジアはもともと人為的な地理区分であり、宗教的背景も多様である。地域的な共通点は、ヨーロッパと日本に対する原料資源供給地であることと、米穀経済を基盤にしていることであった。天然資源としては、ゴム、錫、石油などがあり、経済的には未発達である。世界経済の中では原料供給地としての性質を持つが、東西および南北のコミュニケーションの結節点であり、この地域をソ連や共産主義の影響力に対して拒否することが極めて重要であった。

だが東南アジアに関して、アメリカはジレンマに直面していた。それはイギリス、フランス、オランダなど西ヨーロッパの同盟国を強化するためには、東南アジア地域に対する西欧の支配を過度に脅かすことは戦略的にマイナスであるが、そうかと言ってアメリカ自身が帝国主義の味方だと思われてしまうことも大きなマイナスであることであった。

アメリカはフランスやオランダの政策を、やがて「失敗する運命にある」と考えていた。西側はアジアのナショナリズムを支援し援助することによってのみ、共産主義の拡大に対する抵抗力として東南アジアを自由世界の一員とすることができるであろう。

　このようにPPS－51は、アメリカの東南アジア政策に関する問題点を抉り出していた。「大三日月地帯」構想には、ケナンの影響が見られるが、「封じ込め」の視点からも大きなジレンマを抱えていた。つまり、東南アジア地域それ自体は戦略的に二次的であるとしても、「大西洋共同体」や日本というアジアにおける「封じ込め」の拠点を復興し、これら地域を結びつけるために最も重要な地域であった。いったい東南アジアの戦略的意義は、最重要なのか、あくまで二次的なのか。この点をケナンもデーヴィスも明確にすることができなかった。それは「どこまでが民族主義で、どこからが共産主義なのか」、明確に区別することができないことと並んで、アメリカにとって悩みの種であり続けた。

　アメリカがこうしたジレンマを抱えた原因としては、何よりも東南アジアについて経験がなく、十分な知識の蓄積もなかったことが指摘できるかもしれない。唯一フィリピンだけは植民地統治の経験があったが、同国は一九四六年に独立を果たしていた。

　アメリカとは対照的に、自らを帝国的勢力として認識し、しかもその影響力を可能な限り維持しようと考えていたのはイギリスであった。イギリスはマラヤと、隣接するタイを重視していた。タイについては戦時中「敵国」であったという事情もあり、当初は厳しい態度で臨んでいた。だが、アメリカがタイについて柔軟な姿勢を示したため、イギリスの政策は影響力を失い、タイ自体も親米的な路線をとるようになる。

　イギリスは、東南アジアへの関与を継続する意欲は持っていたが、それを裏打ちする十分な手段を持っていなかった。そこでイギリスが期待したのは、アメリカが同地域に関心を持ち、イギリスを支援してくれることであった。いわばイギリスは虫のよい政策を追求しようとしていた。つまり、アメリカから経済的軍事的援助を受けながら、東南アジアで影響力を保持していくという政策である。この意味で、アメリカが東南アジアに関心を持ち、イギリスと歩調を合わせてくれるようになることは歓迎すべきことであった。実際に一九四八年夏頃からアメリカは東南アジアに関心を持つようになった。言うまでもなく、「中国の喪失」という状況の出現が大きな影響を与えていた。

東南アジアに関する米英間の政策調整を象徴的に示すのが、一九四九年夏、ケナンのロンドン訪問である。既に見たように、ケナンはヨーロッパ統合問題を協議するためイギリスに出向いたが、イギリス側は中近東や東南アジアに関する政策文書までもケナンに見せて、コメントを求めた。協議の対象はヨーロッパを越えて、世界的な広がりを持っていた。アメリカ国立公文書館所蔵の国務省の記録文書の中には、イギリス外務省の事務次官委員会から政策企画室に渡った政策文書がいくつか残されている。東南アジアに関しては、「東南アジアと極東における地域協力（Regional Co-Operation in South-East Asia and the Far East）」（P.U.S.C. (53) Final）という一九四九年一〇月三一日付の政策文書が残っている。これは当時のイギリスのアジア政策の集大成とも言うべきものであった。

イギリス側は、東南アジアにおいて共産主義の進出を食い止めるためには、何らかの地域協力が必要であると考えていた。またこの点で、英米の利益が一致していると認識していた。ただ問題は、日本や韓国に対するアメリカの関与は明確であるのに対して、東南アジアに対するアメリカの関与に不安があることであった。イギリスはインドのリーダーシップに期待するとともに、オーストラリアやニュージーランドといった英連邦諸国との協力によって、地域的協力体制を構築しようとした。だがこれには、アメリカから、少なくとも経済援助が供与されることが不可欠であると考えられていた。こうした期待を持っていたイギリスにとって、政策企画室が「東南アジアに対する合衆国の政策」（PPS－51）を立案したことは、極めて重要な意味を持っていた。アメリカが東南アジアに関心を持ち始めたことを明確に示していたからである。

ただしアメリカ政府内でのPPS－51の取り扱いは、必ずしもイギリスの期待に沿ったものとは言えなかった。国務省内でヨーロッパ諸国の重要性を強調していた、バターワース、ボーレン、ニッツエなどから批判が噴出し、正規の政策文書としては承認されなかった。PPS－51はあくまで情報として、関係者や在外公館に配布されたにとどまった。

アジア戦略の再編

だが政府内で東南アジアに対する関心は高まっていた。一九四九年六月一〇日、フォレスタルの後任となったジョンソン国防長官は、国家安全保障会議に対して、アメリカの対アジア政策を包括的に検討するよう求めた覚書を提出した。これにはアチソン国務長官との権限争いという面もあったが、この時点でアメリカが包括的なアジア戦略を必要としていることも明らかであった。

八月初旬には国務省が『中国白書』を発表し、一九世紀末以来のアメリカの中国政策を明らかにした。その基本的姿勢は、国民党の無能と腐敗が中国の共産化をもたらしたのであり、アメリカの外交的失敗が共産化の原因ではないとするものであった。これは客観的な事実としては正しかったが、アメリカ議会の議員や国民の多くは、政府の責任逃れだという印象を受けた。そのため国務省は厳しい批判にさらされることになった。

ジョンソン国防長官の要請に応えて政策立案作業にあたったのは、国家安全保障会議の事務局であった。国務省の政策企画室や極東局が直接関与しなかったのは、ジョンソンの国務省に対する反発を国家安全保障会議事務局が忖度したためかもしれない。

同事務局の政策文書は、一九四九年の一二月二三日付で完成した。「アジアに関する合衆国の立場」（国家安全保障会議文書第48／1号〔NSC－48／1〕）は、確かにこの時点におけるアメリカのアジア政策を包括的に検討した政策文書となった。一二月三〇日にその結論部の修正案が承認され、NSC－48／2となったものも含めて検討すると、イギリスから見て大変好ましい方向性が打ち出されていた。イギリスが求めていた東南アジアにおける地域的な協力体制の構築と、アメリカと英連邦との協力という方針が、結論部で承認されていたからである。あるイギリスの研究者は、イギリスの外務事務次官委員会が作成した政策文書の中に含まれていた多くの考えが、このNSC－48／2に反映されているとさえ述べている。

NSC－48／2の論点はいくつかあるが、東アジアでは日本の経済復興を最重要視するという方針が再確認された。もし日本がソ連側の陣営に加われば、そのときには「世界的な勢力均衡（バランス・オブ・パワー）がアメリカにとって不利なものになる」とさえ指摘されていた。この点では、ケナンの構想がそのまま反映されていた。ケナン自身はこのNSC－48／1の立案に関与していなかったが、彼の構想はアメリカの政策構想として確立されていた。無論、依然として日本の「再全体主義化」を警戒する記述も見られる。

韓国については援助を継続することが確認されているが、軍事的に関与（コミット）することは全く考えられておらず、そのような記述もない。中国については、長期的にソ連の影響の下に置かれるかどうか不明だとして、中ソ対立を期待しているようである。

興味深いのは台湾に関する分析である。台湾の独立はアメリカが全面的に軍事介入した場合にのみ達成されるが、全面的軍事介入はアメリカの利益にならないと明言されている。そして、「台湾の非共産主義勢力は、一九五〇年末までに共産党に屈するであろう」という、悲観的な見通しが示されていた。

このNSC‐48／1は、中国の共産化の後に立案されたものであったが、あくまでソ連が脅威であるという前提で情勢を分析し、政策を考えている。もちろん中国の共産化はアメリカにとって政治的敗北であり、さらに東南アジアが共産化すれば、政治的な大敗北になると警鐘を鳴らしていた。だがあくまで脅威の主体は「クレムリン」であった。

アジア全体に関して、同地域には貧困、ナショナリズム、革命という共通の現象が見られるとしているのは、先にも述べたイギリスの事務次官委員会の報告書と共通の認識であった。また米英の間でもう一つ共通しているのは、南アジアや東南アジアにおける地域協力を発展させるため、インドが指導力を発揮することへの期待である。NSC‐48／1は、南アジア諸国が西側を志向しているとし、インド、パキスタン、セイロン（現スリランカ）は英連邦にとどまり、英国とのつながりを維持しているとする。だが一方、インドとパキスタン間の紛争にみられるような対立の火種があり、共産主義に対する防波堤になるか不安があるとされていた。しかしアメリカは、日本と同じ程度にインドを重視していた。この時期に日本がアジアで指導力を発揮することは政治的に全く不可能であったからである。

植民地主義と独立とのせめぎ合いが最も重要な要因になるのが、言うまでもなく東南アジアであった。しかも同地域は「クレムリンの攻勢の目標（ターゲット）になっている」と判断された。ソ連の目的は、東南アジア地域の天然資源を獲得し、同地域からアメリカの影響力を排除することだと考えられた。そうなれば、PPS-51で構想されたような、日本、オーストラリア、インドを結ぶ「大三日月地帯」を構成することは不可能になってしまうであろう。

また日本の経済復興とインドの工業化のために、東南アジア諸国は天然資源と食糧を輸出し、日本からの製品を輸入する市場として機能しなければならなかった。歴史的に見て何とも皮肉なことであったが、アメリカは日本のために東南アジアを「共栄圏」として開き、育成することを構想していた。

だが、日本と東南アジア間の貿易は、実際にはあまり発展しなかった。イギリスなど旧宗主国と東南アジア諸国との間には強い関係が残っていたし、日本への警戒感も薄れていなかった。また賠償問題も影響を与えていた。経済的には、依然として低開発状態にあった東南アジア諸国が必要とする資本を、日本が輸出する余力を持っていなかったことが指摘されている。

アメリカは多角的で非差別的な、いわゆるリベラルな貿易政策を日本や東南アジアに適用しようとした。この意味では、ポンド＝スターリング圏の維持に関心を持つイギリスの利益と衝突する可能性もあった。だが、アメリカはあくまで英連邦諸国との協力を積極的に進めることを考えていた。東南アジアで地域的協力体制を構築しようとするとき、英連邦との協力は不可欠であった。これはまたイギリスが強く望んだことでもあり、イギリスの国益と完全に一致していた。イギリスの研究者が、このNSC－48／1や同48／2について、イギリス側の見解がアメリカに影響を与えたと主張するのも頷ける。英連邦は、依然として国際社会におけるかなり強力な勢力であった。アメリカとしては、英連邦の協力を得て、東南アジア諸国が自発的に地域協力を推進することを期待した。経済開発に関しては、「ポイントフォー」計画に基づいて、アジア諸国に技術支援をすることが予想されていた。

中国大陸は、日本に天然資源と市場を提供する重要な「周辺地域」であったが、共産化することで日本の「周辺」とすることはできなくなった。アメリカは日本が共産中国と貿易することで共産主義陣営に取り込まれてしまうのではないかと恐れた。そこで東南アジアを日本のために開こうとしたのであった。

世界戦略とアジアとの関係については、アジアが第二戦線であることが明確にされていた。対ソ戦が勃発した場合、アメリカは主要な軍事活動をヨーロッパで行うことを想定していたので、アジアでの軍事活動は限定的になるはずであった。

この観点から、NSC－48／1は改めて日本―琉球列島―フィリピンを結ぶ線を重要視すると強調していた。このラインを保持することが戦略的に最小限必要な態勢であるとされた。このラインが保持できれば、戦時に必要なコミュニケーション［部隊の移動・物資の輸送など］を維持できると予想された。この防衛ラインは、アメリカの全体的な世界戦略の中で、明確な位置づけを与えられた戦略方針の確認だった。

一九四九年一二月三〇日、トルーマン大統領はＮＳＣ－48／2を承認した。こうしてアメリカは包括的なアジア戦略を策定した。だがこの政策文書は、わずか半年でその命脈を絶たれる運命にあった。

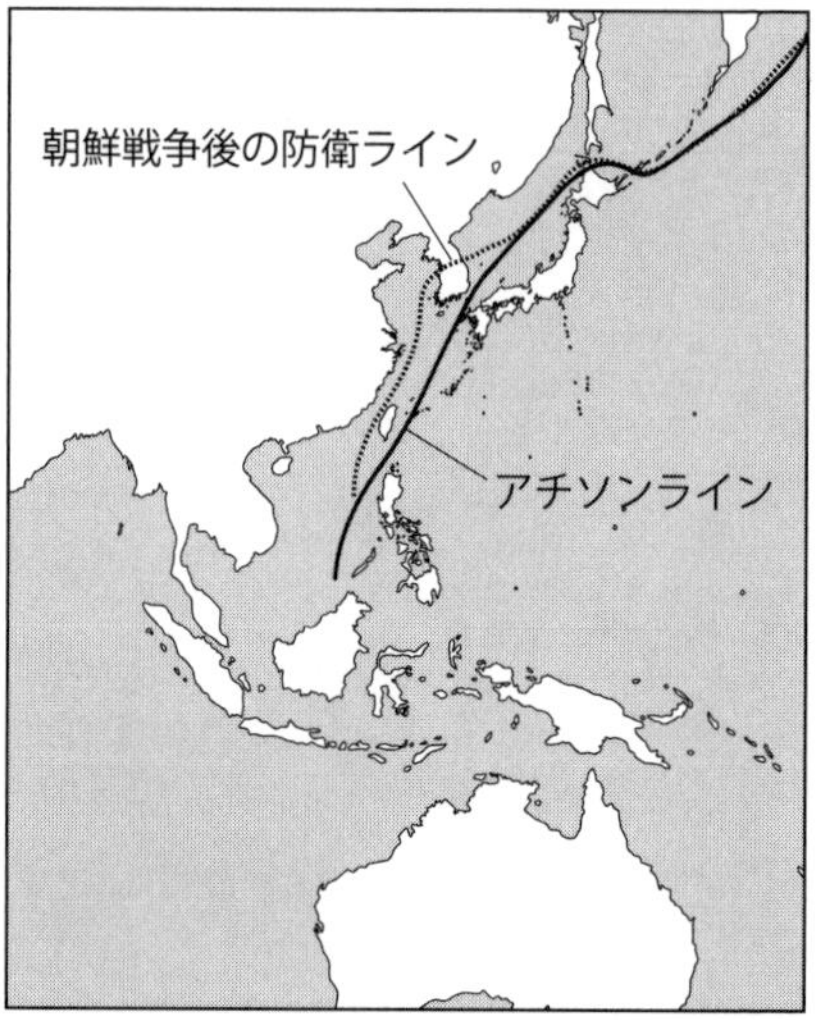

NSC−48/1、2で想定されたアメリカの防衛ライン（アチソンライン）と、朝鮮戦争後に変更された防衛ライン

年が明けて一九五〇年一月、アチソン国務長官は首都ワシントンのナショナル・プレス・クラブで演説を行い、アジア情勢を述べるにあたって、アメリカの防衛線が日本―琉球列島―フィリピンを結ぶ線にあることを明言した。このときアチソンは、全く正直かつ率直にＮＳＣ－48／1と同48／2の方針に沿って、アメリカの政策を表明したのだった。

この演説は、モスクワ・北京・平壌にいた独裁者たちを喜ばせたに違いない。既に彼らは「アメリカは出てこないだろう」という予想に基づいて、朝鮮半島での軍事行動を準備していたからである。彼らが軍事行動を起こそうとしていた地域、すなわち朝鮮半島も台湾も、アメリカの「不後退防疫線」の外側に放置されたことが明らかになったのだった。

第6章　封じ込めの目的――どのようなロシアを望むのか

1　米軍の対ソ作戦計画

対ソ連政策立案の要請

話を一年ほど前に戻そう。既に議論したように、一九四八年に入るとチェコスロヴァキアでのクーデタや、米英カナダ三国のワシントン秘密会談、さらにはソ連によるベルリン封鎖など、ソ連と西側の緊張は一挙に高まった。アメリカとイギリスの軍部は、意見調整をしながら、ソ連を仮想敵国とした作戦計画の立案を急いでいた。アメリカ統合参謀本部が一九四六年に初めて立案した対ソ連作戦計画は、「ピンチャー」作戦というコードネームを与えられた。中東でイギリスとソ連の軍事衝突が起こり、それにアメリカが巻き込まれるというシナリオである。

一九四七年に入ると「ピンチャー」作戦を基礎にして、地域別の作戦計画が立案されるようになる。五月には西ヨーロッパの防衛作戦が、八月下旬には極東の防衛作戦も立案された。さらに一一月上旬には新たに「ブロイラー」作戦が立案されたが、同作戦計画はソ連に対する原爆攻撃を本格的に考慮した初めての計画となった。だがこれらは、あくまで試験的なものであった。

実際にソ連との戦争を深刻に受け止めて作戦計画が立案されるようになるのは、一九四八年になってからであった。また「ブロイラー」作戦以降、戦争勃発直後からソ連本土に対する原爆攻撃を実施するという空軍戦略を前提にした作戦計画が立案されるようになっていく。四八年四月一二日から二二日までワシントンで米英カナダ三国の軍首脳が会談したが、そこでは共通の作戦計画として「ハーフムーン」作戦(後に「フリートウッド」作戦と改名)が承認された。「ハーフムーン」作戦は、ライン川で防衛線を引き、ソ連軍の西進を食い止めようとするものであった。

こうした作戦計画には重大な問題があった。それは、どのような目的を達成するための作戦計画であるのかについて、より高次の戦略的視点から見た方針が、定まっていなかったことである。もしソ連との戦争が勃発した場合、あくまで西欧諸国を防衛するための持久を目的とするのか、あるいはソ連本土へ侵攻することも考えるのか。もしくはソ連という国家の完全な崩壊をめざすことをもって戦略目的とするのか。こうした高次の目的を定めない限り、作戦計画は単に軍事的に敵国軍隊を痛めつけるための計画でしかなくなってしまう。

米ソ間で戦争が勃発したとき、アメリカはどのような戦略目的をもってソ連と戦えばよいのか。この問題を憂慮していたのが初代国防長官のフォレスタルであった。フォレスタルは強い反共イデオロギーの持ち主で、ソ連を仮想敵国とする作戦計画の立案には熱心であった。なお国家安全保障法によって陸海空三軍と統合参謀本部を統括する権限を持ったはずの国防長官であったが、この時期はまだ長官自体の権限が弱く、三軍をそれぞれ統括する陸軍長官、海軍長官、空軍長官の調整役に過ぎなかった。フォレスタルは、対ソ作戦計画の立案が進展すると、一九四八年七月に国家安全保障会議に対して「国家的政策の包括的声明」をまとめるよう要請した。これは、対ソ戦が勃発したときに米軍がどのような目的を持って戦うか、その方針を示してもらいたいということであった。

この要請のもう一つの目的は、軍事予算の拡大であった。財政保守主義者であったトルーマン大統領は、一九五〇会計年度の国防予算を一五〇億ドル以下に抑制しようとしており、フォレスタルが軍の要求を抑え、この枠内で軍事予算をまとめることを期待していた。だが陸海空三軍はもちろん、フォレスタル自身も、この上限額ではとても任務を果たせないと考えていた。国際関係は緊張を増していたし、北大西洋条約締結へ向けた動きも進捗していた。フォレスタルは国家安全保障会議が国家的政策をまとめれば、それを根拠に国防予算の拡大を要求できると考えていたのである。

「アメリカ的戦争観」への批判

フォレスタルからの要請を受けた国家安全保障会議は、この政策立案を国務省に担当させることにし、国務省は政策企画室のケナンとそのスタッフにその作業を任せた。

ケナンにとって、フォレスタルは政府内で自分を引き立ててくれた恩人ではあったが、この作業にはあまり乗り気でなかったらしい。変転極まりない国際社会の中で、あらかじめすべての政策目的を定めておくことなど不可能であるというのが信条だったからである。ケナン自身がこの作業の意義をあまり高く評価していなかったためか、回顧録ではあまり語られていない。しかし史料を見ると、ケナンと政策企画室がこの作業にかなり大きなエネルギーを割いたのは間違いない。またケナン自身が国防大学で対ソ戦争に関して自分の考えを述べた記録もある。これらの史料は冷戦期のアメリカがソ連に対してどのような政策目的を持っていたかを知るために貴重な記録となっている。

この作業の指示を受けたとき、ケナンたちは既に「ソ連の政策の観点から米国防衛力整備の性質に影響を与える諸要因」と題した政策企画室文書第33号（PPS－33）を、六月二三日に関係各所に配布していた。第3章で見たように、これは北大西洋条約の締結に向けた動きの中で進められた作業であった。ケナンを中心として政策企画室が直接フォレスタル国防長官の要請に応える文書を作成し、国家安全保障会議に提出したのは一九四八年八月一八日であった。「ソ連に関するアメリカの目的」（政策企画室文書第38号：PPS－38）がそれである。同文書は直ちに国家安全保障会議文書第20／1号（NSC－20／1）となり、これに合わせて、六月に提出されていたPPS－33を国家安全保障会議文書第20／2号（NSC－20／2）とした。この二つの文書が国家安全保障会議で検討されることになるが、主眼となるのはやはり「ソ連に関するアメリカの目的」（NSC－20／1〔PPS－38〕）の方である。なお以下では「アメリカの目的」（NSC－20／1）と略記する。

この文書の中でケナンは、最初にややアカデミックな議論を展開した。平時と戦時の国家目標の追求に関しては、二つの考え方があるとした。一つの考え方は、そもそも国家目標とは一定不変のものであって、平時戦時を問わず追求すべきであるというものである。この考え方を代表するのがクラウゼヴィッツであり、『戦争論』で展開された「戦争は他の手段をもってする政治の継続である」というテーゼに基づいている。国家の追求目的は平時戦時を問わず一定であり、戦時はその追求手段が異なる（外交交渉ではなくて戦争によって目的を達成しようとする）だけであると考える。いわばクラウゼヴィッツ的な戦争観である（もしくは近現代欧州において正統的な考え方であり、その意味で「伝統的戦争観」と言うこともできる）。

もう一つの考え方は、平時の国家目的と戦時の国家目的とは異なるという考え方である。戦争状態が平時とは異なる国家目的を作り出し、それが平時の国家目的よりも優先されなければならない。しかも戦時の国家目的とは、現に戦っている戦争に軍事的勝利を収めることである。ケナンは、こうした考え方はアメリカにおいて支配的な考え方だとする。この検討作業の数年後、ケナンは最初の著書『アメリカ外交五十年』で、この考え方を改めて紹介して批判した。ここではまず、こうした考え方を「アメリカ的戦争観」と呼ぶことにしたい。ケナンはこうした二つの考え方を踏まえたうえで、ソ連に対するアメリカの国家目的を策定しようとしていた。

ケナンがこうした二つの考え方を提示したのは、第二次大戦に関する彼なりの理解があったからである。ケナンは敵国の無条件降伏を求めるという方針と、戦略爆撃によって一般市民を大量に殺戮したことを、非文明的なやり方だと批判的に考えていたのだった。そしてこうした非文明的な戦争のやり方をもたらしたものこそ、「アメリカ的戦争観」だと考えていた。ケナンはフォレスタルからの課題に応えるにあたって、「クラウゼヴィッツ的戦争観」によって、できる限り「アメリカ的戦争観」を修正する考えの下に作業を進めた。

またこれには、近現代ロシア史における戦争に関するケナンなりの理解も影響していた。ケナンは政策企画室に移ってからもしばしば古巣の国防大学で講義を行っていたが、「アメリカの目的」（NSC-20／1）を立案する一〇ヵ月前の一九四七年一〇月二七日、「［ソ連の］国内政治体制」という講義を行っていた。その講義の後半は、まさにケナンが「アメリカの目的」（NSC-20／1）で検討することになるソ連との戦争の問題を扱っていた。ケナンは、ソ連に対するアメリカの国家政策としての目的を考える場合、目的は戦時平時を問わず同じでなければならず、戦争状態が国家政策の目的を根本的に変更させることを許してはならないと主張していた。というのは、ソ連側が平時戦時を通じて、一貫性のある明確な目的を持っているため、それに対応するためである。

ではアメリカの目的とは何か？　それは外交問題の領域で、ロシア国家の行動に変化をもたらすことであった。ロシアの行動に変化をもたらすことこそ、アメリカにとって死活的に重要であり、また実現可能なものである。もしロシアをアメリカと同じような民主的な国家にしようとすれば、それは実現不可能なことであり、「ドンキホーテ的愚行」であろう。

ではロシアの対外行動に変化をもたらすという目的を、軍事的にどのように達成するのだろうか？　ここでケナンは総力戦が時代の趨勢であり、敵国の無条件降伏、首都の占領、国民に対する異質な（foreign）体制の押し付け、が行われるとする。そしてこれらはクラウゼヴィッツ軍事理論の極点をなしているとしている。ただしこの点についてケナンは、「アメリカの目的」（NSC-20／1）を立案するときと異なり、クラウゼヴィッツの理論を誤解している。確かに大国間の近代戦は総力戦となっていく傾向があり、またクラウゼヴィッツの理論がそうした傾向を助長する面を持っていたことは否定できないが、クラウゼヴィッツの意図はそれとは全く別である。

ケナンはこうした総力戦を前提にしてソ連との戦争の問題を考えるべきではないとして、一九世紀以降ロシアが経験した五つの戦争を取り上げ、事例研究を展開した。ナポレオン戦争、クリミア戦争、日露戦争、第一次大戦、第二次大戦である。これらのうち、ナポレオン戦争と第二次大戦は総力戦であり、フランスとドイツはロシアに大規模な侵入を行い、広大な地域を占領し、住民を支配した。だがそれによってロシア政府と国民の間に楔を打ち込むことはできず、かえって政府と国民の結束を招いてしまったことで自らの敗北をもたらしたと主張した。これに対して、クリミア戦争、日露戦争、第一次大戦は限定戦争であり、ロシア政府と国民の間に結束が生まれず、むしろ戦争に伴って国内で大きな政治変動が発生した。クリミア戦争の後には農奴解放が行われ、日露戦争では革命が起こった。つまり政治体制と国民の間には対外勢力に対する団結が成立しなかったのだった。「日本人は目的としてロシアの無条件降伏など考えなかったし、夢にも思わなかった」。

なお第一次大戦については説明が必要であろう。ケナンによれば、西部戦線は別として東部戦線は限定的な戦争であった。ドイツのカイザーが、従兄弟であるロシアのツァーの体制を完全に崩壊させることを考えていたであろうかと指摘する。ドイツの軍事行動は確かに広範囲におよんだが、ロシアの領土全体から見れば限られた地域で行われていたという。その結果は二月革命であり、ボリシェヴィキ革命であった。これに対して第二次大戦のときのナチ・ドイツによる侵入は全面的であり、ソ連政府を崩壊させその領土全域を支配しようとしたとされた。どうせ抑圧的体制に支配されるなら、ドイツという外国による支配よりも、ロシア人自身による支配の方がましであるという感情が起こり、政府と国民の間に団結が生まれたというのがケナンの解釈であった。

これら五つの事例から見ると、ロシア政府の完全な打倒と領土の支配をめざす試みは軍事的にも政治的にも失敗に終わったというのが、ケナンの「理論」であった。したがってアメリカも、もし戦争が起こった場合には、ソ連に対して「限定戦争」を戦うべきなのであり、ソ連政府の完全な打倒をめざすべきではなかった。それよりもソ連の対外行動の変化をもたらすことを目的とすべきであり、しかもその目的は戦時平時を問わず首尾一貫していなければならないのであった。なおここでケナンは通常兵器による戦争を考察していたのであり、核兵器を使用した米ソ間の核戦争を想定してはいなかったことに留意すべきであろう。核兵器の問題については後の章に譲ることにしたい。

「アメリカの目的」が示した論点

それでは戦時平時を問わず、アメリカのソ連に対する政策目標とはどのようなものであろうか？話を一九四八年夏に戻して「アメリカの目的」（NSC－20／1）で提起されている目標について検討しよう。同文書によればアメリカの政策目標は以下の二つしかない。

A　国際社会の平和と安定に脅威とならない程度にまで、モスクワの力と影響力を減殺すること。

B　ロシアで権力を握っている政府が遵奉している、国際関係に関する理論と実践に根本的な変化をもたらすこと。

平時戦時を問わず、これら二つの政策目的に違いはない。問題は、平時と戦時とでは、それを達成するための手段が異なるということである。ここで「モスクワの力と影響力の減殺」とは、東欧の衛星国とそれを越えた地域におけるソ連の影響力を縮小させることを意味している。東欧諸国が国際社会における独立した要素となり、またバルト諸国民が国家としての生活を送れるようになることである。東欧を越えた、より広い世界に対しては、ロシア革命以来のソ連に関する神話を打ち砕き、モスクワが世界に対して持っているイデオロギー上の精神的影響力を縮小させることを意味する。この点でユーゴスラヴィアの離反は、ソ連側にとって重大な打撃であった。

次に「国際関係に関する理論と実践に根本的な変化をもたらす」とは、ソ連側にとって好ましくない状況を作り出すことから始まる。ソ連が抱いている理論や、外交分野での様々な実践の仕方が、その状況の中ではソ連にとって不利に作用し、対外行動を変化させた方がよいと思わせることである。つまりマルクス＝レーニン主義理論とそれに基づく革命推進路線を、事実上あきらめるように促し、「通常の」外交政策を行うようにさせることである。なおここで重要な点は、外交政策に変化が生じればそれでよく、国家イデオロギーそのものを放棄させる必要はないということである。

こうした平時における目標は、アメリカ側が経済力を巧妙に使用し、広報活動を推進し、西側が活力を回復させ、東側にとって魅力のある存在になることなどによって追求される。注意すべきは、アメリカ側が軍事的対決を準備しているかのように振舞わないことで、戦争に至らない手段で目的を追求することであった。戦争は不可避ではないという考えが前提になっている。したがって当然のことではあるが、ソ連政府を打倒することは目的ではない。あくまでソ連にとって不利な状況を作り出し、それによってソ連の対外行動をより穏健な方向に変化させることが目的となっている。

それでは戦時において、上記の二つの目標はどのようにして達成されるとケナンは考えたのであろうか？　戦時の目的を考察することこそ、フォレスタル国防長官がケナンたちに求めたものであり、「アメリカの目的」（NSC－20／1）が検討した最も重要かつ重大な政策上の課題であった。

戦時の目的を考えるとき、ケナンが最初に指摘したのは、平時の目的に関する検討の場合とは異なり、アメリカが軍事的に達成できないものがあるということであった。第一にソ連の領土全体を軍事的に占領し、軍政を敷くことは不可能であること。広大な領土、住民の数の多さ、アメリカとの言語や風習の違いなどを考慮しなければならなかった。したがって第二に、ソ連の指導者がアメリカに対して無条件降伏をする可能性はほとんどないということ。アメリカ側の作戦が成功裏に進捗すれば、ソ連政府の分裂はもたらすことができるかもしれないが、現在の体制を完全に転覆させることは不可能であろうというのがケナンの考えである。また政府が分裂したからといって、ロシアの政治家グループの中に、アメリカ的なリベラルな政治勢力を見出すことも不可能である。

その結果として第三に、ロシア側の指導層にアメリカ的な民主主義の理念を押し付けることはできないこと。戦争がアメリカ有利のうちに終息したとしても、アメリカが望むような体制をロシアで建設することはできない。アメリカから見て好ましくない政治的要素は多かれ少なかれ残存することになる。最終的にどのような形で戦争の終結を図るにせよ、解決は「政治的に交渉された政治的解決にならざるを得ない」のであった。

このことは、第二次大戦後のドイツや日本に対する占領管理政策と同様の政策を採ることは、ソ連に関する限り不可能であるということを意味する。ケナンは、ソ連との戦争とその終結は、ドイツや日本に対するものとは異質なものにならざるを得ないという点を強調していた。そして戦後処理が「政治的に交渉された政治的解決にならざるを得ない」ということは、アメリカが「クラウゼヴィッツ的戦争観」に基づいて戦争を遂行しなければならないということを意味していた。この「政治的に交渉された政治的解決」というテーゼこそ、ソ連に対する戦争目的を設定する際の基盤となる考え方であった。

以上のようにアメリカが軍事的に達成できないものを前提としたうえで、ケナンはソ連に対する二つの基本目標を追求する戦時の目的を設定した。

まず、A「モスクワの力と影響力の減殺」に関しては、次の二つの戦争目的が追求される。第一に、ロシア国家の国境線の外側と、その隣接地域で、ロシアの軍事的影響力と支配を崩壊させなければならない。これによって衛星国地域がソ連の支配から脱出できるであろう。なおソ連の国境線の変更については、事前に決めることはできないとしている。この点、アメリカ軍がどこまでソ連領土内に侵攻すべきなのか、あるいはすべきでないのか、ケナンは曖昧である。

第二に、共産主義支配に陥っていない地域の市民や市民団体に対して、ソ連共産党が道義的かつ統制的な権威を行使できるような関係性を徹底的に破壊すること。ソ連にとって不本意な形で戦争が終結すれば、衛星国地域を越えた諸地域の人々に対してソ連が持っている神話的でイデオロギー的な権威を破壊することができるはずである。

次にB「ロシアで権力を握っている政府が遵奉している、国際関係に関する理論と実践に根本的変化をもたらすこと」という目的に関しても、二つの目的が設定される。戦争の結果としてソ連またはその後継国家の、国際関係に関する「ロシア的概念」を修正させることになるが、この目的の方が、重要であるとも言える。この「国際関係に関するロシア的概念の修正」を考える場合、忘れてはならないことは、アメリカ側が軍事的に達成できないものがあり、ソ連が無条件降伏することはないという前提である。ということは、戦争終了後に、どの程度まで支配地域を維持しているかは別にしても、ソヴィエト体制は残存することになる。この体制に「国際関係に関するロシア的概念の修正」をもたらすにはどうすればよいのであろうか。

これに対する答えが、第一の戦争目的となる。その目的とは、残存したソヴィエト体制が、周辺諸国や旧ソ連領土内に出現するかもしれない他の体制に対して、戦争を仕掛けたり、軍事的脅迫を行うことを許さないような、現実的な物理的制約を課すことである。つまりソ連の持っている巨大な軍事工業力に対する厳しい管理を可能にすることである。ソヴィエト体制の支配地域が大幅に縮小され、その体制が巨大な軍事工業力を保持できなくなれば、そうした最も好ましい状況が自動的に出現することになる。

だがソヴィエト体制が現状とほとんど変わらない地域を支配したままで戦争が終結した場合には、別の措置が必要になる。生き残ったソヴィエト体制と、軍事的関係を規定した協定を結ばなければならない。ケナンはそのような協定の歴史的前例として、第一次大戦のときの「ブレスト＝リトヴスク講和」があったことを指摘している。

ケナンの考えによれば、当時のドイツはソヴィエト体制の存在を永久的なものとして認めたわけではなく、その存在を一時的に無害化し、ソヴィエト体制の存続を難しくさせるような状況に追い込んだのであった。「ドイツ軍事力の優越は現実であったので、ドイツの計算は現実的であった」。ケナンはこの「ブレスト＝リトヴスク講和」を詳しく研究するように主張していた。

一方、もしソヴィエト体制の支配地域が大幅に縮小されるか、ソヴィエト体制が崩壊した場合は、アメリカにとって最も好ましい結果となるが、もしソヴィエト体制が崩壊し、アメリカに友好的な国家ができたとしても、いくつかの確保すべき要件があった。それが次の戦争目的となる。

第二の戦争目的は、戦争後に旧ソ連領土内に出現する政治体制に関わりなく、アメリカとして追求すべき目的を示している。それは以下の四つの要件から構成される。（1）近隣諸国に脅威を与えるような強力な軍事力を保持しない。（2）外部世界にかなりの程度まで経済的に依存し、軍事力の基盤となる自立的な経済力を持たない。（3）主要な少数民族に対して自治を許容する。（4）外部世界との接触に関して「鉄のカーテン」と類似のものを持たない。これらの要件が満たされれば、「国際関係に関するロシア的概念の修正」がもたらされ、どのような体制が出現しようとアメリカの安全は確保されるというのがケナンの考えであった。

このような目的に加えてケナンは、戦争が成功裏に進んだ場合でも、アメリカとして避けなければならない問題があることを指摘していた。戦後の旧ソ連領土内の諸政府が国家的統一をどこまで維持するかによるが、領土の分割が重要な問題になる。バルト三国は独立を認めるが、ウクライナについては独立を積極的には認めないというのがケナンの考えであった。もちろんウクライナが自ら独立を達成すれば、あえて反対はしない。だが基本的には大ロシア的領土の一部として、ロシア領土内に緩やかな連邦制をしき、その中での独立を許す方がよいというのがケナンの考えであった。

なおまた、アメリカはソヴィエト体制が崩壊した場合でも、旧ソ連領土内で新しい支配集団を見つけ、それを支持するということをすべきではなかった。ロシアにアメリカの支援したいような政治集団は、もともと存在しないのであり、あくまで「ロシア人に勝手にやらせる」ことを原則とすべきであった。これに関連して「脱共産主義化」をどのように進めるかという問題が生じるが、アメリカは軍事力を使って脱共産主義化を進めるべきではなく、この問題はあくまで新しく誕生する政府に委ねるべきであるとした。ケナンは第二次大戦後のドイツや日本に対するような占領管理政策をソ連で実施することは不可能であると考えていたので、「非ナチ化」や「非軍国主義化」と類似の政策を、旧ソ連領土内で行うべきではないと主張していた。

以上のようにケナンは「アメリカの目的」(NSC-20/1)で、アカデミックだが、極めてダイナミックな議論を展開し、国家目標を設定するとともに、フォレスタル国防長官の要請に応えた。

「ソ連に関するアメリカの目的」に結実

では国家安全保障会議は、どのようにしてケナンを中心とした政策企画室の報告書、NSC-20/1(PPS-38)とNSC-20/2(PPS-33)を活用して政策立案を進めたのであろうか。史料で見るとフォレスタル国防長官がソ連に対する政策目的の設定を要請した一九四八年七月一〇日から、一一月二三日に最終的な文書となるNSC-20/4が完成するまで、約四ヵ月が経過している。この間、国家安全保障会議は継続的にこの問題を検討して議論を進めていた。また陸軍参謀本部など、軍部側にもケナンの報告書は回覧され、批判的に検討されていたのだった。

陸軍参謀本部は、まさにケナンが批判した「アメリカ的戦争観」の発想に基づいて、ソ連に対するアメリカの目的を設定した。その目的とは、一般的な国際連合の原則の実現をめざし、国際社会に脅威とならないような形で、戦争終結後の旧ソ連領土内に新国家を出現させることをめざすというものであった。陸軍参謀本部は、ケナンの示した構想が、戦争後もソ連が存続する可能性を認めていた点を強く批判していた。

さらに九月二八日には中央情報局（CIA）から、「合衆国の安全に対する諸脅威」（ORE60‐48）という報告書が政策企画室や国家安全保障会議に提出されていた。同報告書は、今後一〇年ソ連が意図的に戦争に訴える可能性は低いという情勢判断を示したが、ソ連政府のアメリカに対する基本的な敵対性や、強力な軍事力の存在を指摘して、「合衆国はソ連との戦争勃発に備えるべきである」との判断を下していた。このような一連の動きを経たうえで、国家安全保障会議事務局は、一九四八年一一月二日にNSC‐20／3を作成し、それに対する細かい修正を経て、同月二三日に「ソ連に関するアメリカの目的：アメリカの安全に対するソ連の脅威に対抗するために」というタイトルのNSC‐20／4が国家安全保障会議で作成された。そしてその翌日にはトルーマン大統領がこの文書を承認し、NSC‐20／4はアメリカの政策となった。

この文書（以下「ソ連に関するアメリカの目的」NSC‐20／4と略す）は、本文一三ページからなり、ケナンの提示した問題は、「結論」の大部分を占める「ソ連に対するアメリカの目標と目的」（九～一三ページ）に凝縮されている。

同文書ではまずソ連の「脅威」として、ソ連はまだ米国本土と西半球に直接的軍事的脅威を与えることはできないものの、半年間の軍事行動によりヨーロッパ大陸とカイロまでの中東地域を席巻し、極東大陸部の重要拠点を占領する軍事能力を持っているとされた。英国は深刻な空襲とミサイル攻撃にさらされる。そして遅くとも一九五五年までには、米国本土に対して原爆や生物化学兵器を使用した深刻な空爆能力を獲得するであろう。しかもこの間、欧州、中東、極東に対する脅威は継続している。こうした戦争の危険に加え、ソ連による「政治的戦争」も深刻な脅威であり続ける。「結論」では、意図的なものであれ、誤算によるものであれ、ソ連によって引き起こされる戦争に備えなければならないとされた。アメリカとしては、ソ連によるユーラシア大陸の支配は「戦略的にも政治的にも受け入れることはできない」のである。ケナンが「アメリカの目的」（NSC－20／1）で提示した目的、すなわち、ソ連の力と影響力の減殺と、ソ連の行動に変化をもたらすようにさせる、という基本目的が、若干修正を加えられて「ソ連に関するアメリカの目的」（NSC－20／4）でも採用された。

ソ連の影響力の減殺については、諸国民の共同体（ファミリー）における独立と安定をもたらす程度にまで、という限定が付けられていた。またソ連の行動に変化をもたらすという目的に関しては、ソ連の行動の変化の方向を、国連憲章の目的と原則に沿うような形でと修正されている。またソ連の無条件降伏を前提にしないという方針や、米国側の軍事力の役割についての評価も、形を変えて採用されている。したがって「結論」部の議論の大部分は、修正を経てはいるがケナンがPPS－33とPPS－38で展開した議論に基づいて構成されていると言ってよい。

ただし政策企画室文書として展開された議論のダイナミックな印象は、大幅に薄められている。

ケナンが展開した議論は、縮約され簡素化されたうえで反映されているのである。やはり戦争に関する部分は、国家安全保障会議でも軍部や情報機関の影響力が強く、国務省の影響力は相対化されてしまったのであろう。その意味でケナンにとっては、こうした課題を設定する作業そのものに対する疑問とともに、不本意な政策立案作業になってしまったと言えるであろう。

2　米軍の戦略計画の進展――第三次大戦か？

平時と戦時の国家目的が設定されたことで、これ以降、統合参謀本部は「ソ連に関するアメリカの目的」（NSC‐20／4）に従う形で、作戦立案を進めることになった。同本部がNSC‐20／4で定められた戦略目的に基づいて初めて立案した作戦計画は、一九四九年一一月に完成した「オフタックル」作戦であり、ソ連の軍事的侵攻に備えて、西ヨーロッパの防衛を主要な戦略目標にしていた。その意味では限定的な戦略目的を設定した作戦計画であり、ケナンの構想から逸脱したものではなかった。

前出の「ハーフムーン」作戦や「オフタックル」作戦などは緊急作戦計画に分類されており、短期的な計画であった。その一方で統合参謀本部は、より長期的で大規模な作戦計画の立案も進めていた。一九四八年八月、同本部は内部に特別委員会を設置し、長期的な世界情勢の推移を考慮し五七年一月に米ソ戦争が勃発した場合に備えた作戦計画の立案を進めていた。特別委員会は四九年一月に最初の原案を作成したが、その後も継続的に協議が進められ、作戦計画が完成したのは一二月であった。この作戦計画は「ドロップショット」作戦と命名され、この時期に統合参謀本部が立案した作戦計画としては、最も包括的なものであった。

「ドロップショット」作戦は、やはりNSC‐20／4で定められた国家目的を達成するためということで立案されていたが、その計画による作戦は全世界規模にわたる全面戦争的なものであった。つまり「ドロップショット」作戦は第三次大戦のための計画だったのである。もし遂行された場合には、実質的にソ連側の無条件降伏を強要するものであり、NSC‐20／4で設定された国家目的を越えた戦争になる可能性を持っていた。また統合参謀本部は、戦争終結後に予想される旧ソ連領土内における占領政策に関する計画も立案するに至る。

こうしてケナンの構想した戦争の限定化は事実上無視され、その反対である全面戦争の軍事計画立案が推進されることになった。皮肉なことに、軍部は、戦争の限定化を望んでいたケナンの構想が部分的とはいえ反映されていたNSC‐20／4に則った作戦計画を立案するという建前を維持しながら、ケナン構想とは正反対の全面戦争の作戦計画立案を進めていたのだった。

そしてまた、フォレスタル国防長官の思惑も実現されなかった。NSC‐20／4を承認した後も、トルーマン大統領は軍事予算の拡大を認めず、一九五〇会計年度の国防費は一四四億ドルに抑えられた。陸海空三軍の間の調整や、思うように行かなかった国防予算の拡大に直面して、フォレスタルは精神的に不安定となり、一九四九年に国防長官の職を辞すると、数ヵ月後に入院していたベセスダの海軍病院で投身自殺を図り、その人生を終えた。冷戦初期の激務は、すぐれた行政手腕を持っていた有能な人物を悲劇的な死に追いやったのである。

第7章　水爆開発の決定——国家戦略における核兵器

一九四九年九月三日、日本からアラスカに向けて哨戒飛行中だったWB－29観測機は、異常に高い放射能値を測定した。放射能を帯びた塵が、ジェット気流によって西から東に飛ばされた結果であった。それは間違いなく、ソ連が原爆実験に成功した証拠であった。大方の予想をくつがえし、アメリカに遅れることわずか四年でソ連も核保有国になったのである。

ケナンは終始一貫して核兵器に対して批判的な態度を示してきた。現実主義者であったケナンが、なぜ核兵器の存在に対して厳しい態度を示し続けたのか。この章では、アメリカの国家戦略における核兵器の位置づけとケナンの核兵器観を分析してみたい。

1　ケナンの原爆観とその変化

広島と長崎に原爆が投下された直後の一九四五年九月、ケナンはモスクワからの外交電報の中で最初の原爆観を表明していた。そして、もしソ連が原爆を開発したら、アメリカの安全にとって非常に危険なことになると警告を発していた。ロシアの権力者たちは、原爆の使用によって自分たちの立場が強化できるのであれば、アメリカに対してその使用をためらうことはないであろうと、厳しい見解を披露している。したがって「合衆国の防衛にとって死活的に重要な知識」をソ連側に伝えるべきではないと主張していた。

この時期、アメリカ政府は新しい兵器とそれを生み出すエネルギーについて、国際管理の必要性を訴えていた。もちろん国際管理ができるまでアメリカは原爆の独占を維持することになっていた。一九四五年一〇月、トルーマン大統領は原子力の国際管理をめざすと宣言し、翌一一月の米英カナダ首脳会談では、新設された国連の下に原子力に関する委員会を設置することで合意をみた。

一九四六年一月、国連総会で原子力委員会の設置が決議され、国際管理問題が協議されることになった。アメリカ政府は協議に備えるため、国務次官のアチソンを長とする委員会を設置し、その委員会を補助する委員会として、テネシー川流域開発公社総裁であったリリエンソールを長とする委員会も設置された。三月に「アチソン＝リリエンソール報告」がまとめられ、原子力の平和利用を主眼として国際管理の実現をめざした。また国連原子力委員会の米国代表としてバルークが指名され、「アチソン＝リリエンソール報告」をたたき台として、米国案を作成することになる。

一九四六年六月一四日、国連原子力委員会の第一回会議が開催され、アメリカ側はバルーク案を提示した。バルーク案は、もし原子力の国際管理協定が成立した場合には、その違反に対して厳しい制裁措置を取ること、また原子力問題については安保理の拒否権を認めないという、重大な修正を付け加えた。これに対してソ連は、一九日にグロムイコ案を提出した。グロムイコ案は当時のソ連の国益を反映して、まずは原爆の保有と生産を禁止するように求めていた。バルーク案も、もちろんアメリカの国益を反映しており、原子力に関する知識を開示するには、十分な保障措置が必要であり、それまでは原爆の独占を維持するというものであった。こうした米ソの立場の根本的な違いのために、原子力委員会での交渉は行き詰まり、四六年末までには事実上決裂してしまう。交渉自体は続くが、米ソとも真に妥結を求めようとはしなくなった。

こうした状況を見ながらケナンは国防大学で教官を務めていたが、一九四七年に入るとそれまでとは異なる原爆観を示すようになっていく。一月にアメリカ商工会議所国防委員会で行った講演では、ソ連との間で原子力国際管理協定を結べる可能性は小さくないと楽観的であった。無論、協定ができるまでアメリカは原爆の独占を維持すべきであるが、それは「悲しい義務」であるとされた。

またその三ヵ月後に空軍大学で行った講演でも、その前年までとはニュアンスの違う考え方を表明していた。「もし彼らが［ロシア側が］、そのような軍事力［原爆と長距離爆撃機］を持った場合には、それを最大限まで心理的に利用するであろう」。そして「それを実際に使用するよりも先に、人々に恐怖を与えようとするであろう」。つまり一九四五年当時の見解とは異なり、ソ連が原爆を保有しても、まずは政治的かつ心理的にそれを利用するであろうという認識が示されているのだ。四五年、四六年の頃とは明らかに強調点が変化している。ソ連が原爆を保有しても、その対外行動に劇的な変化は起こらないとする認識は、ケナンが政策企画室長になってからも続いた。

前章で検討した「ソ連に関するアメリカの目的」（NSC－20／4）を立案する過程で、ケナンはソ連の原爆保有問題を検討していた。それは、アメリカの軍事力の意義を検討した政策企画室文書第33号（PPS‐33）、すなわち国家安全保障会議文書第20／2号（NSC‐20／2）に示されている。もしソ連が原爆開発に成功した場合、ソ連側の戦略的意図が変化し、原爆の使用に踏み切るであろうかという問題について、ケナンは否定的な意見を提示していた。それには二つの理由があった。第一に政治的要因である。ソ連の指導者は政治的観点から思考しており、その目的は西側に対する「密かな政治的支配」にあること。第二に、報復攻撃の可能性である。ソ連側は、最初に原爆を使用したとしても、アメリカからの報復攻撃の可能性を考えねばならない。これら二つの要因を考慮すると、ソ連が原爆を保有しても、そのことが直ちにアメリカに対する原爆攻撃を意味するわけではない。

ケナンがこうした見解を持つように至ったのは、やはり国防大学での研修が大きな影響を与えている。特に第二の、報復攻撃の可能性という要因については、ブロディの影響が窺われる。ブロディは核抑止論の提唱者であり、このときケナンもそれを一応は受け入れていた。では実際、アメリカ側には報復攻撃を行う準備があったのであろうか。この時期の対ソ作戦計画を少し検討しなければならない。

2　米軍の対ソ作戦計画と原爆

国防予算という制約

第二次大戦後、アメリカの持っている原爆の数は意外に少なく、一九四六年には一一発であり、また原爆搭載用に改造されたB－29爆撃機も二三機に過ぎなかった。また原爆組立要員チームも四六年に解散し、四七年末まで再編成されなかったと言われている。アメリカは確かに原爆を「持っていた」が、即応性があるとは到底言えない状態であった。

こうした状況が変化したのは、一九四八年頃から国際情勢が悪化したためである。チェコスロヴァキアでのクーデタ、ベルリン封鎖とそれへの対抗策としての空輸、北大西洋条約締結へ向けての協議など、緊張が高まりつつあった。

統合参謀本部は、この時期までには原爆使用を前提とした対ソ作戦計画を立案するようになっていた。一九四八年五月初旬には「ハーフムーン」作戦計画が立案され、それに基づく空軍戦略ではソ連の二〇都市に対して五〇発の原爆を投下し、工業能力の半分程度を麻痺させることを計画していた。また原爆実験によってその製造技術も発達した。長崎に投下された「ファットマン」（三型爆弾）の改良型（四型爆弾）が製造できるようになっていた。

統合参謀本部はトルーマン大統領に「ハーフムーン」作戦についてのブリーフィングを行ったが、トルーマンは原爆使用を前提にした作戦計画に難色を示した。そして通常戦力のみによる代替作戦計画を立案するよう、同本部に指示した。だが皮肉なことに、トルーマン自身が決めた国防予算の抑制のため、軍側は原爆攻撃を重要な構成要件とする作戦計画を立案せざるを得ない立場に追い込まれていた。統合参謀本部は、トルーマンによって設定された予算制限の下で、通常戦力のみによる対ソ作戦は不可能であると考えていた。抑制された国防予算の下で、意味のある対ソ作戦計画を立案するには、原爆攻撃を中心とする空軍戦略を作戦計画の根幹に据えるほかなかったのだった。

こうした軍側の意向を踏まえ、五月一九日、ロイヤル陸軍長官は国家安全保障会議に覚書を回付した。ロイヤルは、原爆に関する指揮および管理権、原爆攻撃を全体的な戦争計画にどのように組み込むか、原爆製造のための人員や原料の配分など、諸問題を全体的に検討し、明らかにするよう要請していた。

ロイヤル陸軍長官の要請に応え、国家安全保障会議がまとまった文書を完成させたのは九月一〇日であった。国家安全保障会議文書第30号(NSC‐30)「原爆戦争に関する合衆国の政策」である。同文書は国家としてのアメリカの最高レベルでの政策決定であり、これ以後約一〇年間、一九五九年に至るまで、原爆使用に関する政策方針であり続けた。

この文書の結論は極めて単純なものである。第一に、軍は戦争勃発に備えて、原爆を含めてあらゆる手段を使用できるよう準備を整えておくこと。第二に、原爆使用の決定は行政府の長(Chief Executive)によって行われるべきこと。それ以外の問題については事前に決定を下さないとされた。したがって、原爆を使用するかしないか、いつどのような状況で使用するかについては、少なくとも文書の上では未決のままであった。だがこの文書を読んだ国務省高官が喝破したように、軍が原爆使用の準備を整えておくということは、現実には原爆の使用を決めたも同然であった。本質的な問題は、原爆を「使用するかしないか」ではなく、「いつどのように使用するか」だった。

トルーマン大統領はNSC‐30を承認したが、結局、通常戦力のみによる対ソ作戦計画は立案されなかった。すべての対ソ作戦計画は、原爆を使用する空軍戦略を中核として立案されていた。それに応じて原爆と長距離爆撃機の保有数も急速に増加した。一九四八年に原爆保有数は一一〇発に達しており、その運搬手段である爆撃機も四九年一月には一二一機まで増強されることになる。英国本土、エジプトのカイロ＝スエズ地域、沖縄にはアメリカ戦略空軍の基地が整備され、ソ連本土への空軍戦略の発動へ向けた態勢が整えられていく。ソ連が原爆を保有する四九年夏を待つことなく、アメリカは核兵器を中心とする軍事戦略を展開するようになっていたのである。

水爆開発の検討

原子爆弾を作ることができるという理論は、既に第二次大戦開始の前後から、科学者たちに広く知られていた。日本も大戦中、理化学研究所の仁科博士を中心として開発研究を進めていた。ソ連の科学者も当然原子物理学の理論を知っていた。だがソ連は独ソ戦を勝ち抜くことが至上命題だったため、原爆開発に資源を集中することができなかった。その一方で得意の諜報活動によって情報の収集を進め、米英が中心となって進めたマンハッタン計画の中にもスパイを送り込むことに成功した。

ソ連の原爆開発に関してはハロウェイやローズの研究が有名であり、わが国でも下斗米や市川の研究がある。本書ではそれらを参照した。ソ連は八月六日に広島に原爆が投下されると、即座に神戸の領事館から外交官を広島に派遣し、実地見聞をさせていた。対日宣戦布告まで数日しかないという、きわどいタイミングであった。ソ連側の原爆開発を担当した責任者は物理学者のクルチャトフであった。クルチャトフは乏しい資源の中で開発を進めるとともに、諜報活動によって得た原爆開発情報を知らされていた。したがってスターリンやモロトフなどソ連首脳部が、原爆に関してある程度の知識を持ち、米英の原爆開発を知っていたことは間違いない。

一九四五年にポツダム会談が開かれた際、トルーマン大統領は公式会談の合間に、「さりげなく」立ち話で、スターリンにアメリカが強力な新兵器を持ったと伝えた。アメリカはニューメキシコ州アラモゴードで七月一六日に原爆実験に成功していた。スターリンの反応は、「それを聞いて嬉しい。日本に対して効果的に使用してほしい」というものだったとされている。随員のもとに帰ってきたトルーマンは、スターリンは自分が言われたことの意味を十分理解してはいなかったようだと、自分の感想を率直に伝えた。だが真実は全く逆であった。

トルーマンの発言が原爆保有を意味していると感じたスターリンは、随員のもとに帰ると、ソ連側も急いで計画を進める必要があると告げた。広島・長崎でそれが証明されると、ソ連は八月二〇日、国家防衛委員会決定9887号を発し、総力を挙げて原爆開発を推進することにした。開発の責任者はベリアであり(クルチャトフは引き続き研究上の責任者であった)、囚人労働を使いつつ突貫工事で関連施設の建設を進めたとされている。

なおアメリカの日本に対する原爆投下について、降伏させるためではなく、ソ連を恫喝するのが目的だったとする学説があり、学問的論争が展開されたことがある。現在ロシア側の研究者は、いずれにせよソ連側は、原爆投下を自国に対する恫喝だと受け止めたと主張している。

一九四六年春、カナダとイギリスでソ連の原爆スパイ摘発があったと報道され、米国の世論を驚かせた。五〇年春には、マンハッタン計画に参加していた科学者のクラウス・フックスが、ソ連に原爆開発情報を流していたとしてイギリスで逮捕された。またアメリカでもローゼンバーグ夫妻が逮捕され、死刑になった。

東西関係の緊張が高まる中、ソ連はひたすら原爆開発を進めた。クルチャトフの下には優秀な科学者が集められ、その中には後に人権派として知られることになる、若き日のサハロフ博士もいた。サハロフの回想によれば、ソ連の原爆開発は当初からその延長上に水爆開発を見据えていたという。

さて一九四九年八月下旬にソ連は原爆実験に成功したが、アジアでも巨大な政治変動が起こっていた。既に見たように、中国で共産党政権が誕生したのである。一〇月一日、中華人民共和国の成立が宣言され、アジアのパワーバランスが一挙に共産陣営にとって有利になったように思われた。ソ連の原爆保有と中国の共産化は、アメリカを中心とする西側陣営にとって大きな衝撃であった。

トルーマン大統領は、九月二三日にソ連が原爆を保有したと発表した後、対抗して水素爆弾の開発に乗り出すべきかどうかの検討を始めた。水素爆弾は原子爆弾よりさらに破壊力が大きく、理論上その破壊力に限界はない。人類にとって文字通り最終兵器となるものであった。

アメリカ政府とその周辺で、水爆開発に進むよう主張したのは主に科学者たちであった。ロスアラモス研究所で水爆の研究をしていたエドワード・テラー、カリフォルニア大学バークレー校の放射線研究所長アーネスト・ローレンス、原子力委員会のルイス・ストラウスなどである。テラーを中心とする水爆開発推進派の科学者たちは、アメリカ原子力委員会議長を務めていたリリエンソールに対して、水爆開発に乗り出すよう要求を提出した。この要求を受け取ったリリエンソールは、原子力委員会に所属する一般諮問委員会に、この問題を検討するよう委ねた。一般諮問委員会の委員長は、「原爆の父」ロバート・オッペンハイマーであった。

一般諮問委員会は、オッペンハイマーを議長として、一九四九年一〇月二八日から三日間会議を開いて水爆開発問題を検討し、開発には反対という結論を出した。道義的な面、技術的な面の両方から反対が唱えられていた。リリエンソール原子力委員会議長はこの勧告を受け入れ、自らも水爆開発に反対した。これに対して水爆開発推進派の科学者たちは、巻き返しを図る。テラーとローレンスは、マクマホン上院議員や国防省にも水爆開発の必要性を訴えた。なおオッペンハイマーとテラーとの間には、マンハッタン計画のときから個人的な確執があったと言われている。

原子力委員会からの報告を受け取ったトルーマン大統領は、一一月一九日、国家安全保障会議特別小委員会に対して、水爆開発に関連する全般的問題を検討するように命令を出した。同特別小委員会は、アチソン国務長官、ジョンソン国防長官（フォレスタルの後任）、リリエンソール原子力委員会議長の三名から構成された。またこの委員会を補助するため、国家安全保障会議事務局長ソアーズを長とする作業部会も設置され、国務、国防、原子力委員会から各々数名の委員が選出された（国務省からの委員の中にはポール・ニッツエがいた）。このトルーマンの命令によって、国務省は単に国際管理という面からではなく、国家戦略の面から核兵器の問題に取り組むことになった。

政策企画室の検討作業とケナン

時間が多少前後するが、政策企画室の作業について触れておきたい。非常に興味深いことに、政策企画室はWB-29観測機がソ連の放射能の塵を採取する直前に、「ソ連による原爆爆発の政治的含意」という政策企画室文書第58号（PPS－58）を作成していた。WB－29がソ連の原爆実験を感知したのは一九四九年九月三日であったが、この文書の作成日は、それより少し前の八月一六日である。筆者の個人的な印象だが、アメリカは別の手段で、ソ連が原爆実験しそうだという情報を得ていたのではないか。偶然にしては、タイミングがよ過ぎるように思う。ただしそれを裏付ける証拠を、筆者は持っていない。ソ連が原爆実験に成功したのは八月二九日であった。

さて国務省は、トルーマン大統領が国家安全保障会議特別小委員会に命令を出す前から、検討作業を始めていた。ウェッブ国務次官は、一〇月四日には政策企画室長のケナンに対して、原子力国際管理問題と、ソ連の原爆保有がアメリカ外交にとって持つ意味について、検討するよう求めていた。ケナンを中心とする政策企画室の作業を跡付けるにあたって、ここで二つの点について注意しておきたい。

一つは、アチソンが国務長官に就任したことに伴って、政策企画室の権限が縮小され、ケナンはこれに不満を持っていたことである。もう一つは、ケナンとアチソンとの関係である。両者ともに相手を尊敬していたが、微妙な気質の違いがあった。余談になるが、こうした人間関係で面白いのは、ケナンとニッツエの関係である。二人は全く正反対と言ってもよいぐらい異なる考え方を持っていたが、終生親しい友人であり続けた。

ケナンは原子力国際管理問題の検討に着手したとき、既にこの問題については一定の知識と経験を持っていた。一九四七年末以降、ケナンはアメリカ、イギリス、カナダの三ヵ国から構成される原子力に関する合同政策委員会に加わっていた。また四九年一月二四日と二五日には、プリンストンで政府関係者を集めた「プリンストン・セミナー」が開かれていた。同セミナーは、国務省、国防省、原子力委員会の三機関から数名ずつが出席して開かれ、ケナンも国務省代表の一員として参加していた。このセミナーでは、イギリスおよびカナダと、原子力問題について関係の改善に努めるという方向性が確認されていた。またNATOの成立などを考慮して、原子力関係の政策もアメリカの世界戦略全般の方向性に合わせて推進していくというコンセンサスができあがっていた。

無論ケナンは、科学者や専門家からも意見を聞いていた。その中でケナンに最も大きな影響を与えたのは、オッペンハイマーであったと言われている。ケナンの方もソ連についてブリーフィングするなど、オッペンハイマーに協力した。二人は個人的にも親しい関係になった。

こうして、ケナンはウェッブ次官からの指示に応えた検討作業を進めていく。一〇月四日に指示を受け、政策企画室長として最後の数ヵ月を原子力国際管理問題の検討に捧げたのであった。

3 水爆開発をめぐるアメリカの選択

ソ連の原爆保有に関する予測

ケナンは作業を進めるにあたって、原子力政策担当国務次官補R・ゴードン・アーネソンや政策企画室の部下であるロバート・フッカーとカールトン・サヴェージの支援を受けた。またケナンの後任に指名されていたニッツエも、しばしばケナンを中心とする小会議に出席し意見を述べていた。

ケナンは、もともと統合参謀本部を中心とする軍の対ソ作戦計画に批判的であった。それは軍の思考があまりに硬直的だと感じていたからである。

一九四九年九月下旬、フッカーは統合参謀本部の考え方を調査して、その結果をケナンに報告していた。フッカーの報告書は、統合参謀本部が世界大の戦争に備えた即応態勢を恒常的に維持しようとしていると、軍の作戦立案方針を批判し、そのうえで軍事的要因と非軍事的要因とのバランスを失わないような安全保障政策を採るべきだと主張していた。ケナンはこの報告書を高く評価し、手書きのメモをフッカーに送り、自分自身の見解を明らかにしていた。

ケナンはまず、一九四五年以来、アメリカの軍事力だけでなく、「それに加えて他の要因が」ソ連の軍事侵攻を抑止してきたとした。そして統合参謀本部は、アメリカの安全保障のもう一つの面、すなわち戦争の回避という目的を見過ごしていると批判していた。

実は、軍が対ソ全面戦争の作戦計画立案を進めた背景には、アメリカの原爆攻撃の能力についての不安が隠されていたのだった。時間がやや前後するが、一九四九年四月、統合参謀本部はソ連に対する原爆攻撃を実施した場合に予想される効果や、空軍の爆撃能力を分析するために、二つの作業に着手していた。一つはこの頃に新設された兵器システム評価団（Weapons Systems Evaluation Group：WSEG）による調査、もう一つはハーモン空軍中将を中心とする、いわゆるハーモン委員会による調査である。前者の調査報告は五〇年一月に、ハーモン委員会の報告は四九年五月に提出された。

ハーモン委員会は、当時の対ソ作戦計画で予定されていたように、原爆空軍戦略によってソ連国内の七〇都市を壊滅させても、ソ連共産主義を根絶することは不可能であると悲観的な評価を下していた。さらに問題であったのは、西欧、中東、極東の重要地域に対するソ連地上軍の進出を防止することもできないとされていたことである。この時期の唯一の攻撃手段が十分有効でなく、限定的な効果しか持たないとされたことは、統合参謀本部にとって大きなショックであった。同本部は早速、原爆の製造推進と備蓄量の増加を求める勧告をホワイトハウスに送ったのだった。しばらく時間がかかったが、一〇月一七日、トルーマンは原爆の備蓄量を増やすという方針を承認した。

したがって軍の側は、作戦計画としては、あくまで原爆空軍戦略によってソ連を屈服させるという方向性を維持していくことになった。フッカーとケナンが批判したのは、まさに統合参謀本部のこうした傾向であった。また原爆攻撃の効果に疑問符がついたことは、国防省と統合参謀本部が、水爆の開発を強く望む理由になった。

さて、ケナンはウェッブ次官の指示に従って作業を開始するにあたり、国務省内外から関連情報を収集した。筆者が調査した政策企画室の史料の中には、この当時、アメリカ側がソ連の原爆保有数を見積もり、それに応じてアメリカ側の被害がどのように拡大するかを予想した一覧表がある（次ページ）。

まず注目したいのが、ソ連の原爆保有数に関する予測である。この表で示されている保有数の予測と、後の国家安全保障会議文書第68号（NSC‐68）で示される予測とは大体一致している。NSC‐68で提示されたソ連の原爆保有数の見積もりは以下のようであった。なお下のカッコの数字は冷戦終焉後に明らかになった、ソ連の実際の原爆保有数である。

一九五〇年央まで、一〇～二〇発（一九四九年―一発）
一九五一年央まで、二五～四五発（一九五〇年―五発）
一九五二年央まで、四五～九〇発（一九五一年―二五発）
一九五三年央まで、七〇～一三五発（一九五二年―五〇発）
（一九五三年―一二〇発）
（一九五四年―一五〇発）

第一に言えるのは、この表で示された数字とNSC‐68で示された数字が一致していることから、これらの数字が当時のアメリカ政府中枢部の認めたソ連原爆保有数の予測であったことである。第二に、アメリカ側の数字は、部分的に過大評価になっているところもあるが、ソ連の原爆保有数の拡大をおおむね正確に予測しているということである。なかなか優れた情報活動の成果であったと言うことができる。

ただしこの表には重要な問題点もある。それは、原爆をアメリカ本土上空まで運搬するソ連空軍の戦略爆撃機の能力が示されていないということだ。当時のソ連空軍には、Tu‐4爆撃機しか長距離爆撃機はなかった。しかもそのTu‐4爆撃機とは、第二次大戦中にシベリアに不時着した、米空軍のB‐29爆撃機をコピーして作ったものであった。実際にその性能がB‐29を上回ることは考えにくい。ソ連が保有する原爆のうち、どのぐらいをアメリカ本土に投下できるのかを見積もらなければ、現実的な評価とは言えない。なお後のNSC‐68は、ソ連の原爆運搬能力についての評価を

ソ連の原爆保有数の予測および米国内の目標に対する配分の予想

時期	ソ連の原爆保有数	米国内の目標に対する攻撃で配分される原爆の数	
		物的資源に対して	報復戦力に対して
1950年中期	10	10	0
	20	20	0
1951年中期	25	19	6
	45	25	20
1952年中期	45	25	20
	90	65	25
1953年中期	70	45	25
	135	100	35
1954年中期	120	95	25
	200	165	35

ソ連の原爆攻撃による米国内産業への影響

産業	原爆投下数によって破壊される生産力の割合（%）				
	10発	20発	50発	95発	175発
テトラエチル鉛	100	100	100	100	100
戦闘用航空エンジン	100	100	100	100	100
小火器用弾薬		100	100	100	100
原爆用核分裂物質			100	100	100
無水アンモニア			97	97	97
船舶用ボイラー			85	85	85
武器類			70	70	79
ラジオおよびレーダー装置			4	45	50
銅精錬			33	44	44
特殊鋼溶鉄炉			36	36	86
真空管			17	34	41
戦闘用艦艇				28	41

ソ連の原爆攻撃による米国側死者数の見積もり

10発	200,000
20発	450,000
50発	1,369,000
95発	6,100,000
170発	11,380,000

出典：[Nontitle Memorandum, no date] RG 59, Record of the Department of State, Record of the Policy Planning Staff, Box 50, NARA (Archives II), College Park, Maryland.

示している。それによれば、一回の出撃で四〇～六〇％の原爆を目標に投下することができると考えられていた。ここで表のソ連の原爆攻撃による米国内産業への影響の欄を見ると、五〇発以上の原爆が投下されるとアメリカの様々な産業に非常に深刻な影響を与えると考えられていたことがわかる。ソ連が二〇〇発の原爆を持ち、その約半数がアメリカ本土の目標に投下される状況になると、アメリカにとっては深刻な脅威となる。ソ連が二〇〇発の原爆を持つと予想された年、すなわち一九五四年を、国務省や国防省は「危機の年」だと考えていた。

水爆は国益に有効か

既に見たように、ケナンは一九四九年一〇月四日にウェッブ次官から検討作業を始めるよう指示を受けた。一週間後の政策企画室の会議で、ケナンは重要な意見を述べている。それは、ソ連が原爆を保有したということは、アメリカがソ連に対して原爆報復攻撃を行うことができなくなったことを意味するのではないかという問題提起である。これに対してニッツエは、アメリカと西欧諸国の通常戦力の重要性が高まったことを意味すると述べ、通常戦力を増強する必要があると主張した。このとき会議に出席していたアチソン国務長官は、まだ自分の見解を表明するには至っていない。アチソンは、まずソ連の原爆保有問題について全般的検討を行い、その後で原子力国際管理問題に取り組むべきであるとしていた。

後にアチソンが回顧録を書いたとき、自分は最初からケナンたちの作業とは違う方向で考えていたと主張したが、史料を跡付けていくと、これはやや事実に反する。一九四九年一〇月から一一月の時点では、アチソンはまだ最終的な立場を決めかねていた。他の研究や史料によると、少なくともこの時点では、アチソンは水爆開発の一時中止を考えていたほどであった。アチソンは、ケナンを中心とする政策企画室の作業を重視していたのである。

政策企画室のフッカーとサヴェージは、安全保障の見地から、水爆開発にまつわる課題を検討した覚書を提出した。二人は水爆開発について、地球大気への影響、経済力への影響、道義的影響という三つの問題を指摘したが、それらを除くと、根本的に一つの大きな問題を提起していた。それは水爆という大量破壊兵器が、アメリカの国家的利益を増進し、戦略的に有効なものであるかどうかという問題であった。水爆はソ連に対する抑止力として、また戦争において、必要不可欠なものなのであろうか。

既に見たように一九四九年一一月一九日、トルーマン大統領は国家安全保障会議特別小委員会に水爆開発問題を検討するように命じていた。「Z委員会」と呼ばれることになったこの委員会は、最終的な態度を決めていなかったアチソン国務長官、水爆開発推進派のジョンソン国防長官、水爆開発反対のリリエンソール原子力委員会議長という、色分けができる。下部組織の作業部会は、ソアーズ国家安全保障会議事務局長を議長として、国務省（三名）、国防省（四名）、原子力委員会からの委員（三名）によって構成されていた。既に述べたように、国務省からの委員としてニッツエが参加していた。

一一月二三日、統合参謀本部はジョンソン国防長官に意見書を提出したが、それは水爆開発を推進すべきであると強く主張していた。同月三〇日、アチソン国務長官はリリエンソール原子力委員会議長と会談し意見交換した。この二人は、「アチソン＝リリエンソール報告」を出した旧知の間柄でもあった。アチソンは、Z委員会とその作業部会は、「究極的な道義問題」を検討すべきではなく、まずは「できる限り多くの事実と分析」を示すべきであると主張した。

アチソン国務長官の言う「できる限り多くの事実と分析」は、主に軍事戦略と外交戦略に関するものであった。道義的問題や原子力国際管理問題などに関する関心は、なかったとはいえないが、それらの優先順位は高くなかった。アチソンが最も関心を持ったのは、水爆がアメリカの戦略的立場を有利にすることができるかという点にあった。水爆を開発して保有するということは、政治的・軍事的にどのような意味があるのかを確認したい、というのがアチソンの立場だった。もっともこの限りにおいて、アチソンは十分慎重であり、理性的で合理的な判断を下そうとしていた。側近のウェッブ次官もアチソン自身の慎重な態度について記録を残している。アチソンが憂えていたのは、アメリカが水爆開発に進むという決定を下すことが、世界に深刻な波及的影響を与えることであったという。

戦略的な面を重視しつつも慎重な態度を崩さなかったアチソンを支えたのが、ニッツエであった。ニッツエはZ委員会の作業部会に参加することで、水爆開発問題を直接検討することになった。なおここで注意しておきたいのはニッツエの経歴である。ニッツエは第二次大戦終結直後、アメリカ戦略爆撃調査団の一員として活動したことがあった。広島と長崎でも調査をした経験があり、原爆の被害についても直接目にしていた。やや時間が経過していたとはいえ、原爆の被害とその復興を直接見た経験は、ニッツエの思考にかなり強い影響を与えていたと思われるが、興味深いことに、被爆地の復興がかなり早く進んでいたことの方に強い印象を受け、原爆の威力を限定的に捉えていたようである。

科学者たちと会ったうえでニッツェが下した結論は、水爆開発の推進だった。ニッツェの意見は、水爆開発が技術的に可能であり、ソ連がアメリカと同等の科学技術力を持っていれば、という点を出発点としていた。その場合、アメリカは既にソ連が水爆開発を進めている、ということを仮説的前提にしなければならない。この考え方は、テラーやローレンスのものと同じであった。なお歴史を振り返ると、このときのニッツェの予想は正しく、ソ連は既に水爆開発を進めていたのである。

一二月一九日、ニッツェは自分が検討した結果をアチソンに提出した。ニッツェの覚書は、まず大統領が原子力委員会に対して、水爆開発の可能性をさぐるための計画を進めるように促すべきだと主張した。だがその一方で、水爆開発を進めることと、水爆の実戦配備を区別して考えるという、官僚的な妥協策を示していた。水爆開発に関連する意見の対立は、以後のアメリカの国家戦略の基本方針をめぐる対立でもあった。対ソ戦が発生した場合に、直ちに核兵器を使用するのか、あるいはソ連が先制使用した場合に報復として使用するのか。そうした基本方針の違いである。

直ちに核を使用するというのがテラーなどの科学者と国防省の望む方向であり、あくまで報復のための核使用を重視するのがリリエンソールやケナンがめざす方向であった。だが後者の見解は、政府内で少数派となっていく。

こうして政策企画室での検討作業が進み、問題点が明らかになってきた。一九四九年一二月半ば以降には、アチソン国務長官も徐々にその立場を固めてきた。一二月一六日に開かれた政策企画室での会議（第171会議）は、国務省の立場を知るうえで重要である。

この会議はヨーロッパの軍事情勢を検討したが、ケナンも自分の考えを提示していた。ケナンは、「西側の勝利」とは、ライン川かエルベ川でソ連軍の西進を食い止めることにあるはずだと主張した。アメリカは「ソ連全土を占領するようなことは考えるべきではない」。まさに前章で検討したように、ケナンは対ソ戦争をできるだけ限定戦争にすべきだと主張していた。これに対してアチソン国務長官は、アメリカが全面戦争に備えることがソ連に対する抑止力になるのだと、テラーなどの考えに沿った方針を示していた。アチソンも、アメリカの目的ができるだけ戦争を避けることにあるという点では、ケナンと一致していた。だがまさにそのためにこそ、全面戦争に備えることが必要だというのである。こうしたアチソンの立場から見ると、核兵器は戦略上極めて重要な位置を占めることになる。実際にアチソンは次のように述べてケナンを批判した。「原爆は抑止力である。ケナンの言うように過剰な抑止（a superfluous deterrent）ではない」。アチソンの伝記を書いた研究者によると、アチソンは一九四九年一二月末までには水爆開発を支持する決心を固めたという。

4　ケナンの長文覚書「原子力国際管理」

アメリカ軍事戦略における核兵器の位置づけ

ケナンは一九四九年一〇月から一二月にかけて、原子力国際管理問題についての覚書執筆に取り組んだ。ケナン自身、回顧録の中で、政策企画室長として書いた文書の中で、最も重要な文書とは言わないまでも「極めて重要な文書の中の一つ」であったと述懐している。完成した覚書は、「原子力国際管理」というタイトルで、七九ページにもおよぶ文書となった。

ケナンは一〇〇年にわたる生涯において、その後半生は学者として大きな業績を上げたが、同時に核兵器に対する鋭い批判者としても知られていた。その考え方の基本的な方向性は、この長文の覚書に表れているといっても過言ではない。それでは、ケナンはどのような批判を展開したのであろうか。

第一の問題は、国家戦略の中で核兵器にどのような位置づけを与えるかという問題である。ケナンは次のような問題を提起した。

（1）われわれの軍事力を構成する必要不可欠かつ死活的に重要なものとして、大量破壊兵器に依存すべきか。すなわち、われわれがソ連との軍事的紛争に巻き込まれた場合には、意識的に、即座に、躊躇することなく、その使用に踏み切ることを期待するか。

（2）同様の兵器が、われわれやわれわれの同盟国に対して使用されることに対する抑止力として、また実際にそれが使用された場合に成し得る報復の手段としてのみ、そのような兵器を保有するのか。

この二つの見解に回答することによって、核兵器の問題と、それにまつわる諸問題に対する基本的考えが定まってくるはずだ。これがケナンの出発点であった。では（1）と（2）では何が異なるのであろうか。

　この二つの考え方の違いは、この時点で将来生起するかもしれないと思われていた対ソ戦のあり方に関係していた。（1）の考え方に立てば、核兵器は対ソ戦の遂行において必要不可欠な兵器であり、それなくして戦争計画は成り立たない。アメリカの軍事戦略はすべて核兵器を中心にして立案され、戦争が発生した場合には開戦当初から核兵器が使用されることになる。実際にこの覚書が提出された頃の軍事戦略はそのようなものであった。当時の軍事戦略は、核兵器の先制使用も含めて、その全面的な使用を前提としていた。核兵器は対ソ戦遂行のうえでの中心的構成要素であり、ソ連打倒のためにアメリカはその持てる軍事力のすべてを活用することになる。つまり戦争遂行手段の無制限性を特徴にしていた。そうした手段によって達成されることになる戦争目的は、ソ連の全面的な軍事的敗北しかあり得ない。ケナン自身の表現を使えば、「敵国の部隊、住民、領土に最大限の破壊をもたらすこと」である。こうした「敵国の最大限破壊」が、（1）のように核兵器の全面使用を中心とする、将来の戦争のあり方ということになる。

　これに対して、（2）の考え方によれば、対ソ戦といえども「限定的」なものになることが予想される。ここで注目したいのが、既に紹介した一九四九年一二月一六日に開かれた政策企画室会議（第171会議）でのケナンの発言である。そこでケナンは、西側の勝利とは、西欧においてある一定の線（ライン川かエルベ川）でソ連軍の西進を食い止め、同軍の士気と能力を粉砕することにあると発言していた。また（2）の考え方は、抑止力や報復の手段としてのみ核兵器を持つことになっている。このことは、もし対ソ戦が発生した場合でも、開戦当初から核兵器を使用するわけではないことを意味する。ソ連側が通常戦力だけで戦闘をしている場合には、西側も通常戦力だけで応酬する可能性が残されている。つまり戦争になっても、必ずしも核兵器を使用するわけではない。だとすれば、アメリカはできるだけ核兵器に依存しないような軍事計画を立てることになる。核兵器は、ソ連側がそれを使用することに対する抑止力としてのみ機能し、またソ連側が核を使用した場合の報復の手段としてのみ使用される。したがって、抑止と報復のために十分な数量だけを保有しておけばよい。もし通常戦力だけで抑止と報復という目的が果たせるのであれば、核兵器は持っていてもあまり意味がなくなる。核兵器は「余分な（redundant）」ものとなる。あるいは一定の数の原爆がそうした目的を果たすのに十分であれば、水爆を開発する必要はない。つまり水爆は「過剰抑止」でしかなく、開発してもあまり意味はない。

ただしケナンがこの長文覚書を執筆した当時、ソ連は既に原爆を保有していたので、アメリカ側が一方的に核兵器を廃棄することはあり得なかった。ケナンも回顧録の中で、原子力に関する国際的協定ができるまで、アメリカが核兵器を保持しなければならないという意見に反対ではなかったと述懐している。

ケナンが核兵器を「過剰抑止」と考えたことの背景には、通常兵器と核兵器とでは本質的に何か異なるところがあると考えていたからである。核兵器は単に通常兵器の量的な拡大とその延長線上にあるものではない。では何が異なるのであろうか。

核兵器と通常兵器の違い

通常兵器によって行われる戦争では、相手側の降伏や服従の可能性を認め、それを受け入れることができる。また伝統的な一般原則として、通常兵器による戦争では戦闘員と非戦闘員を区別し、一応その前者のみを攻撃の対象にすることになっている（実際には第二次大戦ではこの原則は守られなかった）。民間人や捕虜を攻撃しないということは、戦争があくまで手段であり、より高次の目的を達成するためのものであることを意味するという。ではその高次の目的とは何か。それは戦争後に、戦争相手国の人々の「信念、感情、態度」に影響を与え、新しい政治生活を開始させるためである。戦争に敗北した国家の人々は、新しい政治的意志や生活制度に服従することになる。まさにそのような変化をもたらすための手段として戦争が行われる。

そしてこの点にはさらに深い問題が関係している。それは通常兵器による戦争は、戦争終結後も相手国が存続することを当然の前提としているということである。第6章で考察したように、ケナンがソ連に対するアメリカの戦争目的を構想した際、「ロシア的国際政治観の修正」という目的を設定したことが思い出される。ケナンは、ソ連を敗北させ、その人民の「信念、感情、態度」に影響を与え、新しい政治生活を開始させるように促すことを目的とした。その結果、ロシア的な国際政治観は修正されるであろう。通常兵器による戦争はそうしたことを可能にさせる。

では核兵器による戦争は、どのようなものになるであろうか。核兵器の巨大な破壊力は、それが全面的に使用された場合には、戦争相手国の人々の生活を改めて開始させるという目的と合致させることはできない。核兵器の破壊力は相手国国民の生活それ自体を完全に破壊することしかできない。その意味で極めて「野蛮な」兵器である。核戦争は「敵国の最大限破壊」のみをその目的とすることになり、戦争のための戦争、破壊のための破壊をもたらすだけである。このようにケナンは、核兵器と通常兵器を截然と区別し、もし戦争が避けられない場合には、可能な限り通常兵器で対応すべきだと考えていたのである。

なおここで注意する必要があるのは、ケナンは通常兵器による戦争であっても、戦争それ自体を積極的に認めてはいないということである。ケナンの戦略構想において、戦争は可能な限り回避されるべきであった。ケナンはアメリカやソ連のような大国間の戦争は、たとえ通常兵器によるものでさえ規模が大き過ぎ、「自由民主主義の伝統から見れば、世界情勢の悪化をもたらす」ものでしかないと考えていた。大国間の戦争は総力戦となり、相手国国民の「信念、感情、態度」に影響を与え、新しい政治生活を開始させるために適したものではなくなる。大規模な総力戦は、核兵器による戦争と近似的な結果をもたらすだけかもしれない。では、もし不本意にも総力戦に巻き込まれた場合には、何がアメリカの目的になるのであろうか。目的は重大だが極めて消極的である。それは物理的に自国が独立国として生き残ることであり、自国や同盟国への被害を、敵国に与える被害より小さなものにすることだけである。

では、戦争によっては達成できない「積極的な目的」があるとして、それはどのようにして達成すればよいのであろうか。ケナンの解答は次のようなものである。

われわれが追求したいと願うような積極的な目的のためには、われわれは戦争以外の手段に目を向けなければならない。すなわち、忍耐、模範、説得、そして世界の紛争に対する抑止力として、われわれの強さを賢明に活用することである。

ケナンのいう積極的な目的とは、おそらく自由で民主的な政治体制の拡大や、民主的で活力ある社会の形成ということであろう。こうした目的を達成するために、確かに抑止力やアメリカの力が必要であるかもしれない。しかしそれは戦争によって達成されるべきものではない。否、むしろ戦争によっては達成できないものである。確かに力の背景は必要かもしれないが、「忍耐、模範、説得」など広義の外交的活動によって、平和時に平和的に達成されるべきなのである。

ケナンは現実主義者として、力の要素を否定することはない。だが同時に、力だけでは国際社会によい影響を与えることはできないことを自覚していた。その背景にはソ連との「冷戦」をどのように考えるかという問題があった。

世界共産主義とわれわれとの紛争は、戦争による破壊だけによって解決することができるものと見なされるべきであるのか。あるいは思想の分野において、少なくとも支援的（主要なとは言わないまでも）な勝利を必要とするものと見られるべきか、ということである。

もし米ソ戦争が起こってしまったとき、アメリカは軍事力だけでソ連に勝利することができるであろうか。アメリカがソ連に軍事的勝利を収めても、ソ連の共産主義イデオロギーが影響力を保持したまま生き残ったとしたら、その軍事的勝利は真の意味で勝利と言えるであろうか。戦争の結果として、旧敵国民の「信念、感情、態度」に影響を与え、それを変化させ、新しい政治生活を始めさせるのでなければ、真の勝利とは言えないのである。スターリン政治体制とそのイデオロギーが崩壊しない限り、またロシア的国際政治観が修正されない限り、真の勝利は獲得できないのだ。確かに軍事力は必要であり、一定の重要な役割を果たす。だがそれだけでは不十分である。ソ連や東側諸国の国民に影響を与えられるような、西側のイデオロギーや生活様式を発展させ、その魅力を訴え、それによって東側の人々の「信念、感情、態度」を変化させるようにしなければならない。

ケナンの考え方を踏まえて冷戦の終焉を振り返ると、こうした考え方の重要性がよく理解できる。冷戦が終末期を迎えたとき、当時のソ連の軍事力はその歴史上頂点に達していた。戦略核兵器ではアメリカと同等であり、海軍力もそれまでになく強化されていた。だがソ連は、既にその社会主義イデオロギーの輝きを失っていた。国民生活の水準は西側諸国より遥かに劣り、文化活動も停滞していた。ソ連国民にとっても東ヨーロッパ諸国民にとっても、社会主義イデオロギーは、うわべだけの形式的なドグマに成り下がっていた。また多くの人が西側の生活の方が遥かに豊かで自由であることを知ってしまった。ソ連が東欧に介入しないとわかったとき、ベルリン市民は壁をこわし、東ヨーロッパ諸国は体制転換へと向かった。そしてついにはソ連自体が崩壊するに至ったのである。ソ連の歴代指導者が軍事力強化のみを重視し、活力ある国民生活や文化活動の発展を軽視した結果であった。

冷戦状況の中の核兵器

ケナンの原子力に関する長文覚書は、原理論的考察だけでなく、当時の冷戦状況を踏まえた考察も展開していた。一つは西欧防衛と核兵器の関係であり、もう一つは冷戦の中におけるアメリカ国内世論と核兵器の関係である。

西欧防衛と核兵器との関連について、ケナンは西欧の不安感に冷淡であった。むしろケナンは、アメリカが核兵器を増強することで、ヨーロッパの軍事情勢が悪化すると考えていた。アメリカが核兵器を増強すると、ソ連は北大西洋条約を攻撃的意図を持った同盟だと認識するであろう。また西欧諸国自身も、最終的に東西対立は戦争によってのみ解決することができると考えてしまうであろう。つまり東西両陣営が、ともに戦争は不可避であると考えてしまい、実際に戦争が起こる可能性を高めてしまうのではないか。

ケナンは、ソ連が西欧に対して軍事的侵攻を企てることはないと判断していた。ソ連が軍事侵攻を企てるのは、西欧で革命情勢が発生したときに「最後の一撃」としてであろう。西欧諸国が政治的経済的に安定していれば、ソ連が軍事侵攻を企てる可能性は極めて低いはずだ。

だがこうしたケナンの考えは、北大西洋条約加盟国から見て、あまりに楽観的であった。第二次大戦で強力なドイツ軍を撃破したソ連軍が、ヨーロッパ大陸の中心部まで進出し、そのまま駐留しているのだ。西欧諸国から見て、ソ連軍の脅威はごく身近に感じられ、その恐怖感を和らげるのはアメリカの軍事的な保証と核兵器だけであった。

人々の心理的な要因が問題になるという意味では、核兵器がアメリカの国内世論に大きな影響を与えるという点で、西欧と同様であった。核兵器の巨大な破壊力は、政府のエリートだけでなく一般国民にとっても明白であった。そうなると将来の米ソ関係の中で、核兵器の問題は中心的な扱いを受けることになるのは避けられなかった。アメリカ国民は、米ソ関係を核兵器の優劣の視点からしか考えなくなるかもしれない。ケナンは、そうした傾向に警鐘を鳴らした。

核兵器に伴う独特の心理的過剰反応のために、核は国家政策の手段として、ある種の頭でっかちの不安定性を持つことになろう。核の役割を強調し過ぎるこの不安定性は、本来均衡を取ることが必要なわれわれの軍事計画に対して、ある種の偏向をもたらさざるを得ない。

アメリカの国内世論は、核兵器に対する心理的な過剰反応のために、積極的目的をどのように達成するかという議論を冷静に展開することはできないであろう。世論は、核の優劣にもっぱら関心を払うことになるであろう。国民が核兵器について正しい認識を持てないのであれば、政府は健全な政策を展開することはできない。そうなるとアメリカの国力が「誤用」され「濫用」されることになる。

ケナンはアメリカという民主主義国家が、核兵器に関する誤った認識を持つことは避けられないと考えていた。もしそうであれば、むしろ多少問題が起こるかもしれないが、ソ連との間で原子力に関する国際管理協定を結ぶように試みることにも十分な意義があるのではないか。これが「原子力国際管理協定」という長文覚書の結論であった。ケナンは自国の民主主義に懐疑的であったが、同時にソ連相手の外交交渉には一定の意義を認めていた。

第8章　封じ込めと限定戦争

1　第二次大戦後の朝鮮半島と中ソ関係

朝鮮半島の情勢

冷戦初期、アメリカ統合参謀本部が想定していたのは、ソ連との全面戦争であり、第三次大戦であった。発端はヨーロッパや中東を想定したが、それら地域で開始される戦争は、米英対ソ連という全面戦争に拡大すると考えられていた。

したがって朝鮮戦争が始まり、それに介入したことは、アメリカが新たに限定戦争という概念を導入するよう、促すことになった。限定戦争には、戦争の地域を限定化するという意味と、使用する軍事的手段の限定化という二重の意味がある。限定戦争は、封じ込め戦略の中で重要な政策手段となった（そして後にはヴェトナム戦争という大失敗と悲劇をもたらす）。また朝鮮戦争は、冷戦を軍事化させる一大契機となった。地域的レベルだけでなく、世界的なレベルでアメリカの関与に対する信頼性が問われ、その影響はヨーロッパにもおよんだのである。

朝鮮半島は一九四三年の「カイロ宣言」で、「やがて(in due course)」独立させることが連合国によって合意されていた。もちろんそれは統一国家として、である。だが大戦の終結に伴って南北に米ソの軍隊が進出したことで、大きく運命が変わった(なお朝鮮戦争に関する研究は内外とも豊富であり、本書では主に和田春樹・下斗米伸夫・小此木政夫・カミングスなどの研究に拠っている)。四七年まで米ソとも民主的な統一政府を建設しようとしていた。だがうまく行かず、南北それぞれに政府ができてしまう。四八年八月、大韓民国(以下、韓国)が成立し、李承晩が初代大統領となった。

同国憲法は自国の領域を韓半島全域と付属の島嶼だと定めた。九月には朝鮮民主主義人民共和国(以下、北朝鮮)が成立し、憲法で首府はソウルであると定め、金日成首相も統一国家の建設を唱えていた。下斗米の研究によれば、北朝鮮はソ連軍の圧倒的影響力の下で建設された国家であった。

戦後、東アジアにおけるスターリンの関心は「地政学」的なものであり、日露戦争で帝政ロシアが失った南サハリンの回復や、旅順・大連両港の権益、東清鉄道の権益の再獲得を狙っていた。ヤルタ秘密協定では、これらの権益の回復と千島列島の「引渡し」が約束されていた。またヤルタ体制には、ある一つの重要な前提があった。それは戦後、中国が蔣介石率いる国民党の指導下で統一国家となり、東アジア国際政治の安定化勢力として成長するということである。ソ連はこの前提にしたがって一九四五年八月一四日に国民党政府との間で、中ソ友好同盟条約を結んだ。しかし中国では大戦終結直後から国民党と共産党の間で内戦が始まり、結局共産党が中国を統一して新国家を建設することになった。このことは、アメリカにとってもソ連にとっても予想外の結末であり、ヤルタ体制の前提が崩壊したことを意味していた。

確かにソ連は、占領した中国東北部で中国共産党の勢力拡大を支援したが、同地域の中国共産党と政府は、延安を拠点としていた毛沢東らの指導から距離を置き、「一種の独立王国となっていた」。結局一九四九年一〇月に毛沢東を指導者とする中華人民共和国が成立したが、中国共産党東北局の指導者であった高崗は、朝鮮戦争後に粛清されるまで中国東北部で影響力を持ち続けた。

中国革命が中国東北部を一つの拠点として推進されたことは、朝鮮半島の情勢にも大きな影響を与えた。スターリンは、ユーゴスラヴィア共産党のジラスに次のような趣旨のことを言ったとされる。「今度の戦争はこれまでの戦争とは違う。われわれの軍隊が進出した地域に、われわれにとって好ましい政治体制を植えつけることができるのだ」。東ヨーロッパはまさにその通りに「人民民主主義」国家になった。そしてこれは東アジアでも同様だったのである。中国の革命はソ連赤軍が軍事占領した中国東北部を拠点にして推進され、朝鮮半島北部には北朝鮮という国家が建設された。

朝鮮半島北部を占領したソ連赤軍には、同地の占領行政について十分な準備が整っていなかったと言われている。また東ヨーロッパ諸国のように、占領した地域にわずかでも共産党の勢力が残っているということもなかった。また韓国の李承晩のように有力な亡命政治家も存在しなかった。ソ連赤軍は、朝鮮語を話し、自分たちに忠実な人物を必要としていた。ソ連軍軍人としての経歴を持つ金成柱は、満洲における抗日ゲリラの指導者「金日成」として赤軍の占領行政の中で頭角を現し、国家の指導者となったのであった。下斗米の研究によれば、スターリンが北朝鮮という国家の建設を最終的に決断したのは、一九四八年四月二四日であった。北朝鮮の憲法はソ連憲法に基づいて立案され、「朝鮮民主主義人民共和国」という国名もロシア語の直訳であったという。

アメリカが朝鮮半島、もしくは韓国について本格的に検討を開始するのは、一九四八年に入ってからであった。四八年四月二日、国家安全保障会議は「朝鮮に関する合衆国の立場」（NSC‐8）を承認していた。NSC‐8は、それまで国務省や三省調整委員会、後に四省調整委員会が検討していた対朝鮮政策を、一応まとめたものであった。

九月一九日に提出されたウェデマイヤー将軍の中国に関する報告書は、韓国をも視察の対象に含めていた。同将軍は、アメリカが援助を停止し米軍が撤退した場合には、韓国は大混乱に陥り、ソ連軍か北朝鮮軍が南下すれば「確実に崩壊する」との判断を示していた。実は国務省や統合参謀本部は、韓国からの米軍撤退を早くから考えていた。NSC‐8は、米軍撤退を既定路線とし、その代わりに小規模の軍事援助を与え、経済援助と政治的支援によって韓国を支えていくという路線を確認していた。

興味深いのは、韓国の李承晩も北朝鮮の金日成も、一九四九年春には武力による国家統一を訴えていたことである。二月八日に李承晩は、ソウルを訪問した米陸軍長官ロイヤルと会談したが、武力北進したいという希望を伝えて、アメリカ側を警戒させた。一方、北朝鮮側は、三月三日に金日成、朴憲永らを代表とする使節をモスクワに送っていた。和田の研究によれば、同月一四日に金日成と朴憲永の二人だけがスターリンと会見し、金が南へ武力侵攻したいという希望を述べたが、スターリンが拒否したとのことである。

この時点ではアメリカはもちろん、ソ連も朝鮮半島での武力衝突を望んでいなかった。アメリカの関心は、日一日と不利になりつつある中国内戦の行方と、日本の経済復興に向けられていた。戦略的観点から見れば、朝鮮半島は決して重要な地域ではなく、それはまたソ連にとっても同様であった。スターリンはこの地域の社会主義建設でさえ遥かに先のことだと考えていた。朝鮮半島よりも中国東北部の方が遥かに重要視されていた。ソ連側が北朝鮮について重要視したのは、原爆の原料となるウランの確保であった。三月の訪ソ時に北朝鮮が望んだ同盟条約の締結もソ連側は拒否したし、九月にはソ連共産党政治局の決定として、北朝鮮が武力で南北統一を図ることを認めないとしていた。

米ソがお互いに南北の武力衝突を警戒していたのは、決して杞憂ではなかった。一九四九年一月以降、三八度線を挟んで、極めて限定的ながら南北間の衝突が発生していたのである。散発的ではあったが、韓国側が北へ「越境」した場合もあり、北朝鮮側が南へ「越境」した場合もあった。また韓国内でも暴力的状況が散発し、四八年四月に済州島で虐殺事件が起こっていた。こうした状況の中ではあったが、米軍は四九年六月二九日には撤退を完了した。ソ連軍は既に四八年一二月二五日に撤収を終えていた。

北朝鮮首脳部が武力による統一を望んだことには、中国内戦の動向が大きな影響を与えていた。ソ連側の否定的な態度にもかかわらず、北朝鮮側は武力統一の方針をあきらめず、軍事力を強化しようとしていた。

ヤルタ体制崩壊後の中ソ

中国内戦が共産党の勝利に終わることが確実になると、ソ連の中国に対する政策も変化し始めた。中国側も七月一日、毛沢東が「向ソ一辺倒」の立場を明らかにした。劉少奇は六月末頃から八月半ばまでモスクワを訪問し、これ以後の中ソ両国の関係と共産党間の関係について、予備的な会談を行った。なおこのとき、スターリンはそれまでの中国政策に関する誤りを謝罪する旨、劉に伝えたとされる。毛沢東は一九四九年一〇月一日、中華人民共和国の建国を宣言した。一二月一六日から翌五〇年二月一七日までモスクワとレニングラードを訪問し、初めてスターリンと会談を行った。

こうした中ソ首脳間での会談内容は、アジアにおいてヤルタ体制が崩壊したことをはっきりと示していた。既にふれた一九四九年夏のスターリンと劉少奇の会談では、世界戦略上の重要な方針が合意されていた。それは米ソ関係とヨーロッパに関しては、ソ連共産党が担当するが、アジア各国の共産党への指導や解放運動に関しては、中国共産党が担当するという、いわば世界戦略上の役割分担であった。ソ連は中国と同盟関係を維持していればそれで十分であり、アジアでは中国がヴェトナムや北朝鮮を擁護する役割を果たすとされた。

もともとソ連は北朝鮮への関心が低く、インドシナなど東南アジアに対しても関心を持っていなかった。ソ連が十分な知識と経験を持っていないが、逆に利害関係が濃厚で華僑の存在を利用できる地域に関しては、中国が戦略的な役割を果たすのである。「革命の中心は西方から東方へ移り、今また中国および東アジアへと移っている」(スターリンの劉少奇歓迎祝宴での発言)のであった。ただし実際は、このときまだ中国共産党とアジア各国の共産党との関係は希薄であった。

ヤルタ体制の崩壊を最も明瞭に示したのは、一九五〇年二月の中ソ友好同盟相互援助条約の締結である。同条約を締結するにあたって、ソ連が国民党と結んだ四五年の中ソ友好同盟条約との関係をどのように処理するかが問題であった。それは一二月のスターリン・毛沢東会談の重要なテーマでもあった。国民党との条約を廃棄することは、法理論上ヤルタ体制の下でソ連が極東で回復し獲得した権益の喪失をもたらす可能性があった。

和田の研究によれば、一九四九年一二月一六日のスターリンと毛の最初の会談の際、この問題が提起された。そしてそれは毛沢東にとっては衝撃的なものであった。というのも、スターリンが国民党との間に結んだ中ソ友好同盟条約を「形式的には存続させ、実質的には修正する」と言って、ヤルタ協定を重視する態度を見せたからである。和田はスターリンが毛と駆け引きをしていたのだと主張している。だが単なる駆け引きではなく、スターリンがあくまでヤルタ協定によってソ連に与えられた地政学的な利益を確保しようとしていたと解釈することも可能ではないかと思われる。

なおまた毛沢東が、中国は経済の戦前水準を回復し、国内情勢安定化のために、「三年から五年の長さの平和的息継ぎを必要」としていると訴えたのに対し、スターリンは非常に楽観的な見通しを示していた。「平和はわれわれの努力次第だ。もしも［われわれが］仲よくやれば、平和は五～一〇年といわず、二〇～二五年、あるいはもっと長く確保できる」。このような楽観的な情勢評価が、北朝鮮首脳部から武力統一への支持と協力の要請が改めてあったとき、ソ連側の回答に影響を与えたとしても不思議ではない。

武力統一をめざす金日成

一九五〇年四月一〇日、金日成と朴憲永は、ついにモスクワで再びソ連側と会談するに至った。ソ連側はスターリン、マレンコフ、モロトフ、ヴィシンスキーが出席し、大使のシトゥイコフも金一行に付き添っていた。この会談こそ、スターリンが金日成に武力による南北統一に関する支持を与えた歴史的会談であった。

スターリンは、国際情勢の変化を指摘し、中国革命はアジア解放の機運を高めているとした。アメリカが中国革命に介入できなかったことも指摘された。また注目すべきことは、ソ連の原爆保有のニュースによって、アメリカ国内でさらに不介入の気分を強めていると、スターリンが述べていることである。中国革命とソ連の原爆が国際情勢を変化させたという情勢認識は、まさにアメリカを始めとする西側の国際情勢認識と裏表の関係にあった。無論ソ連と中国は、自陣営が有利になったと考え、アメリカは西側陣営の優位が揺らぎ始めたと認識したのである。

なおスターリンは、北朝鮮側に重要な条件を付けた。それは中国の支持を得なければならないということであった。中国革命が勝利したことで、中国共産党は北朝鮮への支援に関心が持てるようになり、兵力を送ることも可能になっているとされた。

だがスターリンが中国の支持を得るようにと北朝鮮側に要求したのは、万が一アメリカが軍事介入したときに備えてのことであった。その場合、ソ連は直接支援することができないので、北朝鮮は中国に助けてもらわなければならないとされた。金日成は、アメリカは介入しないだろうという予想を述べ、したがって中国に助けを求めることもないと強気の姿勢を見せた。自分たちは「三日で勝利できるだろう」。それは電撃戦ができるだけではなく、韓国にいる北のパルチザンが活躍すると考えていたからであった。韓国の共産主義者である朴憲永は、二〇万人の党員が暴動を起こすと、パルチザンの活動に自信を持って語っていた。

モスクワから帰国した三週間後、一九五〇年五月一三日、金日成と朴憲永は北京に赴き、毛沢東と会談した。スターリンの指示に従って、中国からの同意を取り付けようとしたのである。北朝鮮側の説明を受けた毛沢東は、北京駐在のソ連大使を通じて問い合わせの電報をスターリンに送った。翌一四日、スターリンからの返電が北京に届いた。そこでは、「変化した国際情勢のために、統一に着手したいという朝鮮人たちの提案に同意」したことが伝えられた。この問題は中国と朝鮮の同志たちとの共同決定によらねばならないとされた。そして中国がこの決定についてイニシアティヴを取らなければならないことが、はっきりと強調されていた。「万一中国の同志たちが不同意である場合は、あらたな検討があるまで問題の決定は延期されなければならないという留保がつけられた」のであった。ここでもスターリンが国際情勢の変化に言及していることは興味深い。中国革命成功の前と後とでは、スターリンの北朝鮮に対する態度が異なっていることが確認できる。これはまたアメリカの軍事介入がないという判断と一体のものであった。

毛沢東と金日成・朴憲永との会談記録は公開されていない。北朝鮮と中国側から説明を受けた駐中国ソ連大使ローシチンからモスクワに送られた報告が、間接的にこの会談の模様を伝えているだけである。金日成は、モスクワでスターリンから提案された計画を毛に伝えた。それは三段階からなる計画で、第一段階は兵力の準備と集結、第二段階は戦略的欺瞞として平和統一案を韓国に提示し、韓国側の拒否をまつ。第三段階で軍事行動の開始である。金の説明を受けた毛は、この計画に全面的な賛意を示したという。

この会談で興味深いのは、毛沢東が「日本軍」が朝鮮に投入される可能性について金日成と協議していることである。当時の日本は、とてもではないがそうしたことができるような状況ではなかった。ただ現在われわれは、小規模だったが日本の掃海艇部隊が密かに参戦していたことを知っている。また、日本国内の米軍キャンプで働いていた日本人が米軍の朝鮮半島への移動に随伴させられ、地上戦を戦った人もいたことが明らかになっている。

毛沢東は、もし米軍が朝鮮半島に軍事介入した場合には、中国は兵力を送って北朝鮮を支援すると約束していた。和田によれば、「毛沢東は金日成の試みを全面的に支持」したのであった。ある研究によれば、このとき中国共産党政治局は金日成の計画に反対していたという。それでも最終的に金日成の計画に賛成したのには理由があるとされる。一つには、中国共産党が軍事力によって中国統一を果たしたので、北朝鮮が同じように朝鮮半島を統一することを拒否できなかったということ。第二に、この時期中国共産党首脳部は、統一の最終段階として台湾侵攻を考えており、その台湾侵攻に際してはソ連が支援するという約束を取り付けていたこと。第三に、そのため中国側は、朝鮮半島に米軍が介入する恐れを認めることができなかった。なぜなら自分たちが台湾を解放するときに米軍が介入してくるという可能性を認めると、ソ連が中国を支援するという約束をソ連が守るかどうかわからなくなるからである。つまり「毛は積極的（ポジティヴ）でなければならなかった」のであった。

なお和田の研究も、毛沢東の金日成に対する支援の約束の背景に、中国側の台湾解放と関連性があったことを指摘している。和田は史料からの引用をまとめた形をとりつつ以下のように説明している。「毛沢東は、台湾解放のあとで朝鮮人が対南作戦をはじめるものと思っていた、それなら、十分助けられるが、北朝鮮が現時点で作戦を開始すると決定した以上、この事業は共同のものとなる、同意して、必要な協力をする、と述べた」と。

金日成と朴憲永が帰国したのは、一九五〇年五月一六日であった。北朝鮮側は着々と攻撃準備を整える一方で、平和的手段による南北統一を実現しようという呼びかけを行い、韓国側の警戒心を弛緩させようとしていた。六月一二日には朝鮮人民軍総参謀長統括の下、金日成らと各部隊師団長、参謀長などとの会合が開かれていた。和田は、この会合のときに師団長レベルの軍幹部に、韓国に対して開戦するという方針が伝達されたと推測している。またこの会合にはソ連と中国の大使も出席していたようである。朝鮮人民軍の各部隊は、軍事演習という名目で、六月一〇日頃から逐次三八度線付近へ移動を開始した。一九五〇年六月二五日の午前四時四〇分、朝鮮人民軍は三八度線の全線にわたって一斉に攻撃の火蓋を切ったのであった。

2　朝鮮戦争に対するアメリカの介入決定

第一報からのワシントンの動き

六月二五日は日曜日であった。トルーマン大統領はミズーリ州インデペンデンスの自宅にいた。

梅雨のない中西部は、もうすっかり夏である。アチソン国務長官はメリーランド州の農場で週末の休みを取っていた。ワシントンに第一報が届いたのは、時差の関係で**ワシントン時間二四日午後九時二六分**であった。駐韓米大使ムチオから至急電（現地時間二五日午前一〇時発信）が届き、事態が「韓国に対する全面的攻勢（all out offensive against ROK）」だという判断が示されていた。

ところでケナンの『回顧録』には興味深い記述がある。それは一九五〇年の五月末か六月初め頃、国務省内のロシア問題の担当者たちが、共産主義陣営に不穏な動きがあることを察知していたというのである。様々な情報を分析し「共産主義国の軍隊が間もなく行動に移ろうとしている」ことを示唆するデータを得たのだった。ソ連軍ではなく、衛星国の軍隊だと推測された。だが、北朝鮮側が韓国に軍事作戦に訴える可能性は「問題外」として検討されなかった。なお公開された史料によると、アメリカ情報部は一九四九年六月〜八月に、中国人民解放軍の朝鮮人部隊が「満洲」から北朝鮮に移動したことを把握していた。ケナンが北朝鮮軍の攻撃を知ったのは、六月二五日の午後、週末を過ごした農場からワシントンに戻ったときであった。

さて、ムチオ大使からの報告を受けた国務省は、迅速に行動した。幹部はアチソン国務長官に電話で連絡を入れ、ムチオ大使からの至急電の内容を伝えた。午後一一時二〇分、アチソンがインデペンデンスにいるトルーマンに電話し、ムチオ大使からの至急電を伝えるとともに国連安保理の招集を求めるという方針を伝えた。これがトルーマンへの第一報であったが、トルーマンは直ちにこの方針を認めた。

日付が変わって二五日の午前三時前には、ムチオ大使から、李承晩大統領との会見の様子を伝える至急電が国務省に届いた。官邸で李大統領と会見したムチオ大使は、李大統領がかなり感情的な緊張状態にあるものの、落ち着いているように見えたと伝えてきた。

李大統領はムチオ大使に対して、韓国軍が武器と弾薬を必要としているとし、「もっとライフル銃を」と述べ、援助を求めた。そうした援助や米軍の助言者の存在が韓国側の士気を高めると言って、米軍の関与を求め、そのうえで、極めて印象的な言葉を述べた（このことは和田の朝鮮戦争研究も言及している）。「自分は朝鮮が第二のサラエヴォになるのを避けようと努めてきた。しかし、たぶん現下の危機は、朝鮮問題をきっぱりと最終的に解決するための最良の機会を与えてくれているのだ」。李はしばしば武力北進によって朝鮮統一を図りたいと言っていたが、それだけに「朝鮮」を「サラエヴォ」にすることを歓迎したに違いない。この点は筆者も和田の解釈に同意したい。だが朝鮮戦争が世界戦争に発展することはなかった。「朝鮮」は、危ういところではあったが、「サラエヴォ」にならなかった。

安保理決議と情勢の把握

ワシントン時間六月二五日午前三時、グロス国連大使代理はリー国連事務総長に電話を入れ、安保理招集を求めるアメリカ政府の公式の要請文を読んで聞かせた。

午前八時四四分、ワシントンの陸軍首脳と東京にいるアメリカ極東軍との間で、テレタイプによる会議が行われた。そして、攻撃は韓国を屈服させようとする全面的なものであることが再確認された。ところが極東軍司令官のマッカーサーは、事態を極めて楽観的に見ていた。東京時間で二五日午後六時に、ダレス対日講和問題特使、アリソン北東アジア課長と会談したマッカーサーは次のように述べていた。北朝鮮による攻撃は全面的なものではなく、ソ連が必ずしも背後にいるわけでもない。そして「韓国は勝利を得るだろう」と。

翌二六日の午前一一時四五分（東京時間）からも同様の会談が行われた（ダレスとアリソンに加えてシーボルトも出席）が、マッカーサーの意見は変わらなかった。だがワシントン時間二五日午前一一時三二分には、ムチオから悲痛な電報が国務省に届いていた。ソウルの北方に北朝鮮軍の戦車が集結しているという情報があるので、アメリカ市民の避難を開始することにしたと。そして李承晩大統領もまたソウルから避難しようとしていた。ソウル時間二六日午後一〇時、ムチオ大使が李大統領と面会すると、李は、「内閣は今夜、政府を大田に移すと決定した」と語った。李は繰り返し、「これは自分の身の安全のために言っているのではない。政府は捕獲される危険を冒してはならないのだ」と主張した。

二五日午前一一時三〇分には国務省で、国務・国防両省の高官が集まり、会議を開いていた。陸軍からの軍事情勢に関する報告で、韓国側から要請のあった一〇日分の補給が既に空輸されたことが伝えられた。

政治情勢に関する判断については、政策企画室のデーヴィスが厳しい情勢認識を示していた。ロシア側がここまで公然と行動したということは、極東全域を思うがままにすると考えてのことであろう。もしロシアがここでうまくやることができれば、たぶん他の地域でも動くことになるだろう。そしてこの会議の全般的な合意として、アメリカの対応が極めて重要であること、また中途半端な手段では状況に対応できないことが確認された。正午少し過ぎ、アチソン国務長官が国務省に到着し、会議に加わった。ワシントン時間二五日の午後二時四五分、アチソンはトルーマンに電話を入れ、ワシントンに戻るよう要請した。

ここで話を前日の二四日に戻す。アチソンがトルーマンに第一報を入れたのは、**ワシントン時間二四日の午後一一時二〇分**であったが、トルーマンは、その日ミズーリの自宅にとどまった。そして翌二五日の日曜は午前中予定通りに実弟の農場を訪れ、自宅に戻ったところでアチソンからの電話（右記の午後二時四五分の電話。ただしミズーリ州とは時差あり）を受けた。

アチソンはその日の午後に国連安保理に提出予定の決議文の案文について、トルーマンの承認を得た。またトルーマンはワシントンに帰着次第、国務・国防両省の関係者をブレア・ハウスに招集するよう求めた。トルーマンは大統領専用機「インデペンデンス号」に乗り、空路ワシントンをめざした。後に作家となるマーガレットは、父親たちの言動を間近に見ていて、次のように日記に書いた。「すべてが非常に緊迫している」と。

一方ニューヨークでは、現地時間二五日の午後二時から国連安保理が開かれていた。安保理決議は、情勢が韓国とその国民の安全と福祉を脅かすものであるとし、北朝鮮の行為を「平和に対する侵害となる」と決めつけた。そして即時停戦を求めるとともに、北朝鮮当局に対して直ちにその軍隊を三八度線まで撤収するよう要求していた。決議はほとんどアメリカの要求通りのものであった。決議自体もユーゴスラヴィアの棄権が一票あったが、賛成九票－反対〇票で成立した。

よく知られているように、この時期ソ連は国連安保理をボイコットしていた。中華人民共和国が成立した後も、安保理に国民党政府が中国代表として席を占めていたことに対する抗議であった。なお和田の研究によれば、スターリンが北朝鮮の武力南進を支持するに至った一九五〇年一月三〇日以降は、ソ連にとって安保理のボイコットは異なる意味を持つようになっていたとされる。ソ連が北朝鮮と共謀していると非難されることを避けるためだったというのだ。筆者はこの説の真偽を評価できる力量はないが、確かに一理ある主張である。

最初のブレア・ハウス会議

トルーマン大統領は**ワシントン時間二五日の午後七時一五分**にナショナル空港［現ロナルド・レーガン空港］に着陸し、アチソン国務長官、ジョンソン国防長官、ウェッブ国務次官が出迎えた。ブレア・ハウスに着いたのは午後七時四五分であった（当時ホワイトハウスは改修中であった）。会議に出席すべく集まったのは大統領以下、国務・国防両省の高官一四名であった。

会議ではアチソンが様々な状況を要約して説明し、いくつかの検討すべき問題を指摘した。アメリカ市民の避難を守るため空軍の空中援護を実施すべきであり、それを妨害する北朝鮮側の戦車や戦闘機を、戦闘によって排除する権限を空軍に与えること。国連安保理に追加的な決議を求める可能性があることなどである。またアチソンは、大統領が第七艦隊を台湾海峡に進出させるよう命令すべきだと提案した。ブラッドレー統合参謀本部議長は、「ロシアはまだ戦争の準備ができていない」との判断を示した。そのうえで、朝鮮半島への陸軍部隊の派遣はすべきではなく、特に大規模な部隊の派遣はすべきではないと主張した。トルーマンは、自分たちが国際連合のために行動していることを強調した。また空軍の空中援護は必要があれば北朝鮮の戦車を攻撃してよいと、改めて強調していた。

この第一回のブレア・ハウス会議で注目すべき点は、陸軍の派遣については否定的な意見が大勢を占めていたという点である。主要な軍事行動は海軍と空軍に限定されていた。北朝鮮軍の南進を速やかに食い止める必要があるという点では意見の一致が見られたが、視察団は別にして、陸軍は派遣しないという方針が確認されたのである。また北朝鮮の軍事行動の背後にはソ連の存在があることが認識されていたが、ソ連が直接軍事行動に訴えて、第三次大戦になることは想定されていなかった。さらに台湾問題が朝鮮情勢とリンクしているという認識も完全に共有されていたと言ってよい。とにかくアメリカは北朝鮮軍の南下を座視せず、何らかの行動を起こすという点については、全く疑いの余地がなかった。朝鮮半島を「不後退防疫線」の外側に位置する地域だとしたNSC－48／1と同48／2の国家戦略は、北朝鮮軍の侵攻一日目にして放棄されたのであった。

第二回のブレア・ハウス会議

六月二六日〔月曜日〕朝、アチソン国務長官は予定通り議会上院の歳出委員会に出席し証言をした。その後、上院外交委員会議長トム・コナリーなど、有力な議員に電話を入れ、状況の説明と国務省の対応について報告した。また、ケナンにしばらくワシントンに留まるようにと要請していた。ケナンは一時的に職務を離れ、プリンストン高等学術研究所に行く予定になっていたのだった。

この日、トルーマンは管理運営補佐官であったジョージ・エルゼーと興味深い会話を交わしている。エルゼーが朝鮮危機と関連して、次は台湾が狙われるのではないかと言ったとき、トルーマンは自分が心配しているのはむしろ中東であると言ったのである。トルーマンはオーバル・オフィスの暖炉の前にある大きな地球儀の前にエルゼーを連れていき、イランの上に人差し指を置いた。「彼らが問題を起こすのは、ここだ」。そしてこう付け加えた。「韓国は極東のギリシアである」。もし三年前のギリシア問題のようにアメリカが断固とした姿勢を取れば、彼らは次の一歩を踏み出せないだろう。しかしわれわれが傍観すれば、彼らはイランに侵入し、やがて中東全域を支配してしまうだろう。これがこのときのアメリカ合衆国大統領の認識であった。韓国はソ連がさらに拡張政策を取らないようにさせるための試金石だというのである。

その後アチソンは国務省に戻り、翌火曜日に大統領が出す予定の声明文を作成する作業に取りかかった。この間にも、ムチオ大使からは刻々と公電が届いていた。ワシントン時間二六日午後五時〇七分に受信（ソウル時間二七日午前六時発信）した公電は、ソウルの北方に北朝鮮軍が前進してきたこと、李大統領と閣僚の大部分がソウルを出て南へ避難したことを告げていた。アチソンは夕食の後、国務・国防両省の関係者と朝鮮情勢について検討を続けた。だが、情勢が絶望的であることは明らかだった。アチソンはトルーマン大統領に電話を入れ、新たな指示を出せるようにしてはどうかと提案した。トルーマンはそれに応え、前日と同じメンバーを再びブレア・ハウスに招集したのだった。

第二回ブレア・ハウス会議は、**ワシントン時間二六日午後九時**から開始された。トルーマンの回想によると、このときトルーマンはマッカーサーからの最新情報を出席者に伝えていた。北朝鮮軍の戦車部隊がソウル郊外に入り、韓国軍は北の攻勢を止められなかった。実質的な議論は、前日同様アチソン国務長官の主導で進められた。ヴァンデンバーグ空軍参謀長の要求を受け、トルーマンとアチソンは三八度線を越えない限りで、空軍と海軍が全面的な軍事行動に踏み切ることを認めた。アチソンが提起した第二の問題は、第七艦隊に対する命令に関するものであった。同艦隊には、大陸から台湾への攻撃を予防するとともに、台湾から大陸への攻撃も防ぐという意味も持たせるべきであった。さらにアチソンは、翌日の午後招集される予定の国連安保理で、さらにもう一つの決議が行われるように準備していることを報告し、トルーマンの承認を得ていた。

この後トルーマンは、自分は過去五年間、こうした状況を防ぐためにあらゆる努力を払ってきたと、感慨をこめてか、あるいは自己弁護であったか、自身の感想を述べた。だが「今やこうした状況に立ち至っている。これに立ち向かうため、われわれは自分たちでできることは何でもやらなければならない」。そして、州兵の動員が必要かもしれないと考えるが、どう思うかとブラッドレー統合参謀本部議長に尋ねた。ブラッドレーは、もし陸軍部隊を朝鮮半島で使用する場合には、動員なくしては他の地域での軍事的関与を同時に果たすことができなくなると指摘し、州兵の動員については数日様子を見た方がよいと答えた。トルーマンは、統合参謀本部がこの問題を検討して、数日後に報告するように希望すると述べ、「私は戦争は望まない（I don't want to go to war）」と付け加えた。こうして第二回ブレア・ハウス会議は終了した。

この会議では、三八度線以南ではあるが、海空軍の全面的な使用という重大な決定がなされた。

三八度線以南に活動を限定したのは、当面北朝鮮軍の侵攻を食い止め、追い返すことに重点が置かれていたからであろう。また、アメリカ海空軍の支援によって最終的には韓国軍が自力で勝利することを期待したからだという説もある。

しかし筆者は、また別の理由もあったのではないかと考えている。というのは、当時アメリカ陸軍の現役師団は、全世界で一〇個師団しかなかったという事実があるからである。このうち、四個師団が日本占領に、一個師団が西ドイツの占領にあたっていた。残りの五個師団はアメリカ本土に駐留していた。しかも日本とドイツにいる師団は占領軍であり、実際の戦闘に対して十分な訓練もできていなかった。このときまでトルーマン大統領は毎年度軍事予算の抑制を重視していた。したがって現役陸軍部隊を極東に派遣するにしても、十分な兵力が準備されていないことを知っていたのではないか。つまり陸軍現役師団の不足と戦闘準備態勢への不安が、陸軍部隊投入を慎重にさせた背景にあったのではないかと思われる。アメリカが海空軍を投入し、その支援を受けた韓国陸軍が北朝鮮軍を撃退してくれれば、アメリカにとってもありがたかったのである。

ソ連との接触

第二回ブレア・ハウス会議の翌日、大統領と議会指導者との会談が行われた。それは**ワシントン時間六月二七日［火曜日］午前一一時三〇分**からであった。トルーマンは、国連安保理が素早く対応していることを強調し、そのうえでこの会談の後公表する予定の大統領声明を読み上げていた。また駐ソ米大使がソ連政府と接触していることも伝えた。議員たちは様々な質問をしたが、政府が取った対応を批判するような意見は出なかった。

大統領声明の概要は、以下のようなものであった。国内治安軍であった韓国政府軍が、北朝鮮からの侵略軍によって攻撃された。国連安保理は、侵略部隊に対して、敵対行為の停止と三八度線への撤収を求めたが、まだ実現されていない。安保理はすべての国連加盟国に対して、この決議を実行するために支援を求めている。そこで大統領は、合衆国の海空軍部隊に対して、韓国政府軍部隊を援護し支援するよう命令を出した。韓国への攻撃は、共産主義者が今や武力による侵略と戦争に訴えていることを示している。こうした状況の下では、共産主義部隊による台湾の占領は、太平洋地域の安全と、同地域で法に則り必要な活動をしている合衆国の部隊に対する直接の脅威である。したがって大統領は、第七艦隊に対して台湾への攻撃を排除するよう命令を出した。また台湾政府に対しても大陸への攻撃をやめるよう要請した。台湾の地位の決定は、日本との講和ができ、国連が検討するまで待たなければならない。またフィリピンとインドシナへの支援も強化する必要がある。すべての国連加盟国が、今回の韓国に対する攻撃の結末を見守っている。合衆国は法の支配を擁護するであろう。

この大統領声明は、連邦議会と世論で圧倒的な支持を受けた。選抜徴兵法を一年間延長する法案は、下院では三一五対四で、上院でも七六対〇の大差で可決された。

トルーマンやアチソンが議会指導者たちに伝えたように、このときアメリカ側は直接ソ連側と接触を図っていた。これはアメリカがソ連側の意図について探りを入れようとしたもので、小此木の研究が正しく指摘している通りである。だがモスクワのアメリカ大使館は、なかなかソ連外務省側と接触できなかった。アメリカ大使館の担当者は、ヴィシンスキー外相ともグロムイコ第一外務次官とも直接会うことはできなかった。どう見ても、ソ連側は意図的に会見を拒んだのである。

ニューヨークでは国連安保理が開かれていた。オースティン米国連大使は、新たな決議案の草案を提出した。この草案は修正を受けることなく安保理の決議として承認された。この新しい国連安保理決議は、北朝鮮による侵攻を平和の侵害であると断言し、即時停戦と部隊の撤収を求めていた。そして国連加盟国に対して、韓国への支援を呼びかけたのであった。

第一回ブレア・ハウス会議で決まった視察団について、極東軍司令官のマッカーサーは部下のチャーチ准将を団長に指名していた。このチャーチ視察団は、韓国現地時間の六月二七日朝、水原に到着した。軍事情勢を把握したチャーチ准将は、無電でマッカーサーに報告を送った。北朝鮮軍を三八度線まで押し返すためには、アメリカは地上軍を派遣する必要があるという報告は、事態を楽観視していたマッカーサーに衝撃を与えた。

六月二八日の推移

ワシントン時間六月二八日［水曜日］午前九時三〇分、国務省ではアチソン長官を囲んで定例の会議が開かれていた。その日の朝七時に東京の極東軍司令部とのテレタイプ会議の結果として、最新の軍事情勢が担当者から伝えられた。そしてソウルが陥落したことが明らかになった。

この日の午前中、統合参謀本部もその下部組織に重要な作業を進めるよう指示を出していた。一つは、ソ連が朝鮮での戦闘に参加した場合に、アメリカとしてどのような行動を取るべきか、その指針を検討するもの。もう一つは、海空軍の投入によっても朝鮮での戦線を安定化できない場合の、新しい行動方針についての検討である。

六月二八日午後二時三〇分、ホワイトハウスで国家安全保障会議が開かれた。会議はまず、トルーマン大統領が最新の朝鮮情勢に関する覚書を読み上げることから始まった。そしてトルーマンは、国家安全保障会議がソ連の全周辺地域に関係するすべての政策文書を再検討すべきだと主張した。ジョンソン国防長官とアチソン国務長官は、国務・国防両省がソ連が次の行動を起こすかもしれない地域についての分析作業を進めていると報告した。

次にアチソンは、朝鮮での戦闘にソ連が介入した場合にどのような軍事行動を取るべきかについて、国務省が検討したと報告した。そして、もしソ連が朝鮮での戦闘に介入していた場合に、朝鮮問題を全面戦争へと拡大する主要な決定は、あくまでワシントンで行われるという点を確認していた。アメリカ政府は、北朝鮮軍の行動がソ連によって支援されていることを微塵も疑わなかったが、朝鮮での事態をきっかけとして、第三次大戦を始めるつもりはなかった。

その後、議論は再び朝鮮半島の軍事情勢に関するものになった。フィンレター空軍長官から、空軍が「レッド（赤）の朝鮮軍航空機」と交戦できるのは韓国上空だけに制約されていると不満が表明された。だがこのときもトルーマンとアチソンは慎重な姿勢を見せ、空軍の行動が三八度線を越えないようにとくぎを刺した。

最後にトルーマン大統領が自ら発言した。そしてユーゴスラヴィア付近とイラン北部付近でのソ連の活動には、特別の注意を払うべきだと主張したのである。このときのトルーマンの発言は、二六日の昼前にホワイトハウスでエルゼー補佐官に語った内容そのものであった。

ソ連からの返信

木曜日になった。**ワシントン時間六月二九日午前一時二分**、国務省はモスクワのカーク大使から公電を受信した（発信はモスクワ時間二九日午後六時）。それは、アメリカ側が二七日にソ連側に渡したメッセージに応える、グロムイコ第一外務次官からの声明を伝えていた。グロムイコは次のような趣旨の声明をロシア語で読み上げた。朝鮮で生起した事態は韓国軍の攻撃によるものである。ソ連政府はアメリカ政府より早く、自国の軍隊を朝鮮半島から撤収させた。「それによって他国の内政への不干渉という、ソ連政府の伝統的な原則を確認したのである」。以上がソ連側からの回答であった。

さらにこの日、時間は不明ながらダレス特使がアリソン北東アジア課長とともにワシントンに帰着した。ダレス一行は、開戦直前に三八度線を視察し、六月二五日には東京にいた。無論ダレスの主要な任務は、対日講和問題に関する調査であったが、朝鮮の事態に遭遇したのだった。ダレスは帰国すると直ちに「朝鮮に関するノート」を国務省に提出した。ダレスは北朝鮮の軍事行動が成功している要因を分析し、最後に「ＧＨＱトーキョー（東京）」の誤りを指摘している。情報が迅速に伝えられなかったこと。攻撃を深刻なものだと判断しなかったこと。攻撃を純粋に北朝鮮の冒険だと考え、ソ連の支援がなく実行されたと考えたこと、である。このＧＨＱの情勢判断の誤りに関する指摘は、表現の上ではぼかされているが、言うまでもなくマッカーサーの判断に対する厳しい批判であった。

ワシントン時間六月二九日午前六時四八分、東京の極東軍司令部とワシントンの軍情報部門（G2）とのテレタイプ会談が行われた。会談には国務省やほかの関係者も参加していた。極東軍司令部の情勢評価では、既に韓国陸軍の損害が、五〇％に上っているという驚愕すべき数字が示されていた。午前九時五〇分には、ドラムライト領事からの公電が届いた（発信は水原からで韓国時間二九日午後九時）。この公電は、後で述べるマッカーサーの視察団が現地に到着し、漢江まで行って戦況を調査したと報告していた。戦況の悪化が伝えられる中、統合参謀本部はマッカーサーに対する新たな指令について検討していた。

二九日午後四時、トルーマンは記者会見を開いた。この席で大統領は、「われわれは戦争しているのではない」、「国連の下で警察行動をしているのだ」と述べていた。

そのあと、午後五時からホワイトハウスで「ブレア・ハウス・グループ」に加え、ハリマン補佐官や、帰国したばかりのダレス特使も参加して国家安全保障会議が開かれた。会議はまず、極東軍司令官であるマッカーサーに対する新たな命令について検討し、その命令文草案を議論した。そして二九日午後六時五九分、統合参謀本部からマッカーサーあてにこの新たな命令が発信された。この命令はアメリカの軍事行動が新たな段階に入ったことを示していた。ついに空軍は、北朝鮮領域内の基地や軍事目標を攻撃してよいことになった。さらに、釜山—鎮海地域で空軍基地と港湾を確保するために、限定的ながら陸軍部隊を投入することが許可されたのだった。なお韓国軍を支援する陸海空の活動が、ソ連に対する戦争を意味するわけではないとの注意も付けられていた。

マッカーサーに対する命令を検討した後、国家安全保障会議ではアチソン国務長官が発言した。アチソンは、その日午前一時にモスクワのカーク大使から受信した公電の内容を報告した。ソ連が影響力を行使して北朝鮮の軍事行動を停止させてほしいという、アメリカからの要望に対するソ連からの応答である。アチソンはこれを今回の事態にソ連が介入する意図がないことを示すものだと解釈した。ただし中国が介入する可能性は排除しなかった。なおこの会議のときから、政策決定のイニシアティヴが、政治指導者から軍事指導者に移行したという指摘がある。

この会議の後、アチソンは再度ホワイトハウスを訪れていた。台湾の蔣介石から、三万三〇〇〇人の陸軍部隊を朝鮮半島に派遣したいという申し出があったためである。トルーマン大統領はこの申し出を受け入れたいという意向を持っていた。しかしやはりアチソンは、台湾に関する問題を直接朝鮮半島にリンクさせることには慎重であった。

マッカーサーの動き

マッカーサーは、当初の楽観論が全く誤りであったことが判明し、一時意気消沈した。だが歴戦の将軍だけあって、精神的な立ち直りも早かった。このとき、この自尊心の塊のような将軍は、既に七〇歳になっていた（一八八〇年一月生まれ）が、強靭な精神力は衰えていなかった。現地時間二八日の午後、チャーチ視察団からの報告を受けたマッカーサーは、自ら前線の視察に赴く決心をしたのであった。

日本時間六月二九日午前六時一〇分、マッカーサーは自らの専用機「バターン号」で、羽田空港を飛び立った。李承晩大統領、ムチオ大使、チャーチ准将の出迎えを受け、漢江南岸まで赴いたマッカーサーは、地上軍の投入が必要であることを確信した。日本時間午後一一時一五分頃、マッカーサーは羽田空港に帰着した。帰りの機内で、ワシントンに送る報告文を起草したとのことである。

このマッカーサーの報告は、次のように厳しい戦況を浮き彫りにしていた。国内治安維持のための軽装備しか持っていない韓国陸軍は混乱しており、機甲部隊や航空機による攻撃には備えができていない。また補給を受けるために必要な縦深防御もできていない。多くの場合、兵士はライフル銃やカービン銃で戦っている。敵の攻撃がさらに続けば、この共和国は陥落するであろう。マッカーサー極東軍司令官は、自らの視察結果に基づいて、北朝鮮軍と真っ向から戦闘するために陸軍部隊を投入するよう要請した。

こうしたマッカーサーからの要請を受けて、**ワシントン時間六月三〇日〔金曜日〕午前三時四〇分**から、国防省は東京の極東軍司令部とテレタイプ会議を行った。現地を視察したマッカーサーと直接事態を検討しようとしたのである。コリンズ陸軍参謀長は、まずマッカーサーが要請した一個連隊戦闘団と二個師団増派については大統領の決定が必要であるとした。そして改めて、こうしたワシントン側の状況が、マッカーサーの現在の必要性を満たすものであるかを問いかけた。

これに対してマッカーサーは全く満足できないと伝えてきた。現下の情勢の中で効果的に作戦行動をするために十分な裁量の余地を与えられていないと主張した。そしてさらにこう付け加えた。「時間が最も重要な要素であり、遅滞なく明確な決定を下すことが必要不可欠なのだ」。この切迫した要請を直接受けたコリンズ参謀長は、直ちにこう答えた。一個連隊戦闘団を戦闘地域前線に派遣したいという貴官の要請については、陸軍長官を通じて直ちに大統領の承認を求めると。そして可及的速やかに連絡する、「おそらく三〇分以内に」。

コリンズ陸軍参謀長は、直ちにペイス陸軍長官の自宅に電話を入れた。統合参謀本部と協議している時間はなかった。コリンズの報告を受けたペイスは、直ちにブレア・ハウスのトルーマンに電話を入れた。時に、三〇日午前四時四七分であった。トルーマン大統領は既に起床し、洗顔をしている最中だった。報告を受けた大統領は即座に決断を下した。「一個連隊戦闘団の派遣が承認されたと、マッカーサー将軍に伝えるように」。テレタイプ会議終了の直前、大統領による承認がマッカーサーに伝えられた。なおさすがに二個師団の増援派遣については、その日の国家安全保障会議のときまで決定は下されなかった。

軍事力による「封じ込め」

ワシントン時間午前六時五〇分、ワシントンの軍情報部門（G－2）と東京の極東軍司令部との間で、再度テレタイプ会議が行われた。極東軍司令部は、韓国軍の損害が六〇％に達し、総兵力が三万人まで減少し士気も低下したと伝えてきた。これに対して北朝鮮軍は一〇万人を擁しているとされた。市民も悲観的になっており、政府も混乱状態であると厳しい状況を伝えていた。

午前七時、トルーマンはCIAによる状況報告を受けた。そのあと、ジョンソン国防長官とペイス陸軍長官に電話し、マッカーサーへの二個師団派遣と蔣介石から申し出のあった二個師団についで検討するよう求めていた。トルーマンは、依然として台湾からの申し出を好意的に考えていたのである。

　午前九時三〇分、ホワイトハウスで会議が開かれた。トルーマン大統領、国務・国防両長官、統合参謀本部議長、陸海空三軍長官と三軍参謀長、アーリー国防次官、ハリマン補佐官などが参加した。トルーマンは、まず一個連隊戦闘団の派遣を許可した経緯を説明した。そして蔣介石から提案されている、三万三〇〇〇名の国民党軍派遣を受け入れるべきかどうかを諮った。だがアチソン国務長官は、あくまでこれに反対した。国民党軍の朝鮮派遣を受け入れると、まさにその朝鮮で、あるいは台湾で、中国共産党軍が介入してくる可能性が高まると指摘したのである。また統合参謀本部も、軍事的観点から推奨できないとの立場であった。こうした反対論を受け、大統領は台湾からの申し出を謝絶すると決めた。

　この後、会議は本題に入った。トルーマン大統領は、一個連隊戦闘団に加えて、さらなる陸軍部隊の投入について出席者の意見を求めた。統合参謀本部は、このとき既にマッカーサーに対する追加の二個師団派遣命令の草案を携えていた。ところが大統領は、極東軍司令官マッカーサーに対して、その指揮下にある全部隊を派遣できる権限を与えると言い出した。当時マッカーサーの指揮下にあったのは、日本占領を担当する第八軍の四個師団であった。陸軍部隊の増派は、二個師団を超えることになった。さらにトルーマンは、北朝鮮を海上封鎖すべきだというシャーマン海軍作戦部長の提案をも許可した。会議はこれらの決定すべてを承認した。アチソン国務長官は、このときのことを次のように回想している。「金曜日の諸決定は、重大な一週間の頂点を極めるものであった。われわれは、このとき、完全に朝鮮に関与することになったのである」。

この重大な会議のあと、午前一一時からトルーマンたちは上下両院の議会指導者たちと会見した。大統領と軍首脳部の説明に異議を唱える議員はほとんどいなかった。

午後一時二二分、統合参謀本部はマッカーサー極東軍司令官に対して、新たな命令を伝達した。陸軍部隊の使用に関する制約は取り消され、現下の情勢の中で使用可能な陸軍部隊を活用する権限が与えられたのであった。なおこの命令には、日本の安全を冒さない限りでという限定が付けられていた。この日早朝の五時前にトルーマンが一個連隊戦闘団の派遣を許可してから、六時間三〇分ほどしか経っていなかった。

こうしてアメリカは、実際に軍事力を行使することによって、共産主義陣営の拡大を「封じ込め」ることになった。「封じ込め政策」は単に経済援助や軍事同盟の形成ではなく、直接軍事力を行使することによっても行われる政策となった。このときアメリカ政府首脳部の脳裏にあったのは、彼らが何らかの形で体験した世界大戦にまつわる「歴史の教訓」であった。言うまでもなく、一九三〇年代から第二次大戦に至る歴史の教訓である。それを端的に示しているのが、トルーマン大統領自身の回想である。

私の世代において、今回の事態は強国が小国を攻撃する最初の例ではなかった。私は、満洲、エチオピア、オーストリアなど、いくつかの前例を思い浮かべた。民主主義諸国がそれに対して行動することに失敗したことで、いかに侵略者たちが侵略を続けるように助長してしまったかを、思い出した。まさにヒトラー、ムッソリーニ、日本人たちが一〇年、一五年、二〇年前にやったのと同じように、共産主義者は朝鮮で行動していた。……もし自由世界からの抵抗を受けることなく、共産主義者たちが韓国へ侵攻することが許されてしまえば、すべての小国は、隣接する強大な共産主義国家による脅迫や攻撃に、抵抗しようという勇気を失ってしまうだろう。もし今回の事案が、何ら挑戦を受けることなく許されてしまえば、ちょうど同様の事例が第二次大戦をもたらしたように、第三次大戦をもたらすことになるだろう。

これが、運命の六月二五日午後、ミズーリ州インデペンデンスからワシントンへ戻る飛行機上で、アメリカ合衆国大統領が回想した歴史の教訓であった。この「歴史の教訓」は多かれ少なかれ、当時のアメリカ政府首脳部に共有されていた。このとき東京にいたダレス特使やアリソン北東アジア課長も同じであった。韓国が蹂躙されるのを座視することは、「ほとんど間違いなく（most probably）世界戦争へとつながる、一連の悲劇的な出来事の始まり」になると思われた。

そしてこの教訓を生かすための行動こそ、アメリカが自ら軍事介入するとともに、新たな侵略に備えて大幅に軍事力を強化することであった。アメリカ政府首脳部は、たとえ軍事力を行使してでも「封じ込め」を実践しなければならない、と考えるようになっていた。こうした考えを最も鮮明な形で表していたのが、国務長官のアチソンであった。アチソンにとって、朝鮮半島への陸軍部隊派遣は、「NSC - 68の諸勧告を理論の領域から、直近の予算問題へと移動させた」ものであった。侵略者に対する有和を繰り返さないために、必要となる軍事力の強化を訴えた政策文書こそ、国家安全保障会議文書第68号（NSC - 68）であった。

3 「封じ込め」戦略における軍備増強——NSC-68文書

情勢変化への対応

朝鮮戦争の背景にあったのは、スターリンの国際情勢認識に関する変化であった。自国の原爆開発と、中国革命の成功によって、国際情勢がソ連にとって不利ではなくなったと考えられた。これをアメリカ側から見れば、逆に国際情勢が悪化したことを意味したのは当然であった。確かにこれら二つの出来事は、西側陣営に直ちに重大な影響をおよぼすものではなかった。だがそれまでの戦略的な前提が崩れたことも確かなことであった。そこでアメリカは、従来の戦略を再検討することになった。

一九四九年四月に北大西洋条約が調印され、アメリカ、カナダ、イギリス、フランス、ベルギー、オランダ、ルクセンブルク、デンマーク、ノルウェー、アイスランド、イタリア、ポルトガルの一二ヵ国が参加した。一二月一日には最初の共通戦略が策定された。「北大西洋地域の防衛のための戦略概念」(DC6/1)がそれである。アチソン国務長官は、翌年一月三日付のトルーマン大統領あて覚書で、この合意を「北大西洋条約での最初の主要な達成」であるとした。

このときまでにアメリカ統合参謀本部が立案していた対ソ連作戦計画は、すべてソ連に対する原爆使用を含めた空軍戦略を中核としていた。いまやこの戦略は、西側同盟全体の対ソ戦略の中核となった。アメリカによる原爆の独占と戦略空軍力が、ソ連に対する抑止力と対ソ作戦の中核的戦力であった。そうであればこそ、ソ連の原爆保有は、アメリカと西側同盟諸国にとって大きな衝撃を与えたのである。また中国の共産化は、既に予想されていたことではあったが、ソ連側陣営の勢力が一挙に拡大したことを意味していた。こうした世界大の戦略環境の劇的な変化を受けて、アメリカは水爆開発に進む決定をし、それに伴う国家戦略の再検討を行うことになったのだった。そうした変化が一九五〇年一月三一日のトルーマン大統領による水素爆弾開発の決定とそれに続く大統領声明をもたらしたのである。

ところがこの大統領声明の一ヵ月以上前、国家安全保障会議事務局は、自ら国家戦略の再検討作業に着手していた。同会議事務局長ソアーズは、一九四九年一二月二〇日付で同会議に覚書を提出し、国家戦略の再検討作業を開始するように要請していた。

ソアーズは、一九四七年に制定された国家安全保障法の趣旨を再確認したうえで、従来の政策立案作業を回顧した。そして軍事力の運用と関連させて、各地域や課題の意味を、一段階高い視点から統一的に把握すべきだと主張していた。大統領に「包括的な評価と見積もり」を提出することが、国家安全保障会議の法令上の義務だとしていた。確かにこの時期までの国家安全保障会議が生み出した政策文書は、おおむね地域的レベルか国家的レベルの分析と政策勧告から構成されるものが多かった。全世界を俯瞰し、その視点から情勢を分析し、アメリカの政策を立案するという文書は、このときまだ作成されていない。

なおケナンが室長を務めていた国務省政策企画室は、そうした全世界的な視点からの政策文書をいくつか生み出していた。「世界情勢のレジュメ」（PPS‐13、一九四七年一一月六日）、「合衆国対外政策の現在の方向性に関する再検討」（PPS－23、一九四八年二月二四日）などである。こうした文書は、アメリカの政策に一定の戦略性と方向性を与えていた。だが国際情勢の悪化に伴って、ソアーズ事務局長は、国務省の外交政策と軍の戦略とを総合した、より高次の国家戦略が必要だと訴えていた。この視点から見て興味深いのは、イギリスの政策立案である。

イギリスは「冷戦」の初期段階から包括的な国家戦略、すなわち世界戦略を、一つのまとまった政策文書として策定していた。第二次大戦後に初めて策定した世界戦略は、一九四七年五月に政府内で承認された「総合的戦略計画（Overall Strategic Plan）（DO（47）44）」（以下OSP－1947と略）であった。この報告書は、アメリカからの援助を受けなければ西ヨーロッパの防衛は不可能であると予想し、英帝国維持の要衝として中東地域の防衛を重視していた。このOSP－1947は、一九四七年六月から五〇年三月まで、約三年間にわたってイギリス防衛政策の指針となっていた。また外務省で一時的に検討された「第三勢力論」も、世界的な力の分布に直接影響を与える大構想であった。五〇年になるとイギリス参謀本部は再び世界戦略の検討に着手した。アメリカと同様、ソ連の原爆保有と中国共産化による国際情勢の悪化に対応するためである。

新たに策定されたのは、「防衛政策と世界戦略（Defence Policy and Global Strategy）（DO（50）45）」という政策文書である。これはイギリスの研究者によって「一九五〇年世界戦略文書（The 1950 Global Strategy Paper：GSP－1950）」（以下GSP－1950と略）と呼ばれている。内閣防衛委員会で承認されたのは、五〇年五月二五日であった。GSP－1950は、西側同盟全体の防衛政策と大戦略を検討し、それに貢献する形でイギリス本国と英連邦の政策を立案している。

「戦争は不可避ではない」という情勢認識が前提であった。だが、ソ連の目的を「モスクワに支配された共産主義世界」の樹立であると厳しい認識を示していた。地理的にはヨーロッパ、中東、インド亜大陸、東南アジアと極東という順序で政策や戦略が検討されており、まさに世界戦略の名にふさわしい内容を持っていた。また「さらにいっそう攻勢的な冷戦戦略の必要」を訴え、その中で軍事力の果たす役割を重視していた。「冷戦は本質的に世界大のもの」であり、「たとえば極東での出来事が西ヨーロッパの出来事と同等の重要性を持つかもしれない」という暗示的な表現も見出される。

GSP－1950が立案された時期は、おおむねアメリカ側がNSC－68を立案した時期と重なっており、同時並行的に作業が進められていた。ただしそれぞれの文書の立案過程で、米英が何らかの情報を交換したかどうかは不明である。だがイギリス参謀本部とアメリカ統合参謀本部は、GSP－1950について会合で意見交換をしている。また国務省政策企画室の史料の中には、ブラッドレー統合参謀本部議長から知らされたとして、GSP－1950が残されている。

ニッツエらによる新たな戦略方針

さてアメリカ側の動きに話を戻そう。ソアーズの覚書は、年が明けて一九五〇年一月五日に国家安全保障会議で承認され、作業を進めることになった。実質的な作業は国務省と国防省が担うことになる。一八日には、既に政策企画室内で短い覚書が作成されていた。政策企画室のフッカーとタフツによる、国家戦略見直しのための覚書である。覚書は「国家安全保障会議による研究――『アメリカの目的、関与、危険』――」と題された、わずか三ページの短いものであった。興味深いのは、本論の第二部として予定されていた具体的な政策方針である。やや要約した形で述べると以下のようになる。

(1)米国が高水準の生産力、所得、雇用を維持することは、戦争防止のために、またソ連の膨張に対する封じ込めのために重要な要因である。
(2)同様の理由から、欧州の「生活力」を取り戻すことが重要であり、それが欧州防衛力の基盤である。
(3)英連邦の力と団結は、戦争を予防するための鍵となるほど重要であり、とりわけ東南アジアでソ連を封じ込めるために重要である。英連邦の力と団結を強化し、米英同盟を完全な調和と最高度の効果性を保つようにすることが、米国の政策の指導的原則となるべきである。
(4)西ドイツの西欧への統合は、戦争とソ連の膨張の危険性を著しく減少させるであろう。
(5)冷戦的緊張を緩和することは、戦争の危険を減少させる。したがって、われわれの側が、それに向けて引き続き努力したり、ある程度譲歩したりするのに値する。

これらの政策は、依然としてケナンの構想した「封じ込め」の延長上にあった。

ところがその五日後には、原爆空軍戦略の効果に関する、やや衝撃的な報告が兵器システム評価団（Weapons Systems Evaluation Group：WSEG）から提出された。この報告は、前年一九四九年四月に統合参謀本部が、ハーモン委員会と同時に作業に着手した結果であった。ハーモン委員会の方は、既に前年五月に報告書を提出したが、兵器システム評価団の報告は大幅に遅れ、五〇年一月二三日にようやくホワイトハウスで報告のブリーフィングが行われることになった。

なおハーモン委員会が、当時のアメリカ戦略空軍による原爆空軍戦略について悲観的な報告を出したことは、既に見た通りである。それだけに兵器システム評価団の報告がどのようになるか注目するところであった。ブリーフィングには、トルーマン大統領、アチソン国務長官、ジョンソン国防長官の他、関係する政府高官が出席していた。

この兵器システム評価団の報告もまた、原爆空軍戦略に関する悲観的な予測を示していた。戦略空軍の爆撃機のうち七〇～八〇％はソ連国内の攻撃目標に到達できるとされたが、帰還できるのはそのうちの五〇～七〇％であるとされた。つまり戦略空軍爆撃機部隊は、一回の攻撃で最悪の場合六五％の爆撃機を失い、最も楽観的な予測をした場合でも四四％が失われるという見通しが示された。ソ連の工業力はある程度失われるとしたが、それが決定的なものになるかどうかは判断不可能だとされた。こうした戦略爆撃能力に関する悲観的な予測が、政府首脳部にどのような影響を与えたかは容易に想像できる。しかもそれは、大統領が水爆開発に進むか否かを最終的に決断する一週間前のことであった。

アチソン国務長官も、その四日前に国家安全保障会議事務局から覚書を受け取っていた。それは統合参謀本部からジョンソン国防長官への覚書が転送されたものであり、同本部が水爆開発へ進むことを望んでいることを示していた。こうして一月三一日にトルーマン大統領による水爆開発の決定と、それを踏まえたうえで国家戦略を再検討するようにとの指示が出されたのであった。副報道官エアーズの日記には、その四日後トルーマンが言った言葉が記録されている。

　われわれはやらねばならない。誰もそれを使いたがりはしないが、爆弾を作らねばならない。われわれはどうしてもそれを保有せねばならないのだ。たとえそれがロシア人と取引する目的のためだけであるとしても。

　トルーマンは一月三一日の会議で、リリエンソールに向かって「ロシア人もそれができるのか」と問うた。リリエンソールがそうだと答えると、大統領はそれが決定的だと言って開発の決断を下した。このときトルーマンの下には、「熱核兵器の開発」という、Z委員会（アチソン国務長官、ジョンソン国防長官、リリエンソール原子力委員会議長）からの報告書が届いていた。報告書は水爆開発を肯定する認識を示していた。

　トルーマンが水爆開発の決定を下した翌日、二月一日に政策企画室は簡単な覚書を作成していた。覚書は、一九五四年六月三〇日を一区切りにし、それまでに西ヨーロッパで必要となる最小限度の軍事力を検討していた。この戦力は、ソ連に対する抑止力として機能するだけではなかった。対ソ戦が発生したときには、北大西洋地域の諸国が最大限の力を動員できるまで、欧州大陸で橋頭堡を維持するためのものであった。具体的にはピレネー山脈以北で、そうした橋頭堡を築くために必要な水準の戦力を確保することが求められていた。欧州大陸部でソ連軍の西進を食い止めるという方針は、アメリカ政府内で共有されつつあった。

トルーマンは一月三一日に水爆開発の決定を行うと同時に、それを踏まえてアメリカの新たな戦略方針について検討するよう命じていた。国務・国防両長官が、その検討作業を進めるよう指示された。両長官の下で、国務省と国防省から担当者が出て、合同で問題を検討する事務レベルの作業グループが指名された。国務省からはニッツエなどが選ばれた。この作業グループの活動は、前年一二月二〇日に国家安全保障会議事務局長のソアーズが提起した、国家戦略の再検討作業を引き継ぐものであることが確認された。なお一九五〇年一月から、ポール・ニッツエがケナンの後任として、二代目の政策企画室長に就任していた。

国務長官のアチソンは、ニッツエらの作業を全面的に支えた。またニッツエたちの作業は、アチソンの考えを反映したものでもあった。政策企画室は二月下旬にはおおよその草稿を完成させたようである。一応の草稿ができあがると、ニッツエは政府外部の有識者を選び、二月末から三月末にかけて次々と面接して草稿への意見を求めた。

草稿の内容が明らかになるにつれて、国務省内部から批判が出てきた。しかもソ連問題の専門家から有力な批判が寄せられた。一つはジョージ・ケナンからのものである。政策企画室長を退いた後、参事官（Counselor）となっていたケナンはかつてほどの影響力を持ってはいなかったが、当時の国務省においては依然として数少ないソ連問題の専門家であった。ケナンは二月一七日に覚書を提出し、「冷戦」が突如として西側に不利になったという印象を正当化するものはほとんどないと主張した。ソ連の原爆開発にしても既に織り込み済みの出来事であり、新たに根本的変化をもたらすものではなかった。そして、もしアメリカが今後五年から一〇年にわたって平和を維持できれば、共産主義からの圧力が弱まり、世界はより安定した安全な国際秩序へと移行できるとしていた。

さらに新たな批判も現れた。それはケナン同様、当時の数少ないソ連問題の専門家であったチャールズ・ボーレンからのものであった。ボーレンは一九四七年から四九年まで参事官を務めた後、公使としてパリの駐仏大使館に転出していたが、ニッツェたちの作業に加わるべく一時的にワシントンに帰っていた。

ボーレンは、作業グループの草稿が、ソ連の根本的目的が世界支配にあると主張している点に疑問を持っていた。ソ連の指導者たちの根本目的は、彼らの体制を維持することである。また国内体制に深刻な危険をおよぼさない限りにおいてのみ、社会主義体制を輸出することである。原爆についても、アメリカが独占している間は、抑止力としての価値を強調し過ぎていたとした。その論理的帰結として、ソ連の原爆保有が与えた衝撃を今度は過大に強調することになったのだ。

さらにボーレンは、草稿の結論が、草稿本文の中で展開されている議論から直接導き出されたものになっていないと指摘した。そして、ソ連の問題や世界情勢の中でアメリカが果たすべき役割について論じている部分については、一つの勧告しか示していないと批判した。つまりアメリカの立場を支える基本的要件として、強力で十分な防衛態勢（defense posture）を築く必要があるという勧告である。このような勧告は、アメリカの立場に関する当たり前の結論を再確認しただけではないか。

これらの批判に加えて、情報機関からも慎重な分析が政策企画室に届いていた。二月二一日に同室内で回覧された、中央情報局（CIA）からの報告書が、それである。「ソヴィエトの原爆保有が、合衆国の安全と、ソ連側の直接的な軍事行動を起こす可能性に与える影響に関する評価」（ORE91-49）という長いタイトルが付けられていた。内容は、そのタイトルが示すように、原爆保有後のソ連の政策を予測したものであった。ソ連の原爆保有を冷静に分析し、ソ連が直接的な軍事行動に出てくる可能性は低いと判断していた。注意すべきは革命状況が出現することだった。このCIAの報告書は、ニッツエたちが進めていた作業の方向性とは一致していなかった。

国務省内部でニッツエらの作業に対する批判が出てきたとき、アチソン国務長官の方は公開の席で自説を強調する演説を行っていた。二月に行った演説では、「総力外交（total diplomacy）」の必要性を訴えていた。それは、外交、軍事、経済の各分野での戦略を調整し、それらを政府諸機関で支えること。さらに財界、労働組合、マスメディアが自発的にそれらを支援していくというものであった。三月一六日には、カリフォルニア大学バークレー校でも演説を行っていた。そこでアチソンは、ソ連と外交交渉を開始する前提条件を提示していた。自由選挙による政府の下でドイツ統一を果たすこと、オーストリアからの撤兵などの十項目であった。このような条件についてソ連側が譲歩しない限り、外交交渉は行わないと宣言したのである。

アチソンはこの間、議会の有力議員とも会見し、意見を交換していた。三月二四日に下院議員のクリスチャン・ハーターと会見した際には、ソ連の目的が世界支配であることを随所で強調していた。アチソンの見解によれば、アメリカは世界支配をめざすソ連に対抗できる唯一の国家であり、共産主義と戦う他の国々を助けられる資源を持つ国家でもあった。世界を支配しようとするソ連に対し、アメリカは「力の優位（a situation of strength）」を確保する必要があり、政治、経済、軍事の各方面で、アメリカとその友好国が「統一された勢力（a unified force）」となるまで自らを強化しなければならない。そうした立場に到達して、初めてソ連との交渉が成功する可能性が出てくる、というのであった。

アチソンの意を反映したNSC－68

ケナンからの批判や、CIA報告があったが、ニッツェたちは鋭意、立案作業を続けた。三月一五日には国務省、国防省、国家安全保障会議の関係者が会合を開き、いくつかの重要な結論に達していた。第一に、既に公式の政策となっていた国家安全保障会議文書第20／4号（NSC－20／4）で示された政策目標を、「依然として有効である」としていた。ニッツェたちの主眼は、政策目標の変更ではなく、政策手段の変更、すなわち軍事力の重視を求めていたのだった。

第二に、軍事的には西半球と西ヨーロッパを防衛し、必要不可欠な同盟国地域を防衛することが改めて確認された。第三に、この報告書が国務・国防両長官から大統領に提出された形にし、大統領が「大きな決断」をして、指示を出せるようにするという手続きが再確認された。この点は、後にアチソンも回想録の中で、次のように述べている。「NSC－68の目的は、『政府首脳部』の集団的心性に棍棒で一撃を加え、大統領が決断できるようにするのみならず、その決断が実行されるようにすることであった」と。後で見るように、このアチソンの目的は、朝鮮戦争の衝撃もあって、見事に達成されることになる。

一九五〇年四月七日、ニッツェたちの作業の草稿が完成した。この草稿を受け取ったトルーマンは、四月一二日に同草稿を国家安全保障会議での検討に委ね、一四日に草稿は国家安全保障会議文書第68号（NSC-68）として同会議に提出された。NSC-68は全体で六六ページ、本文だけで六三ページにもおよぶ長大な報告書である。

この文書は、米国対ソ連という二極的な発想に基づいていた。米ソのイデオロギーの違いが強調され、原爆に関する評価が一定の位置を占めている。そして今後の行動方針として、自由世界の様々な力を急速に増強させるという、アチソンの構想が正当化されるような方針が示されている。ある研究によれば、NSC-68中のアチソンの考えは三つの点に整理できるという。第一はソ連の脅威についての認識であり、第二は「力の優位」の確保についてであり、第三は財政保守主義に対する攻撃である。

第一の、ソ連の脅威についての認識であるが、NSC-68ではソ連の目的が世界の支配であることが強調されている。「クレムリンの原理的意図（Fundamental Design of the Kremlin）」の項では、ソ連と国際共産主義運動を支配している人々の基本目標が、彼らの「絶対的権力」の保持と強化にあるとされている。非ソ連世界の政府組織や社会構造を破壊し、それらをクレムリンによって支配される装置や構造に置き換えることが彼らの基本的意図であるという。このような視点に立つ限り、アメリカは、非ソ連世界における最も有力な力の中心である。したがってソ連にとって、主要な敵になる。国際政治における力の分布は、アメリカとソ連を中心にしたものになっており、二極化が進んでいる。この力の二極化は、自由な国家と奴隷国家との間の思想的対立をも意味しており、アメリカという共和国のみならず、アメリカ文明それ自体に対する挑戦を意味していた。

ソ連は世界支配をめざしているのだという直截な情勢評価は、アチソンの考えそのものであった。ケナンやボーレンなどソ連問題の専門家が異議を唱えた理由もここにあった。ケナンたちから見れば、誤ったソ連認識に基づいてアメリカの政策を実施しようという危うい文書であった。

だが、アチソンの考え方からすると、ソ連の脅威に関する分析が正確であるか否かは、実は二義的な問題でしかなかった。既に見たように、アチソンの意図は、政府上層部に「棍棒で一撃を加え」て刺激し、彼のめざす方向へと政府全体を動かすことにあったからである。NSC-68の文体が、冷静で客観的な事実の分析ではなく、劇的で、ある場合には誇大妄想的でさえあるように感じられるのは、そのためである。「自分たちの主張を、真実よりもさらにいっそう明らかにする」というのが、アチソンやニッツエの考え方であった。ポール・ハモンドの古典的研究が示したように、アチソンにとってNSC-68の価値は、その内容が正確であるか否かではなく、その論争的な性質にあったのである。

「力の優位」

ではアチソンは、どのような方向に政府を動かそうとしたのであろうか。この点が、第二の問題となる「力の優位」の確保に関するものである。NSC-68は、アチソンの言う「力の優位」の確保を目的としていた。では「力の優位」とはどのようなものであったのか。NSC-68は、ソ連の意図を挫折させると主張している。それと同時に、アメリカ的体制（システム）が生き残り、繁栄できる国際環境の形成を促進すると謳っている。だが二極化した世界の中で、アメリカにとって好ましい国際環境を形成することと、ソ連の意図を挫折させることは表裏一体の関係にあった。ソ連の意図を挫折させ内部崩壊を待つ政策こそが本来の「封じ込め」政策であった。だがＮＳＣ－68は、封じ込め政策を遂行するための力の中で、最も重要な要素が軍事力であると主張していた。というのも、ＮＳＣ－68の唱える「封じ込め」とは「計算された漸進的な威圧の政策（a policy of calculated and gradual coercion）」であったからである。政治的交渉によって、好ましい国際環境を形作るということは、考えられていなかった。

では「計算された漸進的な威圧の政策」は、どのように行われるのだろうか。ＮＳＣ－68はアメリカの取りうる政策として次の四つを提示していた。一つ目は、現状の政策の継続である。だがＮＳＣ－68によると、それは自由世界側の状況を悪化させるだけであった。二つ目は「孤立」であるが、これはソ連のユーラシア支配を許すことになり、さらに好ましくなかった。三つ目のコースは「戦争」、すなわち予防戦争であった。だがこれは、アメリカ国民が受け入れないうえ、限定的な数の原爆攻撃ではソ連を敗北させることも不可能であると予想された。四つ目のコース、すなわち「自由世界における政治的、経済的、軍事的な力の急速な増強」のみが、西側の基本目的を達成するための唯一の方策であった。自由世界がうまく機能する政治経済体制（システム）を発展させることが重要だとされた。それによってソ連に対する政治的攻勢をかけることができ、クレムリンの意図（デザイン）を挫折させることができる。そしてこのような政治経済体制の発展のためには、

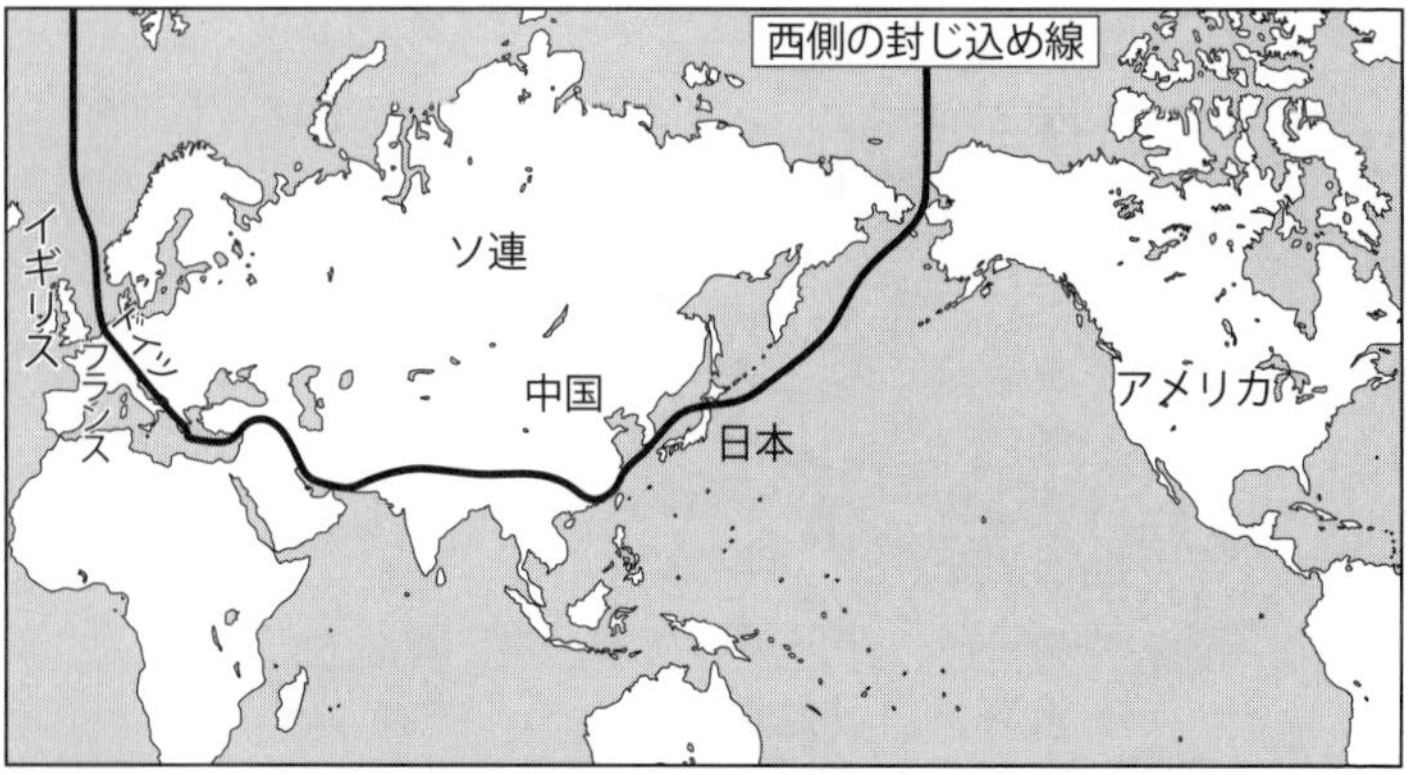

1948年頃、アメリカ軍が構想した（軍事的）封じ込め線

出典：Paul Kesaris ed, *The Records of the Joint Chiefs of Staff, Part 2. 1946-53, The Soviet Union,* (Microfilm), University Publications of America, 1979, Reel 6.

軍事的な盾（シールド）が必要であった。この軍事力は、ソ連の膨張を抑止し、必要な場合には、限定戦争であれ全面戦争であれ、ソ連陣営からの攻撃を打破できるものでなければならなかった。つまり「力の優位」とは、形式的には政治、経済、軍事などすべての分野にわたるもの（「総力外交」）とされたが、実質的には軍事力の増強が中心的な課題であった。そして軍事力の増強は、原爆の増強や水爆の開発など核兵器の強化だけを意味するものではなかった。ヨーロッパの防衛を中心とする、通常戦力の大幅な増強によっても達成される必要があった。

ではNSC－68において、ソ連の軍事的能力はどのように評価されていたのであろうか。

ソ連の軍事力は、世界支配という目的の達成を支えるためのものである。またそのための軍事力を発展させつつあるというのが、NSC－68の基本的な評価であった。したがってソ連が保有している軍事力は、自国の領土を防衛する必要性を遥かに超えたものであるとされた。しかもこの過剰な軍事力に、原爆が加わることになったのである。もし一九五〇年に戦争が始まった場合に、ソ連とその衛星諸国がどのような軍事行動を取ることができるかが、統合参謀本部による評価として示されていた。ソ連軍はまず、イベリア半島とスカンジナヴィア半島を除いて、西ヨーロッパを席巻し、中近東の産油地帯へも向かう。極東では共産主義が獲得した地域を強化する。イギリス諸島への空爆を実施し、大西洋と太平洋における西側の海上交通路に海空から攻撃を加える。アラスカ、カナダ、米国本土の目標に対して原爆攻撃を加える。これに加えて、ソ連の原爆攻撃能力についての予測も示されていた。ソ連は既に原爆搭載可能な航空機を保有し、爆撃の命中率が四〇〜六〇%と予想された。したがって、ソ連が二〇〇発の原爆を保有するに至る一九五四年を危機の年としていた。以上のように、NSC-68は当時のソ連の軍事能力をかなり過大に見積もっていた。

アメリカは、核兵器については、当然のことながら原爆を増強し水爆を開発しなければならなかった。通常兵器の現有戦力と即応戦力についても、重要な任務があった。まず西半球だけでなく重要な同盟国地域を防衛すること、攻勢戦力を整えるまで動員拠点を防衛すること、ソ連の主要目標に対する攻勢作戦を行うこと、海上交通路を防衛し維持することなどである。

アチソンの「力の優位」の考え方には大きな問題があった。核兵器に関する優位の維持という機能的な面においても、またほとんど全世界を防衛しようとする地理的な面においても、すべての面でアメリカはソ連に優越していなければならないとしたうえ、地理的にソ連の支配下に入っていないすべての地域を同等に防衛しなければならないとしていた。冷戦史研究の権威であるジョン・ガディスは、この方針を「周回防疫線戦略」と名付けた。

興味深い点は、NSC‐68が、当時のアメリカの経済的潜在力の大きさから考えて、軍事力を大幅に拡大することができると主張している点である。もとより、アメリカの巨大な生産力も決して無限ではなかった。だが、NSC‐68は大幅な軍事力増強が可能であると主張することで、「周回防疫線戦略」を正当化したのであった。またそれによって、財政保守主義の視点から軍事費増大を抑えようとするトルーマンの方針を覆すことを意図していたのである。

ガディスが指摘したように、ケナンの「封じ込め」構想は、地域的な特性を前提にした「個別主義」的なアプローチであった。その意味で地政学的に重要地域を特定し、その地域を防衛したり経済復興させたりしようとした。これに対して、アチソンとニッツエの「封じ込め」は、複雑な国際社会の現実を捨象し、軍事力の優劣のみによって情勢を把握しようとした。その意味で軍事的な「普遍主義」であったと言うことができる。法律を普遍的に適用する代わりに、軍事的尺度を普遍的に適用して、国際社会を理解しようとしたのである。

ただし対ソ政策の視点から見たとき、西側が強力な「力」を持ってソ連と対峙するという考え方自体は、間違っていなかった。冷戦に負けないためには、軍事力の裏付けが必要であった。しかし、軍事力だけで冷戦に勝利することはできなかった。また、どの程度の軍事力が必要であるかという点について、NSC‐68が求めた軍事力は、過剰であったという印象を受ける。

第9章　戦争か平和か——封じ込めの軍事化

1　朝鮮戦争におけるケナンの役割

中国参戦と戦線の停滞

アメリカ陸軍の第二四師団が朝鮮半島に展開したが、北朝鮮軍の侵攻を食い止めることは困難であった。ところが一九五〇年九月一五日、アメリカ軍は戦局を一気に転換させる大胆な作戦を実行した。仁川上陸である。マッカーサーとその司令部の軍事的頭脳は健在であった。上陸作戦の成功によって、北朝鮮軍は総崩れとなり、北へ敗走した。国連軍は釜山橋頭堡からも北へ進撃を開始した。北への進撃は急速であり、九月二六日にはソウルを奪還し、さらに一〇月三日韓国軍が、八日には国連軍が三八度線を越えて北朝鮮領内に進攻した。二〇日には平壌に入城し、さらに北進を続けて中朝国境線に迫る勢いを示した。スターリンも一度は北朝鮮をあきらめ、米軍と国境を接しても構わないというほどであった。

しかし一九五〇年一一月二五日から二七日にかけて、突如として中国人民義勇軍が鴨緑江を越えて介入してきた。マッカーサーは「われわれは全く新しい戦争に突入している!」と叫んだが、後の祭りだった。今度は中国と北朝鮮側が南へ進撃し、国連軍が南へ敗走することになった。北側は平壌を奪還すると、さらに南下し、再度ソウルを占領するに至った。これに対して国連軍側は再度攻勢をかけてソウルを奪還し、三八度線を少し越えた。だがこれに対して中国側も再度南へ攻勢をかけ、国連軍を押し戻した。こうして三八度線を境にして、戦線は行きつ戻りつし、やがて三八度線付近で停滞することになった。

ケナンが朝鮮戦争に関する政策決定過程で果たした役割は、やや周辺的なものであった。既に政策企画室長ではなくなっていたため、ブレア・ハウスやホワイトハウスでの国家安全保障会議には出席しなかった。無論、参事官として国務省内での会議には出席していた。

ケナンは、北朝鮮の行動はあくまでソ連が朝鮮半島を支配したいだけであると主張した。ソ連が第三次大戦を始める前段階として朝鮮で行動したわけではない。これらの認識は正しかった。国務省内で行われた、世界的に見て次にソ連が行動を起こしそうな地域の検討にも参加したが、ケナンの認識は変わらなかった。また国連軍が三八度線を越えて進撃する可能性について尋ねられたときにはそれに反対し、その線を越えたらソ連が何か行動を起こすかもしれないと警告していた。そうして一九五〇年九月上旬、ケナンはプリンストンに移り、朝鮮戦争の推移を見守りながら学究生活に入った。この間に仁川上陸作戦があり、国連軍の北上という軍事的成功が続いた。だが中国の介入によって、ワシントンの戦勝ムードは一気に暗転した。国務省も統合参謀本部も、朝鮮半島からの全面撤退を考慮するほどになった。プリンストンにいたケナンの心も重く沈んでいた。

一九五〇年一二月一日、ケナンはパリから長距離電話を受けた。駐仏公使を務めている親友のチャールズ・ボーレンだった。ボーレンも遥かパリから朝鮮の事態を憂慮し、国務省の上層部にロシアについて十分な知識と経験のある人がいないように思うので、ケナンにワシントンに行ってはくれないかと懇請したのだった。是非ともマーシャル将軍（マーシャルは一九五〇年九月にトルーマンの要請を受けて国防長官に就任していた）とアチソン国務長官に会って欲しいと。そしてソ連と中国の動きの背景にある、心理や考えを説明してもらいたいというのであった。

そこでケナンは早速ワシントンの国務省に連絡を取り、何かお役に立てることがあれば行きますがと、申し出たのである。申し出を歓迎するとの返事をもらい、ケナンはワシントンに向かった。一二月三日は日曜日であったが、午前一〇時、ケナンは国務長官室に出向いた。そのときアチソンは、大統領や軍の指導者と協議のため留守であった。そこでケナンは、国務次官ジェームズ・ウェッブに対する軍のブリーフィングに同席し、その後ウェッブと話し合った。その日の朝には、マッカーサーからの悲痛な連絡が入ったばかりであった。地上軍の大規模な増援がない限り、防衛態勢を築くことすらできないというのであった。

ケナンは、ウェッブ次官も軍もかなり動揺していると感じた。ウェッブがケナンに求めたのは、当時の厳しい状況から逃れるために、ソ連側と直接交渉する見込みについてであった。アチソン国務長官も、自室に帰ってくると、ケナンのこの役割について確認した。そこでケナンは元の部下であり極東の問題に造詣が深いジョン・デーヴィスなどとともに、この問題に関する覚書を作成した。ケナンが国務長官室に行ったとき、既に夜の七時になっていた。さすがのアチソンも疲労しており、帰宅直前であった。だがアチソンは、急にワシントンに来たケナンのことを考えたか、自宅の夕食にケナンを誘った。ケナンは喜んでその誘いを受けた。アチソン夫妻との夕食では、アチソンが依然として気力十分であることが感じられ、いつものようにウィットに富んだ会話が交わされた。だがケナンはアチソンの難しい立場を慮り、暗い気持ちでアチソンの自宅を退出したのであった。

ケナンの手書きの覚書

翌朝、ケナンは少しでもアチソンの立場をよくしたいと考え、手書きの覚書を書いていた。それは当時の国務省首脳部を鼓舞する感動的な覚書で、ケナンの回顧録にもアチソンの回顧録にも収録されている。本書でも全文を以下に示すことにしたい。

長官閣下

　昨夜の話し合いの続きとして、私はいま述べておきたいことが一つあります。個人の生活においてと同じように、国際的な場合においても、最も重要なことは、その人の身に何が起きたかではなくて、それにどう耐えるかということであります。それゆえに、われわれアメリカ人が、疑いもなく大失敗であり、かつわが国連にとっての難事であるこの事態に、この先どう耐えるか、事の成り行きはほとんどすべてその態度にかかっているのであります。もし私たちが、勇気と威厳を持ち、その教訓をくみとり、これまでに増す断固たる努力をもって善処する決意——必要ならばパール・ハーバーの例にならって最初から出直す——で受けとめるのであれば、私たちはその自信、また同盟諸国を失う必要もなく、あるいはまた、究極的にはロシアと交渉する力をも失う必要はないことになりましょう。しかし、もし国民や同盟国の眼からこの不幸の真の大きさを隠し、軽薄さや、空威張りや、病的興奮などを頼りに気休めを求めるようなことがあれば、この危機は私たちの世界的立場と、自らへの信頼感を取り返しのつかぬほど悪化させるものと推察する次第であります。

ジョージ・ケナン

ケナンはこの覚書を月曜日の朝、アチソンに渡した。またそのときジョン・デーヴィスらとともに作成した公式の覚書も一緒に渡した。実は日曜日の夜に国務長官室に行ったとき、アチソンが疲労している様子を見たケナンは、この公式の覚書をあえて提出しなかった。日曜の夜に煩わせないようにとの配慮であった。手書きの覚書に感動したアチソンは、月曜朝の国務省幹部たちとの会議で、自らそれを読み上げて、国務省の士気を鼓舞した。会議にはケナン自身も出席していた。

アチソンは、国務省が東京の総司令部の敗北主義に伝染していたと述べ、改めて決然たる努力を開始しようと訴えた。そのうえでケナンたちが作成した公式の覚書に関する検討が行われた。ケナンたちは、「現時点は」ソ連の指導者たちと交渉するには最悪の時期であると主張していた。満足のいく交渉をする前提条件は、アメリカ側が朝鮮半島のどこかで戦線を安定させ、長期にわたって共産軍側と交戦できる能力を示すことなのである。ソ連側が、窮地に陥っているアメリカ側を助けようとする理由など存在しない。交渉がソ連側の利益にもなるような強いカードがなければ、ソ連は交渉自体を自分たちの立場をよくするために利用するだけであろう。

この公式の覚書の方針は会議で受け入れられた。ディーン・ラスク極東担当国務次官補も、軍があまりに意気消沈していると批判した。こうした前向きの意見を受け、ウェッブ国務次官は、アチソン長官自らマーシャル国防長官と会見し、軍の士気を鼓舞してはどうかと提案した。アチソンは直接会うことは避けたが、電話でマーシャルにこの会議の結論の趣旨を伝えた。極端な楽観論と深刻な絶望感という振幅が大き過ぎたと言い、国務省から幹部を面会に行かせると連絡したのだった。

そして、ラスク次官補、H・フリーマン・マシューズ国務次官代理とケナンが車で国防省に向かい、マーシャルと会談した。マーシャル国防長官は九月に長官に就任したばかりであったが、軍事的経歴で右に出るものはいなかった。また国務長官時代は、ケナンにとって厳格だが優れた上司であった。ケナンたちは、マーシャルが原則として国務省と完全に同意見であることを確認した。途中でロヴェット国防長官代理が加わり、下院軍事委員会の様子を伝えた。議会では、朝鮮半島に介入したこと自体が誤りであり、できるだけ早く引き揚げるべきだという意見があると報告した。

だがマーシャルは動じなかった。議会の意見が揺れるのはいつものことだったからである。このロヴェット長官代理もまた、マーシャル同様、危機にあたって再度公職についた人物であった。ロヴェットの公職についての意識は極めて高く、トルーマン大統領から電話があるとどんな依頼でも断ることがなかった。あるときベッドサイドの電話を取ると、トルーマンからで、ロヴェットはいつも通り依頼を受けた。電話を切ったロヴェットは横にいる妻に向かって、これ以外にどう答えるか知らない、と言った。すると妻はこう言った。「ノーというのはどう？」

この日、正午までには問題が解決した。ケナンたちは国務省に戻り、アチソンと昼食をともにした。アチソンはトルーマンと会見して帰ってきたばかりであった。大統領もアチソンたちと同様に考えていたということであった。トルーマンは例によって明確で断固とした決断を下した。朝鮮を放棄することはしないと。

この一二月四日の午後、アトリー英国首相がワシントンに到着する予定であった。アメリカ側は時間ギリギリのところで、朝鮮に関する自国の方針をかためることができた。役目を終えたケナンは、列車でプリンストンに帰っていった。パリから電話を入れたボーレンの直感は正しかった。ケナンをワシントンに行くよう説得したことで、厳しい状況を乗り越えるきっかけを作ったのである。ケナン自身もプリンストンに戻ってからボーレンに報告の手紙を書いた。「君の苦悩に満ちた確信は正しかった」と。だが同時にケナンは、厳しい情勢に変わりはないこと、またケナン自身の役割も限定的なものでしかないことを指摘していた。戦闘はまだ続いていたのである。

中国人民義勇軍の介入によって苦境に立たされたマッカーサー司令官は、一九五一年三月に中国本土爆撃の可能性を表明した。マッカーサーは、ワシントンからの指示をしばしば無視していたが、このときも同様であった。一九五一年四月一一日、トルーマンは最高司令官マッカーサーを罷免し、後任としてリッジウェイ陸軍中将を充てることとした。リッジウェイは軍事的に有能な将軍であるばかりでなく、ワシントンの方針にも忠実であった。アチソンの回顧録によると、六月初め頃までに、ホワイトハウス、国務省、ペンタゴン（国防省）、東京の最高司令部が、戦争が始まってから初めて、その政治目的、戦略と戦術について一致するようになっていたという。

アメリカは、北からの侵略を食い止めたうえで、朝鮮半島の統一については時間の経過と政治的手段に任せることになった。つまり武力による統一をあきらめるということであった。そしてこうした方向が定まったからには、共産主義側と何らかの交渉が必要になった。国務省はドイツや国連や香港で、ソ連側や中国側と交渉の糸口をつかもうとしたが、すべて失敗した。困った国務省は、ベルリン封鎖解除にあたって、ジェサップ無任所大使とマリクとの会談がうまくいったことを思い出し、ケナンに白羽の矢を立てた。

一九五一年五月中旬、ケナンは国務省からの呼び出しを受け、ワシントンでソ連国連代表マリクと会談するための方針を協議した。マリクとの会談は「交渉」ではなく、あくまで非公式にアメリカの状況認識と方向性を伝えるもので、可能であればソ連側の意向も探り出すということになった。アメリカ政府は関与しないとされた。ケナンは一時的に政府を離れていたが、アメリカ政府に近く、またロシア語で直接話し合いができる点が強みであった。ケナンとマリクの会見は、六月一日（アチソンの回顧録では五月三一日となっているが、ここは当事者であったケナンの回顧録に従う）と同月五日に行われた。ケナンはロードアイランドにあるマリクの夏の別荘に赴いて会見した。

この非公式の折衝がどの程度朝鮮戦争の休戦に役立ったか、はっきりしたことは言えない。だが、その後六月二三日、ソ連国連代表のマリクは国連のラジオ番組でスピーチをし、ソ連人民は朝鮮での紛争が解決可能であると信じている、と述べるに至った。事実上、朝鮮の停戦交渉を提案したのである。ケナンのミッションは成功したのだった。

ただし実際に休戦協定が結ばれたのは、一九五三年になってからであり、直接のきっかけはスターリンが死去したことであった。朝鮮戦争はどちらの陣営にとっても不本意な形で終結した。米軍の介入でスターリンや金日成の思惑ははずれた。だがアメリカ側も圧倒的な海空軍力を持ちながら、地上戦では相手を圧倒することができなかった。アメリカ軍は朝鮮半島で原爆を使用する準備を進めていた（グアム島に配備）が、トルーマン大統領は使用する決定を下さなかった。

2　朝鮮戦争の衝撃による軍事力拡大

財政保守主義の放棄

第8章で見た通り、NSC－68に関する政府内での検討作業は、朝鮮戦争によって加速され、アチソンが求めたように軍事力の拡大へと道を開いた。NSC－68には具体的な経費の数字が書き込まれていなかったが、それは意図的なものであった。アチソンは、具体的な数字が入っていると、意見の一致が難しくなり、彼の意図した「大きな決断」ができなくなると考えていたのだった。ニッツエは密かにアチソンに約五〇〇億ドルという予算額を伝えていたが、アチソンはその数字を出さないように指示していた。当時の国防予算の上限は一三五億ドルであった。

トルーマンは財政保守主義者であり、戦後アメリカ政府の財政基盤を整えるため、国防予算には厳しい上限を設定していた。またその上限を実際に守るため、ジョンソン国防長官を任命しただけでなく、予算局にも財政保守主義者を起用していた。その予算局長、ウイリアム・ショーブは一九五〇年五月八日にNSC-68に関するコメントの覚書を提出した。そして予想通り、国防費の拡大が国家の生産力や民間経済部門に悪影響を与えると警告していた。そうした中、大統領を含めて、政府内の財政保守主義者の影響力を吹き飛ばしたものこそ、朝鮮戦争なのであった。史料を読むと、朝鮮戦争がアメリカの国防費拡大のプロセスに大きな影響を与えているのがわかる。アチソン自身も回顧録の中で、ソ連側が韓国攻撃と「反米キャンペーン」という「愚行」に走らなかったならば、NSC-68の求めた国防費の大幅拡大ができたかどうか疑問であると言っている。

六月二五日に朝鮮戦争が勃発すると、国家安全保障会議は、NSC-68に関する作業とともに、戦争への対応も協議することになった。同月二九日の会議では、ヒレンケッター提督がソ連かその衛星国が軍事行動を起こす他の危険な地点を見定める作業をすることになった。会議に出席していたケナンは、ソ連がさらに軍事行動を起こした場合にアメリカがどのように対応すべきかという問題について、検討することになった。それらの作業の結果が、国家安全保障会議文書第73号(NSC-73)であり、トルーマンの指示に応えたものであった。こうした作業は、NSC-68の持っていた危機感をさらに強化することになった。

トルーマンも、一九五一会計年度に向けて、追加軍事予算の支出を議会に求めていた。大統領は一一六億ドルの追加国防予算の承認を議会に求めていた。当初予算と合わせて、アメリカは陸軍一一個師団、空軍五八個航空軍、海軍は主要戦闘艦艇二八二隻を整備することになった。この時点では、予想される危機の時期を五四年に設定し、それまでに必要となる国防費を検討していた。だが、朝鮮戦争で中国の介入後、その危機の年は二年前倒しとなり、五二年を軍事力整備の目標達成期限としたのだった。急激に増加する気配を見せた国防費については、マーシャル国防長官自身でさえ不安を感じるようになっていた。アメリカの経済や生活様式そのものに悪影響が出るのではないかと考えたのである。だが予算局のケイサーリンクは、ケインズ経済学の立場から、アメリカの経済力は国防予算の拡大を許容できるという見解を示していた。

一九五〇年九月二一日には、NSC‐68に関する特別委員会からの支援を受けた国家安全保障会議事務局が、同会議にNSC‐68／1文書を提出した。同文書は、四月一二日のトルーマン大統領の指示に応えたものであり、NSC‐68に欠落していた具体的な戦力と予算額を、かなり詳細に提示していた（次ページの表）。またNSC‐68／1は、本文の後に実施計画を示す一〇個の付録が添付されていた。付録1番、軍事計画。同2番、経済援助計画。同3番、民間防衛計画。同4番、備蓄計画。同5番、情報計画。同6番、諜報関係計画。同7番、国内治安計画。同8番、長期的な政治経済的枠組。同9番、国家安全保障政策と計画の調整組織。同10番、提案された計画に関する経済的な意味。なお最後の付録10番には、補足文書として一九五〇～五五年の経済予測の基盤となる技術上の仮定と分析が付けられていた。このようにNSC‐68／1は、単に軍事力を拡大させることを求めるだけの文書ではなくなっていた。まさに「安全保障国家」として、国家の総合的な体制、言い換えれば総力戦体制を整えるための政策文書となっていたのである。

一九五〇年九月三〇日、トルーマン大統領は、ついにNSC‐68を承認した。その日の国家安全保障会議は、以後四～五年間の政策方針としてNSC‐68の結論を採択した。しかも可及的速やか

NSC-68/1に記載された戦力と予算額

必要となる陸軍戦力

年度		1951	1952	1953	1954
主要戦力	歩兵師団（個師団）	14	14	14	14
	機甲師団（個師団）	1	2	2	2
	空挺師団（個師団）	2	2	2	2
	（以下略）				
陸軍総兵力（人）		126万1千	134万8千	134万8千	135万3千

必要となる海軍戦力

年度		1951	1952	1953	1954
主要戦力	大型空母（隻）	9	10	11	12
	駆逐艦（隻）	200	216	232	248
	海兵隊（個師団）	2	2	2	2
	（以下略）				
海軍総兵力（含海兵隊）（人）		84万2073	86万2千	87万8千	88万7千

必要となる空軍戦力

年度		1951	1952	1953	1954
主要戦力	重爆撃機（個航空軍）	5	5	6	6
	中型爆撃機（個航空軍）	13	15	19	20
	（中略）				
	迎撃戦闘機（個航空軍）	16	20	20	20
	（以下略）				
	航空軍総数	70	78	91	95
空軍総兵力　1954年度で97万1千人 現役航空機　1954年度で1万6650機					

必要となる国防費（ドル）（※1951年度は韓国支援の129億4400万を含む）

年度	1951	1952	1953	1954	1955
	540億3200万	445億4千万	445億	432億7千万	355億4300万

※原爆保有数の増加とともに、統合参謀本部は原爆攻撃の目標選定（targeting）を進めた。攻撃目標「デルタ」（ソ連の戦争遂行能力の破壊）、「ロメオ」（西ユーラシアへのソ連侵攻を妨害）、「ブラボー」（ソ連の原爆攻撃能力の弱体化）である。

に計画を実行することもまた合意されていたのだった。必要経費などについては、さらに検討することにしたが、会議の決定は大きな政策転換であった。トルーマンたちの財政保守主義の方針は放棄され、アチソンの求めていた大規模な軍事力増強が行われることになった。一二月八日には追加的修正としてNSC－68／3が採択され、付録1番の軍事計画などを除いた様々な計画に関する経費が再度提示された。同月一四日には、NSC－68／3に若干の修正を加えられたNSC－68／4が承認され、直ちに政策として実行されることになった。こうして冷戦は新たな段階に突入した。米ソを中心にした軍事的二極化が進み、相互の外交交渉がめったに行われなくなってしまった。

原爆をめぐる米英の思惑

この一九五〇年一二月、トルーマンはもう一つ大きな「決定」を下していたが、その背景にはトルーマン自身の不用意な発言があった。一一月末に中国人民義勇軍が介入し、戦局が暗転したときのことである。一一月三〇日、トルーマンは記者会見で、朝鮮での事態を打開するため、アメリカはあらゆる兵器を使用する用意があると言明したのだった。記者がそれには原爆も含まれるのかと質問すると、大統領は「イエス」と答えてしまった。

これに驚いたのはNATO諸国の首脳たちであった。NATOから見れば、戦略的にほとんど重要性がない地域で、アメリカがいたずらに軍事力を消耗させることは得策ではなかった。そのうえ、朝鮮半島か中国本土に対して原爆を使用し、第三次大戦の危険性を高めてしまうことなど愚の骨頂であった。この事態を最も憂慮したのはイギリスのアトリー首相であった。米英の「特別な関係」

を意識したアトリーは、首脳会談を開くようアメリカに要請した。アメリカ側がそれを受け入れたので、アトリー首相は一九五〇年一二月四日から七日までワシントンを訪問したのである。

会談では、朝鮮戦争の問題も当然協議されたが、そればかりでなく、米英の世界戦略についても話し合いが行われた。だがアトリー首相が最も関心を持っていたのは、原爆使用問題であった。アトリーはトルーマンと話し合い、アメリカが原爆を使用する際には、事前にイギリスと協議するという了解に達した。トルーマンはこの了解をあまり問題視していなかったが、アチソン国務長官やロヴェット国防長官代理は、原爆使用に関する「拒否権」を、イギリス側に与えることになってしまうことを恐れた。そのためこの二人は、明確な約束を文書にすることには強く反対した。

結果として、この了解は、アメリカ大統領はイギリス首相に「通報することを望んでいる」という曖昧な表現となった。実際にイギリス側は、アメリカの原爆使用に関して事実上の「拒否権」を持ちたいと考えていた。イギリスは、アメリカが不適切なタイミングで、また戦略的に不適切な地域で、原爆を使用しないようにさせたかった。

この時期、イギリスは単独で原爆開発を進めていた。イギリスから見れば、第二次大戦中のマンハッタン計画は、米英共同の原爆開発プロジェクトであった。戦時中のF・D・ルーズヴェルト大統領とチャーチル首相との間の秘密協定（ハイドパーク覚書）も、原爆開発が米英の共同作業であることが前提となっていた。大戦後、アメリカ議会がマクマホン法を成立させ、原爆情報を他国に伝えないとしてしまったことは、イギリスから見て背信行為であった。したがってイギリスとしては、アメリカの保有する原爆について一定の発言権があるのは当然だと考えていたのである。

さらに対ソ作戦計画において、アメリカ戦略空軍の原爆搭載爆撃機は、イギリスのイースト・アングリア地方にある空軍基地から発進することになっていたという事情もあった。イギリスから見れば、ソ連からの原爆による報復攻撃を受ける可能性があることになる。イギリスはアメリカの爆撃機が原爆を搭載しているのか否か、事前に知っておく必要があった。

原爆使用に関する了解について、アメリカ側はあくまで自国が単独で使用する権限を確保したものだと理解していた。残念ながらアトリー首相は、アメリカ側から明確な約束を取り付けることはできなかった。トルーマン大統領自身は、この一二月の時点では、イギリスとの事前協議について特に不満を持ってはいなかったようである。

3 東西両陣営の軍事化

朝鮮半島情勢が悪化するのに伴い、一九五〇年一二月一六日、トルーマンは国家非常事態を宣言するに至った。NSC‐68の承認によって、軍事力を拡大することは決まったが、実際の戦力はまだ整備されていなかった。また米英は西ドイツを再軍備させることを決定した。無論これにはフランスなどの根強い反対があり、すぐには実現しなかった。西ドイツが再軍備し、NATOに加盟するのは一九五五年のことになる。

一方、ちょうど同じ頃、ソ連側も軍事力増強に着手しようとしていた。一九五一年一月九日から一二日まで、スターリンは東欧諸国の共産党指導者と国防相をモスクワに招集した。これは当時全く秘密裏に行われ、冷戦終焉後に明らかになった事実である。しかもソ連側の史料は現在に至るも公開されていないようだ。われわれが知ることができるのは、当時の東欧諸国の出席者がノートを取っており、その史料が使えるようになったからである。ソ連側の出席者は、スターリン、モロトフ、マレンコフ、ベリアなど党政治局の重鎮と、ヴァシレフスキー国防相、シュテメンコ参謀総長であった。ソ連側は、反旗を翻したユーゴスラヴィアへの侵攻を考え、同国周辺の国々の軍事力強化を訴えたが、それだけではなかった。NATOからの軍事的脅威に備えることも重要であり、まさに東西の軍事的衝突を予想したうえでの軍備増強を東欧諸国に迫ったのだった。

しかし、東欧諸国は当初スターリンの構想に同意することができなかった。どの国も経済復興を進めなければならず、軍事力の強化に十分な資本を割くことができないからである。ポーランドのロコソフスキー国防相は、同国に割り当てられた軍事力水準を、一九五六年末以前までに達成することは不可能であると反論した。ブルガリア共産党のチェルフェンコフも同じような発言をした。

これに対してスターリンはこう答えた。「ロコソフスキーが一九五六年まで戦争が起こらないと保証できるのならよい。だがそれを保証できないのであれば、このまま進んだ方が賢明であろう」。スターリンにこう言われて反対できる東欧の指導者はいなかった。この会議の直後から、東欧諸国は厳しい経済状況に不安を抱えながら、急速に軍事力を強化していった。

当然のことではあったが、ソ連自身も急速に軍事力を強化しようとしていた。ソ連は、第二次大戦中に最大一二〇〇万人の兵力を持っていたが、戦後は急速に復員を進め、一九四八年から四九年頃には二九〇万人まで縮小していた。それが五三年までには再び上昇し、五八〇万人の兵力を持っに至っていた。軍需生産への投資も進められ、新しい軍事技術の開発も進められた。核兵器とその運搬手段の発展には、最高度の優先順位が与えられた。ロケット技術、ジェット推進軍用機、モスクワの防空システムの構築には特に大きな投資が行われた。爆撃機部隊数は、一九五三年の三二個航空軍から五五年には一〇六個航空軍まで拡大される予定であった。この計画によって、ソ連は五三年から五五年までの間に一万三〇〇〇機の航空機を製造しなければならなかった。東欧諸国にもそれぞれ数十機のTu-2高速爆撃機を供与したばかりでなく、新型戦車の配備も進んだ。この再軍備の過程では、チェコスロヴァキアの軍需工業も大きな役割を果たしていた。

NATOの側にも軍事力強化に向けて様々な動きがあった。一九五〇年九月にアチソン国務長官とジョンソン国防長官は、NATO軍の組織に関する彼らの考えをまとめた覚書を提出した。覚書は、NATO軍の最高司令官はアメリカ人であるべきだと主張していた。一二月一九日にブリュッセルで開かれた第六回北大西洋理事会は、ドワイト・アイゼンハワーをNATO軍の最高司令官に指名した。第二次大戦の英雄であり、西欧をドイツ軍から解放したアイゼンハワー将軍を指名したことは、NATO諸国の士気を大いに高めた。

それより前、アメリカ陸軍は名目上ドイツ占領を担当していた第七軍を再び実態のあるものにする決定を行った。第七軍指揮下の第一歩兵師団も充足率が上がり、訓練も強化された。一九五一年一月から二月にかけて、アメリカ議会上院は激しい議論を経たうえで一つの決定を行った。陸軍の四個師団を恒久的にヨーロッパに派遣することを承認したのである。

初代NATO事務総長を務めたイズメイ卿は、NATOの意義を次のように表現していた。「ロシアを追い出し、アメリカを取り込み、ドイツを抑えておく」。("Russians out, Americans in, Germans down.") この表現は、NATOの機能を実に的確に捉えていた。

アメリカ政府内では、国家安全保障会議がNSC-68の路線をさらに推進するため、NSC-114シリーズの政策文書を検討し、承認していた。参事官となっていたチャールズ・ボーレンは、これら文書に見られるソ連認識について警鐘を鳴らし続けた。「ソ連が世界支配をめざしている」という認識に基づいて軍事力強化に進むことを問題視していたのである。だがアチソンやニッツエたちが進めていた政策路線を覆すことはできなかった。一九五二年二月にリスボンで開かれた北大西洋理事会は、欧州最高司令部の下に常設グループを設置するなど、NATOの組織強化と再編を行った。そしてNATOの陸軍兵力を、五四年までに九六個師団にまで増強するという決定を行った。東西の軍事的緊張は頂点に達しようとしていた。

なお一九五一年九月八日、旧連合国と日本との間に講和条約、すなわちサンフランシスコ講和条約が結ばれ、同時に日米安保条約が締結された。ソ連、チェコスロヴァキア、ポーランドは署名しなかった。また中華人民共和国も中華民国も講和会議に招待されなかった。朝鮮戦争が続いており、ヨーロッパの情勢は以上のように軍事化が進んでいた。巨視的に見れば、対日講和条約と日米安保条約はこうした冷戦の軍事化の中で結ばれたものであった。警察予備隊の設置も、直接的には朝鮮戦争をきっかけにしていたが、いずれにせよ冷戦の軍事化の中で、日本の再軍備は避けられなかったであろう。日本の国際社会への復帰は、冷戦の軍事化が進んだ時期と重なっていたのである。

終章　冷戦の終焉と封じ込め戦略

イデオロギー対立の終焉

一九九一年一二月二五日、ソ連邦が崩壊した。建国から七四年、アメリカと並んで「超大国」の地位を得ていた国家が、「魔法の杖によって一瞬にして消えてしまった」（W・ラフィーバー）かのようであった。その数年前、八九年一二月にマルタ島で米ソ首脳会談が開かれ、ジョージ・H・W・ブッシュ大統領とミハイル・ゴルバチョフ書記長は冷戦の終結を宣言していた。二一世紀に入るまで一〇年を残すのみになった時期に、米ソ冷戦が終焉し、ましてやソ連が崩壊することなど、いったい誰が想像できたであろうか。

このソ連の崩壊こそ、一九四六年以来、アメリカが「封じ込め戦略」によって達成しようとしてきた目的であった。「封じ込め」というアメリカの大戦略は、成功を収めた。ケナンの提唱した戦略構想が、アメリカを中心とする西側に冷戦の勝利をもたらした。確かにアメリカ側にも多くの失敗があり、犠牲やコストも大きかった。またアメリカの政策がすべてケナンの構想に合致していたわけでもなかった。だが第二次大戦の後、「超大国」として登場し、国際政治におけるライバルであった国家を消滅に追い込んだことは、政治的にも戦略的にもアメリカの勝利であったと言わざるを得ない。ケナンの「封じ込め」構想は、その基盤を作ったのであった。

四〇年以上にわたって国際政治を規定してきた冷戦を振り返ると、冷戦には以下のような三つの要素があったと考えられる。

まずイデオロギー対立である。資本主義経済に基づく民主主義と、社会主義経済に基礎を置く全体主義との対立である。大恐慌を経験した資本主義は、第二次大戦後も生き残れるかどうか、わからなかった。ましてや再び繁栄を取り戻せるのかという点について、自信を持って答えられる人は誰もいなかった。

だが資本主義経済体制は、二〇世紀の後半未曽有の繁栄を謳歌し、依然として活力ある経済システムであることが実証された。一方資本主義は景気の浮沈を回避できず、経済的な格差をもたらす傾向があった。第二次大戦後の資本主義国は、「ニューディール」に代表されるようなケインズ主義的経済政策を採るとともに、福祉国家化を進めて、この問題に対処しようとした。そしてこの方向は、少なくとも一九八〇年代に新自由主義の考えが出てくるまで、維持されたのであった。

これに対して社会主義経済体制は、資本主義を批判し、それを克服した歴史的段階に達したという理論を前提にしていた。マルクス主義の理論は、ロシア革命以来、ソ連という社会主義国家を生み出したのであった。そして社会主義国家は、計画経済を進め、それによって階級のない社会を建設し、労働者の福祉を増進しようとした。

だがその一方で共産党が主導する政府の権力が肥大化し、民主主義が形骸化した。スターリン主義国家体制は、社会主義的近代化を推進する一方で、膨大な人的被害をもたらした。また本来平等であるべき経済生活においても、権力者が「ノーメンクラトゥーラ」と言われる特権階級を形成してしまった。資本主義より豊かで平等な社会を建設するという理論上の目標は、達成されなかった。しかし資本主義という経済システムを批判する理論は、先進国で現状に不満を持つ若者や、第三世界諸国にアピールする力を持っていた。

イデオロギー対立という視点から見れば、ソ連という社会主義国家が崩壊したときをもって、冷戦の終結と考えるべきであろう。フランシス・フクヤマは「歴史の終焉か？」という論文を著し、市場経済と民主主義というイデオロギーが勝利したことを確認した。そして他に有力なイデオロギーが存在しなくなったことで、歴史が終焉したと主張したのであった。この議論は、一時的にもせよ、アメリカを始めとする西側社会で受け入れられたのである。

地政学的な対立の行方

次に地政学的な対立である。本書でも示したように、第二次大戦期から冷戦期にかけて、アメリカの政策決定者は、マッキンダーやスパイクマンの地政学的視点に影響を受けていた。ケナンの封じ込め構想も、地政学的な世界認識を基盤に持っていた。五つのパワーセンターという考えに基づく、ユーラシア大陸における勢力均衡によって、「ハートランド」に位置するソ連の影響力拡大を抑えようとしたのである。アメリカは「リムランド」に位置するイギリス、(西)ドイツ、日本の復興を援助し、NATOなどの軍事同盟を形成することでユーラシアの勢力均衡を回復し維持した。

そして、限定戦争はパワーセンターそのものをめぐっては発生せず、むしろパワーセンターを支える周辺部で起こった。アメリカは、パワーセンターを支えるために十分な周辺地域を保持することには成功したが、限定戦争そのものについては必ずしも成功しなかった。それはソ連側についても同様である。ソ連は中東・ラテンアメリカ・アフリカなどに介入したが、必ずしも成功しなかった。また東欧の勢力圏には、「ブレジネフ・ドクトリン」に基づいて軍事介入した。

冷戦の勝利は、アメリカという「島」、すなわちシー・パワーが、リムランドに位置するパワーセンター（これにはイギリスや日本という他の島国も含まれる）の力を結集して、ソ連というランド・パワーを包囲することによってもたらされた。そしてアメリカとその同盟国の影響力が、ユーラシア大陸西部で拡大し、ランド・パワーであるロシアの勢力圏を縮小させることになった。またソ連の崩壊は、旧ソ連を構成していた諸国をバラバラにして、弱体化させた。

なおここで注意すべきことは、アジアでは冷戦構造が残存したことである。ヴェトナムが一九七五年に統一されたことを除いて、アジアでは分断国家が残った。韓国と北朝鮮であり、中国と台湾との関係も未解決のままである。しかも中国や北朝鮮、統一ヴェトナムでは依然として共産党が権力を掌握しており、独裁的な政治体制が存続している。こうした状況は、ヨーロッパとは全く異なっており、冷戦でアメリカが勝利したとは言えない情勢が続いている。

ユーラシア大陸での勢力均衡を考えたとき、アメリカを始め西側が最も恐れたのは、中ソ同盟であった。ユーラシアの巨大な大陸国家が同盟関係になることは、リムランドを構成する諸国にとって深刻な脅威であった。だが、現実には中ソ同盟は比較的短期間のうちに形骸化した。むしろ中国がソ連を「覇権主義」の国だと反発を示し、アメリカや日本などと和解を進めたため、ユーラシアの勢力均衡はソ連にとって不利なものになった。西側は「中国カード」を使うことで、ソ連「封じ込め」をさらに強化することができた。

核兵器による対立

最後に核兵器による対立である。一九四五年にアメリカが原子爆弾を保有し、それを使用して以来、人類は「核の時代」に入った。ソ連は四九年に原爆実験に成功し、アメリカの核独占を終わらせた。そして、それ以後、米ソは核兵器(水素爆弾)とその運搬手段(大陸間弾道ミサイル・潜水艦発射弾道ミサイル・戦略爆撃機)の開発と改良を進め、六〇年代には本質的均衡の状態になった。米ソ以外にも、イギリス、フランス、中国が核保有国となり、核拡散が進んだ。米ソの保有した戦略核弾頭の数は圧倒的に多く、最大期には米ソ合わせて約七万発の核弾頭が存在していた。六二年一〇月のキューバ危機など、核兵器をめぐる危機はいくつかあったが、幸いにして核兵器が使用されることはなかった。

しかし人類全体を滅ぼすことができる核兵器の存在は、冷戦期には最も関心を呼んだ問題であり、核軍縮の議論や運動が盛んに行われた。人類を何度も絶滅させることができる「オーバーキル」の状態は、明らかに異常であった。

また米ソは核兵器を保有していない同盟国には、いわゆる「核の傘」(拡大抑止)を差し掛け、相手側からの攻撃を抑止しようとした。NATOや日米安保条約などは、こうした「核の傘」を提供する枠組みとなっていた。総じて核兵器は、数が多くなり過ぎていた。ようやく冷戦末期に米ソ間でINF全廃条約や、戦略兵器削減条約（START）が締結され、減少へと向かった。

では核兵器は冷戦の中でどのような役目を果たしたのだろうか。端的に言えば、それは現状を維持するのに役立った。米ソどちらも、自国の重要な利益が関わる地域であるヨーロッパでは核戦争へとエスカレートする可能性のある軍事力の使用を抑制した（ただしソ連は自陣営に属する国々へは軍事介入を行った）。その意味で、冷戦で負けないためには核兵器が必要だった。米ソどちらかだけが核兵器を持っていたとしたら、持っていない側の陣営は、著しく不利になっていたであろう。また同盟国をつなぎとめておくことはできなかったであろう。だが核兵器は冷戦に勝つためには、ほとんど役に立たなかった。冷戦は、米ソの戦略核が均衡しているときに、突然終わったのである。

封じ込め構想の意義

では冷戦の勝利をもたらしたケナンの封じ込め構想の意義は、どのようなものであったのであろうか。

封じ込め戦略の最も大きな意義は、アメリカとその同盟国が一定の方向性を持つ戦略（ただし通常の外交政策ではなく、外交交渉を完全に否定はしないが、単独主義的で相手に圧力をかけるような政策）を一定期間継続していけば、その戦略によってソ連の対外行動に変化をもたらし、場合によってはソ連という政治体制を崩壊させることができるという考えを提示し、またその考えを広めたことである。

ただしアメリカにとって、封じ込め戦略を実践することは容易ではなかった。孤立主義の伝統を持っていた国家にとって、冷戦初期の様々な政策は、建国期以来の伝統から離れることを意味した。マーシャル・プランのような平時における大規模な経済援助や、NATOのような恒久的な軍事同盟に参加することは、それまでのアメリカ外交には全く見られないものだった。ましてや遠く離れた極東の朝鮮半島に軍事介入することなど、「建国の父たち」は想像することもできなかったに違いない。

こうした変化をもたらすきっかけとして、第二次大戦の経験は大きかった。冷戦史家のマクマンは、次のような三つの要因を指摘している。

第一に、日本軍による「大胆な真珠湾攻撃」から教訓を学び取り、それが大きな意味を持ったこと。空軍力の発展に代表される科学技術の進歩により、太平洋と大西洋という二つの大洋が、もはや外部からの攻撃に対する十分な防壁にならないことが明らかになった。

第二に、外交戦略に携わるアメリカ政府の高官たちは、アメリカの軍事力を再び縮小させてはならないと決意していた。高官たちは、アメリカの軍事力が新しい世界秩序の中核的な要素にならねばならないと考えていた。そしてそこから拡張的な国家安全保障観に基づいて行動するようになった。

第三に、アメリカの政策決定者が、第二次大戦から地政学的な教訓を導き出していたこと。その教訓とは、すなわち、アメリカに敵対的な一国家、または複数国家の連合が、ヨーロッパや東アジアの国民や領土や資源に対して、圧倒的な支配権を握るような状況が生じることを許さない、というものだった。

敵対的な国家が「ユーラシアのハートランド」を支配すると、戦時だけでなく、平時においてもアメリカに大きな影響を与えると考えられた。平時においてアメリカは、大幅な軍事費の拡大や軍事施設の建設に費用を割かなければならなくなる。そうすると、アメリカの伝統である経済的・政治的自由を制限する必要が出てきてしまう。つまりアメリカは自国の安全を図るために、自由と民主主義を犠牲にしなければならなくなる。したがってアメリカとしては、戦時においてはもちろんのこと、平時においても、ユーラシアで望ましい勢力均衡の状態を維持しなければならない。F・D・ルーズヴェルト大統領も、アメリカが、「武力の哲学」によって支配される世界の中で孤立した島になってはならないと語っていた。

またスパイクマンの著書とその名声は、その早過ぎる死によってアメリカの公衆から忘れられたが、その著書は戦後世界の見方について、アメリカ国民を啓発するのに役立った。既に見たように、スパイクマンは、マッキンダーの「ハートランド」の理論を批判的に継承しつつ、独自の地政学を発展させていた。

なおマクマンは、上記のような三つの軍事的・戦略的な教訓が、経済的な教訓と不可分のものだったと指摘している。経済的な面についてアメリカの政策決定者は、自由で開放的な国際経済システムを構築しようとしていた。それはアメリカの国益のためだけでなく、新しい国際秩序にとっても不可欠だと考えられていたのだった。

なぜ成功したのか

では、封じ込め戦略がめざしたソ連の対外認識の変容（穏健化）や、ソ連政治体制の崩壊は、なぜ可能になったのだろうか。ケナンが封じ込めの前提として「予言」していた要因には、どのようなものがあったのだろうか。

まず、第二次大戦後しばらくの間、ソ連の持つ社会主義イデオロギーは、対外的に強力な影響力を持っていた。イデオロギー的熱狂を世界に向けて輻射することができていたのである。しかしソ連は、そうしたイデオロギー的熱狂を裏付けるような、物質的な力や繁栄の証拠を、外の世界に向けて放つことができなかった。

次に、ソ連が輻射しているイデオロギーの光は、ソ連という国家の最後の輝きかもしれなかった。それは、マルクス主義が指摘したような、資本主義国の内部にその体制を弱める原因があるとする理論が、ソ連社会主義にもあてはまることを意味した。ソ連の国内自体にその衰退をもたらす要因があるとケナンは予想していたのだった。

さらに、ソヴィエト・ロシアは、西側と比較して弱体であった。ソ連社会自身の中に、自国の潜在能力を弱体化させる欠陥があることが、やがて露呈されるかもしれなかった。

これらのケナンの「予言」は、冷戦末期にいずれも現実のものとなり、実際にソ連の崩壊をもたらしたのである。

ソ連は、確かに一九五〇年代末までは、人類初の人工衛星を打ち上げるなど、社会主義体制の優越をアピールすることができた。フルシチョフは、五九年、ソ連の産業の一人当たりの生産力は七〇年までにアメリカ資本主義を追い抜くだろうと豪語していた。ところがブレジネフの下でGNPの二五%にも上る予算を軍事費に費やした結果、ソ連経済自体が停滞するに至った。民生部門を軽視したため、まともな靴さえ作れず、鉄製品も生産量だけはアメリカの二倍になったが、実際に使える良質なものが少なく、国内では鉄製品が不足するありさまだった。アルコール依存症が増え、食糧不足も起こった。驚くべきことに、一九六四年には六六歳だった男性の平均寿命は、八四年には六二・五歳へと縮小した。乳幼児死亡率も先進国としてはあり得ないぐらい高かった。

一九八〇年代から始まった経済の情報化についても、ソ連は大きく後れを取った。八〇年代初め頃、アメリカ社会には三〇〇〇万台のパソコンがあったが、ソ連国内には五万台しかなかった。警察がこうした機器を国家の統制を脅かすものとして、使用を制限したからである。コピー機やパソコンなど西側社会では当たり前に存在していた機器が、ソ連社会ではめったにお目にかかれない代物になった。政府の中でもそうした後れは顕著だった。ソ連外務省は、文書をコピーする代わりに、カーボン紙を挟んだ紙にタイプするという数十年前に戻ったような形で文書を「複写」していた。

西側資本主義国が次々に先進技術を開発し、それを利用して経済活動を活発化させ、さらに豊かになっていくのに反し、ソ連経済と社会の停滞は余りにも明らかであった。ゴルバチョフは、「ペレストロイカ（再建）」をめざし、そのために「グラスノスチ（情報公開）」を進めたが、停滞したソ連社会を刷新することはできなかった。

一体ソ連共産党には、ソ連という国家を統治する正統性があるのかという疑問が、国内外で広まった。残念ながら回答は否定的であった。西側の方が豊かで自由な生活を送っていることが明らかになったとき、抑圧的な政治システムと停滞した経済をもたらす共産党の支配に、どのような意味があるのか？　ソ連と東欧の人々は、共産党が「裸の王様」であることを悟ったのだった。まさにケナンが長文電報やＸ‐論文で主張したように、アメリカは「模範」もしくは「実例」を示すことで、ソ連という国家の内部崩壊をもたらしたのだった。

「冷戦に『勝った』ものなどいない」

それではケナン自身は、冷戦の終焉をどのように考えていたであろうか。封じ込め戦略の成功として、西側の勝利だと喜んだであろうか。興味深いことに、答えは否である。

ケナンは、「誰も冷戦に『勝った』ものなどいない」と、意外な見解を一九九二年一〇月『ニューヨーク・タイムズ』紙への寄稿で明らかにしていた。冷戦は、長期にわたり費用のかかる政治的対立状態であったとした。しかも米ソ両国とも、相手側の意図と強さに対して非現実的で誇張された評価を下し、そのことが対立状態をさらに悪化させたと回顧したのである。冷戦は、米ソ両国にとって過大な負担となり、一九八〇年代の終わりまでに、両国に深刻な財政的・社会的問題を突きつけ、ロシアについてはこれらに加えて政治的問題を突きつけたのであった。

一九九二年秋、かつて大統領であったリチャード・ニクソンは、冷戦に勝ったと主張していた。またジョージ・ブッシュ（父）共和党政権も、同年の大統領選挙で冷戦の勝利は共和党によるものだと宣伝していた。

こうした事情もあったためであろうか、ケナンはあえて「冷戦に勝利者はいない」と主張したのだった。いかなる大国も、地球の反対側にある大国に対して政治的大変動をもたらすような決定的影響力を持つことはできないのである。もしそうした影響力があると考えるなら、それは子供じみており、バカげていると断言した。

むしろ過度な軍事化は、冷戦の長期化をもたらしたのだ。最大のダメージは、軍事的準備態勢そのものにあるのではない。それは確かに用心のためであり、正当化できるものだった。問題なのは、軍事問題を不必要に好戦的で脅迫的な論調で語り、それを社会で前面に押し出したことだった。この点では、共和、民主両党に責任があった。ソヴィエト体制が変化するというのは、早くから一部の人々にとって明白であった。わからなかったのは、いつ、どのようにして、その変化が起こるかということであった。変化そのものは不可避であり、切迫していたのだ。このように「封じ込め」の提唱者であったケナン自身は、アメリカを中心とする西側が、過度に冷戦の勝利に酔うのを戒めようとしていた。

NATOの東方拡大とケナンの予言

一九九二年大統領選挙は、民主党のビル・クリントンが勝利した。アメリカが唯一の超大国となったポスト冷戦の時代が始まった。クリントン政権は、冷戦における勝利を前提として、リベラルな国際秩序の拡大をめざした。情報革命に成功したアメリカ経済は、力強く復活し、アメリカ起源のコンピューターソフトウエアが世界を席巻した。ただし情報革命は、世界的にも国内的にも貧富の差を拡大することになった。またアメリカ「一極支配」となった国際政治は、内戦やテロリストの活動や、各地におけるエスニックグループの動きによって、複雑なものとなった。

クリントン政権の国家安全保障担当大統領補佐官アンソニー・レイクは、一九九三年九月の演説の中で、「市場民主主義に基づいた自由共同体の世界的な拡大」を図ることを強調した。クリントン政権は、二〇世紀初めのウィルソン大統領のように、世界中に通商の自由を拡大し、富と幸福を拡大できると考えた。海外で自由な通商と投資が促進されれば、開放的で民主的な政治体制を広めることもできるはずである。共産主義というイデオロギーがもはや存在せず、そのイデオロギーに勝利したアメリカのやり方を世界に広めることは良いことであり、それが新たな使命となった。

一九九四年、クリントン大統領は、NATO拡大に踏み切るとの立場を明らかにした。一月にモスクワなどヨーロッパ諸都市を訪問し、プラハでNATO拡大問題は実行するかしないかの問題ではなく、いつ行うかという問題であると明言した。だがロシアはこれに強く反発した。一九九〇年、ドイツが再統一されたとき、アメリカのベーカー国務長官は、ロシア側と約束していたと言われている（なお、このこと自体に様々な議論がある）。ロシアがドイツ統一を認め、統一ドイツがNATOに加盟することを認めれば、NATOを東方に拡大しないと伝えていたとされる。このときの拡大は、ポーランド、チェコ共和国、ハンガリーを加盟させるというものだった。

一九九四年にケナンは九〇歳になっていたが、国務長官代理に就任していたストローブ・タルボットは、一年に数回ケナンをワシントンの国務省に招き、ロシア問題について意見交換していた。冷戦終焉後、ケナンはソ連崩壊を予想した「賢人」として尊敬を受けており、アメリカの政策に問題があれば、躊躇なく批判していた。ケナンは、クリントン政権のNATO拡大方針を知ると最初から反対の意見を表明していた。

一九九七年二月には『ニューヨーク・タイムズ』紙に寄稿し、反対意見を公にした。NATOの東方拡大は、「ポスト冷戦の全時代の中で、西側の政策における最大の誤り」と断じたのである。「ロシアの世論に存在する民族主義的で、反欧米的で軍国主義的な」傾向に火をつけ、「東西関係に冷戦の雰囲気を復活させ」るであろう、そして「ロシアの外交政策をわれわれの好まない方向へと押しやる」ことになる、と。

ケナンの予言は的中した。ソ連崩壊を「二〇世紀における最大の地政学的悲劇」と考えるプーチン大統領が行っているウクライナ戦争は、まさにNATO東方拡大が主要な争点であった。プーチンは基本的に反ロ軍事同盟であるNATOがウクライナにまで拡大することを許せないのである。

クリントン政権の関係者は、NATOの東方拡大を、東欧を守るためというよりも、東欧で民主主義を促進して定着させるために必要だと信じていたという。オルブライト国務長官は、「このNATOはロシアに矛先を向けていない」、「全員が味方同士だ」と語った。だが二〇〇〇年に公表されたロシアの『外交政策概念』は、「今日のNATOの政治的・軍事的ガイドラインは、ロシア連邦の安全保障上の利益と一致しないどころか、時には矛盾する」と述べたのであった。

NATOという軍事同盟を、東欧における民主化の手段と考えることは、スティルが主張しているように大きな問題がある。加盟国であるトルコがどこまで民主的なのか。ハンガリーのオルバーン首相は「自由民主主義の時代は終わった」とさえ言ったという。NATOが加盟国の民主化の実現や民主体制の維持に関わる組織だと考えることは、一種の欺瞞であった。NATOは、あくまで軍事同盟なのである。

ポスト冷戦時代のアメリカと西側の同盟国は、冷戦初期と異なり、優れた大戦略を生み出すことができなかったように思える。弱体化したロシアを相手にして、ユーラシア西部ではNATO拡大のように一方的な政策を推進してしまった。確かに東欧諸国は、歴史的背景からロシアに対する警戒感が強いため、NATO加盟を望んだという面もある。だがロシアの対外認識を理解し、その国益に十分配慮した政策を行ってきたのだろうか。その点は再検討する必要があると思われる。

もちろんプーチンのように戦争を始めてしまったことは、ロシアの失敗であり責任である。ウクライナ以外でもロシアは軍事力を行使してきた。だがウクライナへの武力侵攻は、衝撃的であり、第二次大戦以後続いていたヨーロッパ大陸での「平和」を崩壊させるものだった。フィンランドとスウェーデンがNATO加盟を申請したことの背景には、ヨーロッパ大陸での平和が脅かされたことへの恐怖と警戒があったように思われる。

アメリカ・EU諸国・日本・イギリス・オーストラリアなど、基本的な価値観を共有する国々は、ロシアと中国の挑戦に応じつつも、包摂的な国際秩序を形成するために、新たな戦略を構築しなければならない。

あとがき

冷戦終焉後の平和は、いったい何だったのであろうか？　冷戦が終焉したとき、事態の展開があまりにも早いことに驚かされたが、米ソの緊張状態がなくなることで、世界は良くなるのではないかと期待した。そしてジョージ・ケナンが言った、「国際政治の本質は変化である」という言葉をかみしめていた。資本主義の次の段階は社会主義であるという、マルクス主義の歴史哲学を、ほとんど無意識に受け入れていた自分に気が付いた。しかし現実の歴史は、そうした想定をくつがえした。資本主義は社会主義より長生きしたのだった。資本主義は、常に変容を繰り返しながら、依然として活力を保ち続けていることを証明した。東欧諸国の体制転換は、社会主義の実験が失敗に終わったことを示していた。フランシス・フクヤマの「歴史の終焉か？」という論文を読んだとき、確かにそうだなと納得した。いまでは、フクヤマの議論は、世界の多様性を捨象したものであったと思っているが、半世紀に近い冷戦が終わった直後には、説得力のある議論だと思われた。だが歴史は終焉などしなかったのだ。

冷戦終焉後も多くの紛争や変動があった。湾岸戦争、9・11の同時多発テロ、対テロ戦争、チェチェン紛争、「アラブの春」など枚挙にいとまがない。世界経済もリーマンショックで、それまでの貪欲な資本主義のあり方が問題視されるようになり、中国に代表される国家資本主義という新たな政治経済体制が出現した。依然として国際社会は変化し続けているし、これからも変化し続けるであろう。

だがロシアによるウクライナ侵攻は、歴史の流れを逆転させるかのような、アナクロニズムを感じさせる。いったいわれわれは、いま何世紀に生きているのだろうか？　二一世紀に入って二〇年が経過した時点で、再び世界を二〇世紀に引き戻すような事案が発生するとは、驚きであった。歴史の中に放り込まれたような奇妙な感覚に囚われている。

われわれは冷戦終焉後の国際秩序形成に失敗したのだろうか？　歴史は冷戦終焉からウクライナ戦争までの推移を、秩序形成の失敗として描くことになるのだろうか。国際政治史を学べば、ナポレオン戦争後のウィーン体制が、秩序形成の成功例であり、第一次大戦後のヴェルサイユ体制が失敗であると教えられる。第二次大戦後の冷戦も、ガディスによれば「長い平和」であり、約半世紀間、大国間の戦争がなかったという意味では「平和」であったのかもしれない。では冷戦終焉後は、どうだったのか。

もし第二次大戦後の秩序が安定的なものであったとしたら、それが、どのようにして形成され、覇権国家となったアメリカがどのような世界戦略を展開したのかを歴史的に振り返ることにもなにがしかの意味があるかもしれない。ジョージ・ケナンが提唱した封じ込め政策という構想が、どの程度実現され、秩序形成に影響を与えたのか。それが本書の問題意識であった。

いわゆる地政学という学問について様々な議論があることは承知しているが、本書でも述べたように、学問として復権している面があり、地政学的な世界観が国際政治で一定の役割を果たしていることは否定できないので、今回、その理論的枠組みを利用して分析を進めた。また地政学者の取り上げ方が、マッキンダーとスパイクマンだけに偏っているのではないかという批判を受けることは覚悟しているが、ハウスホーファーの議論を活用することには抵抗感があり、その議論を「形而上学だ」としたスパイクマンの批判が当たっているように思われるので、ハウスホーファーの理論的枠組みは使用していない。なおマハンについては、できればある程度言及したかったのであるが、彼の影響力は海軍戦略に集中していることと、マッキンダーやスパイクマンに比べて、世界戦略的な面が薄いように思われたので、紙幅の関係もあり、本書ではほとんど言及していない。

マッキンダーとスパイクマンという英米系の地政学者の見解は、それぞれある特定の時代の英米の世界戦略についての構想を反映し、またそれに影響を与えているので、一定の学問的検証に耐え得るものであると考えている。

また冷戦史研究の進展や史料の解禁によって多様な見方や研究が可能になっているので、旧ソ連を中心にできるだけ東側の内部の動向にも注意し、東西双方向的に見ようとした。そのうえでアメリカの世界戦略の形成過程をわかりやすく解明するように努めた。

今回、中公選書で拙稿を出版することができたのは、長年の恩師である河合秀和先生（学習院大学名誉教授）と久子奥様のおかげである。ここ何年か書き連ねていたジョージ・ケナンの封じ込め構想についての、ややまとまった原稿があると河合先生に相談し、中央公論新社プロジェクト編集部の高橋真理子さんをご紹介いただいたのがきっかけで、本書が世に出ることになった。

またすでに他界されているが、筆者を現代史研究に導いてくださった斉藤孝先生にも御礼を申し上げたい。今回、ゲラ校正の段階で、斉藤先生がしばしば「同時代史（contemporary history）」と言われていたのを思い出し、感慨深いものがあった。

中公の高橋さんには最初の草稿を読んでいただき、また筆者の考えを聞いていただいて、出版への道筋をつけていただいた。筆者の長い草稿にコメントや削除の提案をいただき、手の加わった原稿を見たときには、大学院生に戻ったような感じがして懐かしく、かつ嬉しかった。深く感謝申し上げる。

本書ができるまでには、実に多くの方々から直接間接にお世話になっている。全員のお名前を挙げることはとてもできないが、以下の方々には格別にお世話になっている。まず明治大学政経学部教授の伊藤剛さん、シカゴ大学留学以来お付き合いいただいている湯浅成大（東京女子大学教授）さん、長田彰文（上智大学教授）さん。また大学院の先輩や後輩である、中村逸郎（筑波大学名誉教授）さん、中野博文（北九州市立大学教授）さん、大中真（桜美林大学教授）さん。またやはりシカゴ仲間の、萩原俊昭さん、寺田有子さん。

さらに、わが家がロンドン滞在中にお世話になった、元明治大学情報コミュニケーション学部共同研究室職員の斉藤清子さん。斉藤さんが日本から送ってくれたＤＶＤやお菓子が、不慣れな海外生活の中で子供たちの精神的安定に計り知れない貢献をしてくれた。

また私的なことであるが家族への感謝を伝えることもお許しいただきたい。筆者の気ままな研究生活を支え続けてくれている妻かの子、二人の子供たち、また物心両面でわが家を支援していただいている株木敬史・俊子ご夫妻にも心より感謝申し上げる。若くして鬼籍に入ってしまった義弟の株木克之くんにも御礼申し上げたい。

筆者は、平成二八年から同三〇年まで明治大学在外研究員制度によりロンドン大学アジアアフリカ研究学院（SOAS）で客員研究員として自由に研究することができた。関係者の皆様には改めて御礼申し上げたい。SOASでお世話になった、ヘレン・マクノートン先生、篠沢義勝先生（現一橋大学教授）にも御礼を申し上げたい。お二人とも筆者とは全く異なる分野を研究されているが、快く筆者を受け入れていただいたばかりでなく、食事会にお誘いいただくなど、色々とご配慮いただいた。

なおJohn Lewis Gaddisの日本語表記であるが、You Tubeでご本人の講演などを聞くと、「ギャディス」よりも「ガディス」の方が原音に近いと思われるので、本書ではガディスと表記している。またRooseveltも学会ではローズヴェルトと表記するが、一般的にはルーズヴェルト（もしくはルーズベルト）と表記することが多いので、本書ではルーズヴェルトと表記している。その他の人名や地名も、一般的に通用している表記にしてあることをお断りしておく。

また紙幅の関係から、注を付けることを断念せざるを得なかった。この点、読者のご寛容を請う次第である。参考文献表も一次史料を除いて限定的なものである。欧米学会だけでなくわが国学会での冷戦史研究の蓄積は膨大なものがあるが、一般書であるという本書の性格から、あくまで限定的なものに留めた。
非常に丁寧でプロフェッショナルな校閲をしていただいた校閲者の方々にも深く感謝したい。

常日頃からお世話になっている明治大学情報コミュニケーション学部の先生方、また政経学部や法学部で筆者の担当授業についてお世話になっている先生方や、これらの学部の学生の皆さんにも御礼申し上げる。「情コミ学部」というユニークな学部で、個性豊かな先生方と触れ合えることは筆者にとって大きな刺激になっている。学部・大学院・研究知財など事務室の皆さんにも、ご迷惑をおかけしつつも暖かく支援していただいていることに感謝したい。

最後になるが、本書はこれまでの筆者のささやかな研究成果に基づいているが、研究を進めるうえで多くの研究費を使わせていただいた。それら全部をここで表記することはできないが、以下の研究資金だけは言及しておきたい。

・明治大学社会科学研究所個人研究。研究課題「冷戦初期米国世界戦略の展開における英国要因：国家安全保障会議文書第68号成立の背景」（二〇一九年度〜二〇二〇年度）。
・科学研究費補助金　基盤研究（C）「冷戦期の米英関係と国際秩序変容、1950年-1957年」（平成二二年度-平成二四年度）（課題番号22520650）。
・科学研究費補助金　基盤研究（C）「冷戦期米英世界戦略と帝国的秩序の再編、1952年-1954年」（平成二七年度-平成二九年度）（課題番号15K02821）。

世界全体では依然として多くの紛争や抑圧があるが、その中でも特に、ウクライナに平和が戻り、ミャンマーが再び民主化路線に復帰し、東アジアで武力紛争が起きないことを念じつつ筆をおく。

二〇二三年二月

鈴木健人

三宅正樹『スターリン、ヒトラーと日ソ独伊連合構想』朝日選書、2007年
ミレット、A・R., & P・マスロウスキー『アメリカ社会と戦争の歴史──連邦防衛のために』防衛大学校戦争史研究会訳、彩流社、2011年
三和良一『日本占領の経済政策史的研究』日本経済評論社、2002年
メイ、アーネスト『歴史の教訓──戦後アメリカ外交分析』進藤栄一訳、中央公論社、1977年
メイリア、マーティン『ソヴィエトの悲劇──ロシアにおける社会主義の歴史 1917〜1991』（上・下）白須英子訳、草思社、1997年
百瀬宏『小国外交のリアリズム──戦後フィンランド 1944－48年』岩波書店、2011年
モンテフィオーリ、サイモン・セバーグ『スターリン──赤い皇帝と廷臣たち』（上・下）染谷徹訳、白水社、2010年
矢野暢『冷戦と東南アジア』中央公論社、1986年
────（編集代表）『講座 東南アジア学 九 東南アジアの国際関係』責任編集 矢野暢、弘文堂、1991年
山口育人「戦後イギリスの世界戦略と『一つの世界経済』構想──アトリー労働党政権の対外経済政策、1949－1951年」『史林』85巻4号、史学研究会、2002年、京都大学学術情報リポジトリ『紅』（https://doi.org/10.14989/shirin_85_433）（2020年3月3日閲覧）
────「イギリス労働党の戦後世界構想」『帝京大学短期大学紀要』31巻、2011年（https://tk-opac2.main.teikyo-u.ac.jp/webopac/TC61000818）（2020年3月12日閲覧）
山口信治『毛沢東の強国化戦略 1949－1976』慶應義塾大学出版会、2021年
山本健『ヨーロッパ冷戦史』ちくま新書、2021年
油井大三郎『戦後世界秩序の形成──アメリカ資本主義と東地中海地域 1944－1947』東京大学出版会、1985年
横手慎二『スターリン──「非道の独裁者」の実像』中公新書、2014年
ラフィーバー、ウォルター『アメリカVSロシア──冷戦時代とその遺産』平田雅己・伊藤裕子監訳、芦書房、2012年
ルカーチ、ジョン『評伝 ジョージ・ケナン──対ソ「封じ込め」の提唱者』菅英輝訳、法政大学出版局、2011年
ルンデスタッド、ゲア『ヨーロッパの統合とアメリカの戦略──統合による「帝国」への道』河田潤一訳、NTT出版、2005年
ローズ、リチャード『原爆から水爆へ──東西冷戦の知られざる内幕』（上・下）小沢千重子・神沼二真訳、紀伊國屋書店、2001年
和田春樹『朝鮮戦争』岩波書店、1995年
────『朝鮮戦争全史』岩波書店、2002年
渡辺昭夫・宮里政玄編『サンフランシスコ講和』東京大学出版会、1986年

ネイマーク、ノーマン・M.『スターリンのジェノサイド』根岸隆夫訳、みすず書房、2012年
野村浩一『現代アジアの肖像 2 蔣介石と毛沢東——世界戦争のなかの革命』岩波書店、1997年
バゴット、ジム、『原子爆弾 1938〜1950年——いかに物理学者たちは、世界を残虐と恐怖へ導いていったか？』青柳伸子訳、作品社、2015年
長谷川毅『暗闘——スターリン、トルーマンと日本降伏』中央公論新社、2006年。Hasegawa, Tsuyoshi, *Racing the Enemy: Stalin, Truman, and the Surrender of Japan*, The Belknap Pr. of Harvard U. P., Cambridge, MA, 2005.
原暉之（編集代表）『講座 スラブの世界 7 スラブの国際関係』編集責任 伊東孝之・木村汎・林忠行、弘文堂、1995年
平井友義『三〇年代ソビエト外交の研究』有斐閣、1993年
広瀬佳一『ポーランドをめぐる政治力学——冷戦への序章 1939－1945』勁草書房、1993年
廣田功・森建資編著『戦後再建期のヨーロッパ経済——復興から統合へ』日本経済評論社、1998年
福田茂夫『第二次大戦の米軍事戦略』中央公論社、1979年
福永文夫『日本占領史 1945－1952——東京・ワシントン・沖縄』中公新書、2014年
藤岡真樹『アメリカの大学におけるソ連研究の編制過程』法律文化社、2017年
藤澤潤『ソ連のコメコン政策と冷戦——エネルギー資源問題とグローバル化』東京大学出版会、2019年
藤原和樹『朝鮮戦争を戦った日本人』NHK 出版、2020年
ブラウン、アーチー『共産主義の興亡』下斗米伸夫監訳、中央公論新社、2012年
フリードマン、ローレンス『戦略の世界史』（上・下）貫井佳子訳、日本経済新聞出版社、2018年
フリント、コーリン『現代地政学——グローバル時代の新しいアプローチ』高木彰彦編訳、原書房、2014年
フレヴニューク、オレーク・V『スターリン：独裁者の新たなる伝記』石井規衛訳、白水社、2021年
ヘインズ、ジョン・アール＆ハーヴェイ・クレア『ヴェノナ——解読されたソ連の暗号とスパイ活動』中西輝政監訳、山添博史・佐々木太郎・金自成訳、PHP 研究所、2010年
細谷千博『サンフランシスコ講和への道』中央公論社、1984年
細谷雄一『戦後国際秩序とイギリス外交——戦後ヨーロッパの形成 1945年〜1951年』創文社、2001年
ホブズボーム、エリック『20世紀の歴史——極端な時代』（上・下）河合秀和訳、三省堂、1996年
マクマン、ロバート『冷戦史』青野利彦監訳、勁草書房、2018年
益田肇『人びとのなかの冷戦世界——想像が現実となるとき』岩波書店、2021年
益田実『戦後イギリス外交と対ヨーロッパ政策：「世界大国」の将来と地域統合の進展、1945〜1957年』ミネルヴァ書房、2008年
益田実、池田亮、青野利彦、齋藤嘉臣編著『冷戦史を問いなおす——「冷戦」と「非冷戦」の境界』ミネルヴァ書房、2015年
マゾワー、マーク『暗黒の大陸——ヨーロッパの20世紀』中田瑞穂・網谷龍介訳、未來社、2015年
松戸清裕他編『ロシア革命とソ連の世紀 1 世界戦争から革命へ』責任編集 池田嘉郎、岩波書店、2017年
———『ロシア革命とソ連の世紀 2 スターリニズムという文明』責任編集 松井康浩・中嶋毅、岩波書店、2017年
———『ロシア革命とソ連の世紀 3 冷戦と平和共存』責任編集 松戸清裕、岩波書店、2017年
松村史紀『「大国中国」の崩壊——マーシャル・ミッションからアジア冷戦へ』勁草書房、2011年

in Asia, Oxford U. P., Oxford, 1985.
朱建栄『毛沢東の朝鮮戦争——中国が鴨緑江を渡るまで』岩波書店、1991年
庄司潤一郎・石津朋之編著『地政学原論』日本経済新聞出版、2020年
鈴木健人『「封じ込め」構想と米国世界戦略——ジョージ・F・ケナンの思想と行動、1931年〜1952年』溪水社、広島、2002年
———「冷戦初期のアメリカ外交とイギリス——協力と対立の狭間に、1945−1947年」、『中・四国アメリカ研究』創刊号、中・四国アメリカ学会、2003年
———「冷戦初期米英の世界戦略と軍事力の役割——NSC-68と GSP-1950に関する比較研究」『情報コミュニケーション学研究』第15号、明治大学情報コミュニケーション学研究所、2015年
———「冷戦初期米国世界戦略の再検討と米英関係——1950年1月から4月の米英関係に焦点を絞って」『海外事情』第64巻2号、拓殖大学海外事情研究所、2016年
ステイル、ベン『マーシャル・プラン——新世界秩序の誕生』小坂恵理訳、みすず書房、2020年。Benn Steil, *The Marshall Plan: Dawn of the Cold War*, Oxford U. P., Oxford, 2018.
スドプラトフ、パヴェル、アナトーリー・スドプラトフ（ジェロルド＆レオナ・シェクター編）『KGB 衝撃の秘密工作』（上・下）木村明生監訳、ほるぷ出版、1994年
スナイダー、ティモシー『ブラッドランド——ヒトラーとスターリン 大虐殺の真実』（上・下）布施由紀子訳、ちくま学芸文庫、2022年
スラビンスキー、ボリス『考証 日ソ中立条約——公開されたロシア外務省機密文書』高橋実・江沢和弘訳、岩波書店、1996年
仙洞田潤子『ソ連・ロシアの核戦略形成』慶應義塾大学出版会、2002年
ゾントハイマー、K.『ワイマール共和国の政治思想』河島幸夫・脇圭平訳、ミネルヴァ書房、1976年
高木彰彦『日本における地政学の受容と展開』九州大学出版会、2020年
高田馨里「大型地球儀が象徴する戦争——第二次世界大戦期、アメリカ合衆国における世界地理認識の転換」『駿台史學』第147号、駿台史学会、2013年2月
高田和夫『ロシア帝国論——19世紀ロシアの国家・民族・歴史』平凡社、2012年
高橋慶吉『米国と戦後東アジア秩序——中国大国化構想の挫折』有斐閣、2019年
竹内真人編著『ブリティッシュ・ワールド——帝国紐帯の諸相』日本経済評論社、2019年
ツォウ、タン『アメリカの失敗』太田一郎訳、毎日新聞社、1967年
テイラー、P. J.『世界システムの政治地理［上］——世界経済、国民国家、地方』高木彰彦訳、大明堂、1991年
ドックリル、マイケル L., & マイケル F. ホプキンズ『冷戦——1945−1991』伊藤裕子訳、岩波書店、2009年
ドブス、マイケル『ヤルタからヒロシマへ——終戦と冷戦の覇権争い』三浦元博訳、白水社、2013年
富田武『スターリニズムの統治構造——1930年代ソ連の政策決定と国民統合』岩波書店、1996年
永井陽之助『冷戦の起源』中央公論社、1978年
———『現代と戦略』文藝春秋、1985年
中北浩爾『経済復興と戦後政治——日本社会党1945−1951年』東京大学出版会、1998年
中沢志保『オッペンハイマー——原爆の父はなぜ水爆開発に反対したか』中公新書、1995年
中村隆英編『日本経済史 7「計画化」と「民主化」』岩波書店、1989年
中村正則編『近代日本の軌跡 6 占領と戦後改革』吉川弘文館、1994年
中嶋嶺雄『中ソ対立と現代』中央公論社、1978年
西崎文子『アメリカ冷戦政策と国連』東京大学出版会、1992年
日本国際政治学会編『冷戦史の再検討（国際政治 134）』有斐閣、2003年
———『冷戦後世界とアメリカ外交（国際政治 150）』有斐閣、2007年

———『クレメント・アトリー——チャーチルを破った男』中公選書、2020年
川﨑剛『大戦略論——国際秩序をめぐる戦いと日本』勁草書房、2019年
河﨑信樹『アメリカのドイツ政策の史的展開——モーゲンソープランからマーシャルプランへ』関西大学出版部、2012年
川島真・細谷雄一編『サンフランシスコ講和と東アジア』東京大学出版会、2022年
川名晋史『基地の政治学——戦後米国の海外基地拡大政策の起源』白桃書房、2012年
菅英輝『米ソ冷戦とアメリカのアジア政策』ミネルヴァ書房、1992年
———編著『冷戦史の再検討——変容する秩序と冷戦の終焉』法政大学出版局、2010年
———『冷戦期アメリカのアジア政策——「自由主義的国際秩序」の変容と「日米協力」』晃洋書房、2019年
北岡伸一『門戸開放政策と日本』東京大学出版会、2015年
北川勝彦編著『脱植民地化とイギリス帝国』ミネルヴァ書房、2009年
木畑洋一『帝国のたそがれ——冷戦下のイギリスとアジア』東京大学出版会、1996年
楠綾子『吉田茂と安全保障政策の形成——日米の構想とその相互作用 1943～1952年』ミネルヴァ書房、2009年
葛谷彩『20世紀ドイツの国際政治思想——文明論・リアリズム・グローバリゼーション』南窓社、2005年
クラウゼヴィッツ、[カール・フォン]『戦争論』(上・中・下)、篠田英雄訳、岩波文庫、1968年
グレイ、コリン・S. & ジェフリー・スローン編著『地政学——地理と戦略』奥山真司訳・解説、五月書房新社、2021年
クレスマン、クリストフ『戦後ドイツ史 1945－1955——二重の建国』石田勇治、木戸衛一訳、未来社、1995年
経済企画庁編『現代日本経済の展開——経済企画庁30年史』大蔵省印刷局、1976年
ケナン、ジョージ『アメリカ外交の基本問題』松本重治編訳、岩波書店、1965年
———『危険な雲』秋山康男訳、朝日イブニングニュース社、1979年
ケナン[老]、ジョージ『シベリアと流刑制度』(Ⅰ・Ⅱ)(叢書・ウニベルシタス)左近毅訳、法政大学出版局、1996年
斉藤孝『戦間期国際政治史』岩波書店、1978年
———『ヨーロッパの一九三〇年代』岩波書店、1990年
佐々木卓也『封じ込めの形成と変容：ケナン、アチソン、ニッツェとトルーマン政権の冷戦戦略』三嶺書房、1993年
———『冷戦——アメリカの民主主義的生活様式を守る戦い』有斐閣、2011年
佐々木雄太編著『世界戦争の時代とイギリス帝国』ミネルヴァ書房、2006年
ザスラフスキー、ヴィクトル『カチンの森——ポーランド指導階級の抹殺』根岸隆夫訳、みすず書房、2010年
ザヴォドニー、J・K『消えた将校たち——カチンの森虐殺事件』中野五郎・朝倉和子訳、根岸隆夫解説、みすず書房、2012年
柴田陽一『帝国日本と地政学——アジア・太平洋戦争期における地理学者の思想と実践』清文堂出版、2016年
柴山太『日本再軍備への道——1945～1954年』ミネルヴァ書房、2010年
下斗米伸夫『アジア冷戦史』中公新書、2004年
———『モスクワと金日成——冷戦の中の北朝鮮 1945－1961年』岩波書店、2006年
———『日本冷戦史——帝国の崩壊から55年体制へ』岩波書店、2011年
ジャット、トニー『ヨーロッパ戦後史(上)1945－1971』森本醇訳、みすず書房、2008年。Tony Judt, *Postwar: A History of Europe Since 1945*, Vintage, London, 2010.
シャラー、マイケル『アジアにおける冷戦の起源——アメリカの対日占領』五味俊樹監訳、木鐸社、1996年。Michael Schaller, *The American Occupation of Japan: The Origins of the Cold War*

みすず書房、1969年
グロムイコ、アンドレイ『グロムイコ回想録——ソ連外交秘史』読売新聞社外報部訳、読売新聞社、1989年
『芦田均日記 第二巻 外相から首相へ——連合の模索と挫折』進藤栄一編纂者代表、岩波書店、1986年
ベレズホフ、ワレンチン・M『私は、スターリンの通訳だった。——第二次世界大戦秘話』栗山洋児訳、同朋社出版、1995年
ボートン、ヒュー『戦後日本の設計者——ボートン回想録』五百旗頭真監修・五味俊樹訳、朝日新聞社、1998年

著作・論文

赤木莞爾・今野茂充編著『戦略史としてのアジア冷戦』慶應義塾大学出版会、2013年
浅井良夫『戦後改革と民主主義——経済復興から高度成長へ』吉川弘文館、2001年
アプルボーム、アン『鉄のカーテン——東欧の壊滅1944－56』（上・下）山崎博康訳、白水社、2019年
網谷龍介・上原良子・中田瑞穂（編）『戦後民主主義の青写真——ヨーロッパにおける統合とデモクラシー』ナカニシヤ出版、2019年
アンドルー、クリストファー、オレク・ゴルジエフスキー『KGB の内幕——レーニンからゴルバチョフまでの対外工作の歴史』（上・下）福島正光訳、文藝春秋、1993年
五百旗頭真『米国の日本占領政策』（上・下）中央公論社、1985年
五十嵐武士『対日講和と冷戦——戦後日米関係の形成』東京大学出版会、1986年
池端雪浦他編『岩波講座 東南アジア史 8 国民国家形成の時代』岩波書店、2002年
石井明『中ソ関係史の研究、1945－1950』東京大学出版会、1990年
市川浩『ソ連核開発全史』ちくま新書、2022年
井村喜代子（北原勇協力）『大戦後資本主義の変質と展開——米国の世界経済戦略のもとで』有斐閣、2016年
入江昭『二十世紀の戦争と平和』（増補版）東京大学出版会、2000年
ウェスタッド、O・A.『グローバル冷戦史——第三世界への介入と現代世界の形成』佐々木雄太監訳、小川浩之、益田実、三須拓也、三宅康之、山本健訳、名古屋大学出版会、2010年
————『冷戦——ワールド・ヒストリー』（上・下）益田実監訳、山本健・小川浩之訳、岩波書店、2020年
ヴォルコゴーノフ、ドミートリー『勝利と悲劇——スターリンの政治的肖像』（上・下）生田真司訳、朝日新聞社、1992年
ウラム、アダム B.『膨脹と共存——ソヴエト外交史』（1～3）鈴木博信訳、サイマル出版会、1978～79年
大木毅『独ソ戦——絶滅戦争の惨禍』岩波新書、2019年
大野直樹『冷戦下 CIA のインテリジェンス——トルーマン政権の戦略策定過程』ミネルヴァ書房、2012年
小此木政夫『朝鮮戦争』中央公論社、1986年
小野沢透『幻の同盟（上）冷戦初期アメリカの中東政策』名古屋大学出版会、2016年
粕谷祐子編著『アジアの脱植民地化と体制変動——民主制と独裁の歴史的起源』白水社、2022年
カミングス、ブルース『朝鮮戦争の起源 2 1947年－1950年——「革命的」内戦とアメリカの覇権』（上・下）鄭敬謨・林哲・山岡由美訳、明石書店、2012年
カレール＝ダンコース、H『ソ連邦の歴史 II スターリン——秩序と恐怖』志賀亮一訳、新評論、1985年
河合秀和『チャーチル——イギリス現代史を転換させた一人の政治家』（増補版）中公新書、1998年

論文、ワーキングペーパー（極めて限定的なリスト）

Buhite, Russell D., and Hamel, Wm. Christopher, " War for Peace: The Question of An American Preventive War against the Soviet Union 1945-1955," *Diplomatic History*, Vol. 14, No. 3, (Summer 1990).

Evangelista, Matthew A., "Stalin's Postwar Army Re Appraised," *International Security*, Vol. 7, No. 3, (Winter, 1982-83).

Gaddis, John Lewis, "Containment: A Reassessment," *Foreign Affairs*, Vol. 55, No. 4, 1977

———, and Nitze, Paul, "NSC 68 and the Soviet Threat Reconsidered," *International Security*, Vol. 4, No. 4, (Spring, 1980).

Golub, Grant, "The Eagle and the Lion: Reassessing Anglo-American strategic planning and the foundations of U.S. grand strategy for World War II," *Journal of Strategic Studies*, published on line, 31 July 2022. https://www.tandfonline.com/doi/full/10.1080/01402390.2022.2104837.（2022年８月３日閲覧）

Hoffman, Stanley, "Mr. X", *The New Republic*, October 2, 1989.

Leffler, Melvyn, "The American Conception of National Security and the Beginnings of the Cold War, 1945-48," *American Historical Review*, No. 89, (April, 1984).

———, "Was the Cold War Necessary?" *Diplomatic History*, Vol. 15, No. 2 (Spring, 1991).

Mark, Eduard, "The Question of Containment: A Reply to John Lewis Gaddis," *Foreign Affairs*, Vol. 56, No. 2, 1978

———, "Revolution by Degrees: Stalin's National-Front Strategy for Europe, 1941-1947," CWIHP Working Paper, No. 31, 2001.

Messer, Robert L., "Paths Not Taken: The United States Department of State and the Alternatives to Containment, 1945-46," *Diplomatic History*, Vol. 1, No. 4, (Fall 1977).

Parrish, Scott, and Mikhail Narinsky, "New Evidence on the Soviet Rejection of the Marshall Plan, 1947: Two Reports," CWIHP Working Paper, No. 9, 1994.

Pechatnov, Vladimir O., "The Big Three after World War II: New Documents on Soviet Thinking about Post War Relations with the United States and Great Britain," CWIHP Working Paper, No. 13, 1995.

———, (Translated by, Zubok, Vladimir M.,) " "The Allies are Pressing on You to Break Your Will...": Foreign Policy Correspondence between Stalin and Molotov and Other Politburo Members, September 1945-December 1946," CWIHP Working Paper, No. 26, 1999.

Rosenberg, David Alan, "American Atomic Strategy and the Hydrogen Bomb Decision," *The Journal of American History*, Vol. 66, No. 1, June 1979.

———, "US Nuclear Stockpile 1945 to 1950," *The Bulletin of the Atomic Scientists*, Vol. 38, No. 5, May 1982.

———, "The Origins of the Overkill: Nuclear Weapons and American Strategy, 1945-1960" in *Strategy and Nuclear Deterrence* (An International Security Reader) ed. by Steven E. Miller (Princeton University Press, Princeton, 1984).

Wells, Samuel F., Jr., "Sounding the Tocsin: NSC 68 and the Soviet Threat," I*nternational Security*, Vol. 4, No. 2, (Fall 1979).

Wright, C. Ben, "Mr. 'X' and Containment," *Slavic Review*, Vol. 35, No. 1, (March, 1976).

邦語文献

回顧録・日記

エアーズ、イーブン・A、ロバート・H・ファレル編『ホワイトハウス日記 1945－1950――トルーマン大統領とともに』宇佐美滋他訳、平凡社、1993年

リリエンソール、［デヴィッド］『リリエンソール 日記 III 原子力の時代』末田守・今井隆吉訳、

Tarling, Nicholas, *Britain, Southeast Asia and the Onset of the Cold War, 1945-1950*, Cambridge, U. P., Cambridge, 1998.
Taubman, William, *Stalin's American Policy: From Entente to Détente to Cold War*, W. W. Norton, New York, 1982.
Thomas, Hugh, *Armed Truce: The Beginnings of the Cold War, 1945-46*, Hamish Hamilton, London, 1986.
Tismaneanu, Vladimir, (ed.), *Stalinism Revisited: The Establishment of Communist Regimes in East-Central Europe*, Central European U. P., Budapest, 2009.
Trachtenberg, Marc, *A Constructed Peace: The Making of the European Settlement, 1945-1963*, Princeton U. P., Princeton, 1999.
———, *The Cold War and After: History, Theory, and the Logic of International Politics*, Princeton U. P., Princeton, 2012.
Travis, Frederick F., *George Kennan and the American-Russian Relationship 1865-1924*, Ohio U. P., Athens, 1990.
Truman, Margaret, *Harry S. Truman*, Pocket Books, New York, 1974.
Waldron, Arthur (ed. and with an introduction and notes), *How the Peace was Lost: the 1935 Memorandum, Developments Affecting American Policy in the Far East, Prepared for the State Department by Ambassador John Van Antwerp MacMurray*, Hoover Institution Pr., Stanford, 1992. 北岡伸一監訳・衣川宏訳『平和はいかに失われたか——大戦前の米中日関係もう一つの選択肢』原書房、1997年
Walker, Jonathan, *Operation Unthinkable: The Third World War, British Plans to Attack the Soviet Empire 1945*, The History Pr., Stroud, Gloucestershire, 2013.
Westad, Odd Arne (ed.), *Brothers in Arms: The Rise and Fall of the Sino-Soviet Alliance, 1945-1963*, Woodrow Wilson Center Pr., Washington, D.C. (Stanford U. P., Stanford), 1998.
———, (ed.), *Reviewing the Cold War: Approaches, Interpretations, Theory*, Frank Cass, London, 2000.
Wiggershaus, Norbert, & Roland G. Foerster (ed.), *The Western Security Community: Common Problems and Conflicting National Interests during the Foundation Phase of the North Atlantic Alliance*, Berg Publishers, Oxford, 1993.
Williamson, Samuel F., Jr., and Steven L. Rearden, *The Origins of U.S. Nuclear Strategy, 1945-1953*, St. Martin's Pr., New York, 1993.
Wohlforth, William Curti, *The Elusive Balance: Power and Perceptions during the Cold War*, Cornell U. P., Ithaca, 1993.
Yergin, Daniel, *Shattered Peace: The Origins of the Cold War and the National Security State (1st ed.)* Penguin Books, Harmondsworth, 1980.
Young, John W., *Britain, France, and the Unity of Europe, 1945-51*, Leicester U. P., (The Pitman Press, Bath) 1984.
Young, Ken, & Warner R. Schilling, *Super Bomb: Organizational Conflict and the Development of the Hydrogen Bomb*, Cornell U. P., Ithaca, 2019.
Zaloga, Steven J., *The Kremlin's Nuclear Sword: The Rise and Fall of Russia's Strategic Nuclear Forces, 1945-2000*, Smithsonian Books, Washington, D.C., 2002.
Zametica, John, *British Officials and British Foreign Policy, 1945-50*, Leicester U. P., Leicester, 1990.
Zubok, Vladislav, and Constantine Pleshakov, *Inside the Kremlin's Cold War: From Stalin to Khrushchev*, Harvard U. P., Cambridge, MA., 1996.
Zubok, Vladislav, *A Failed Empire: The Soviet Union in the Cold War from Stalin to Gorbachev* (with a new preface by the author), the University of North Carolina Press, Chapel Hill, 2007.

Paterson, Thomas G., *Meeting the Communist Threat: Truman to Reagan,* Oxford U. P., New York, 1988.

Pogue, Forrest C., *George C. Marshall: Statesman 1945-1959,* Viking, New York, 1987.

Pollard, Robert A., *Economic Security and the Origins of the Cold War, 1945-1950,* Columbia U. P., New York, 1985.

Pons, Silvio, & Federico Romero ed., *Reinterpreting the End of the Cold War: Issues, Interpretations, Periodizations,* Frank Cass, London, 2005.

———, & Stephen A. Smith ed., *The Cambridge History of Communism Vol. I World Revolution and Socialism in One Country 1917-1941,* Cambridge U. P., Cambridge, 2017.

Powaski, Ronald E., *The Cold War: The United States and the Soviet Union, 1917-1991,* Oxford U. P., Oxford, 1998.

Rearden, Steven L., *History of the Office of the Secretary of Defense, Vol. I, The Formative Years, 1947-1950,* USGPO, Washington, D.C., 1984.

Resis, Albert, (Edited with an Introduction and Notes), *Molotov Remembers: Inside Kremlin Politics (Conversations with Felix Chuev),* Ivan R. Dee, Chicago, 1993.

Riste, Olav, ed., *Western Security: The Formative Years, European and Atlantic Defence 1947-1953,* Norwegian U. P., (Universitetsforlaget), Oslo, 1985.

Roberts, Geoffrey, *Stalin's Wars: From World War to Cold War, 1939-1953,* Yale, U. P., New Haven, 2006.

Ross, Steven, *American War Plans, 1945-1950,* Frank Cass, London, 1996.

Rotter, Andrew J., *The Path to Vietnam: Origins of the American Containment to Southeast Asia,* Cornell U. P., Ithaca, 1987.

Ruddy, T. Michael, *The Cautious Diplomat; Charles E. Bohlen and the Soviet Union, 1929-1969,* The Kent State U. P., Kent, Ohio, 1986.

Schain, Martin A. (ed.), *The Marshall Plan: Fifty Years After* (Introduction by Tony Judt), Palgrave, New York, 2001.

Schnabel, James F., *The History of the Joint Chiefs of Staff: The Joint Chiefs of Staff and National Policy, Vol. 1, 1945-1947,* Michael Glazier, Wilmington, DE., 1979.

Schwartz, Thomas Alan, *America's Germany: John J. McCloy and the Federal Republic of Germany,* Harvard U. P., Cambridge, MA, 1991.

Sherry, Michael S., *Preparing for the Next War: American Plans for Postwar Defense, 1941-45,* Yale U. P., New Haven, 1977.

Sloan, G. R., *Geopolitics in United States Strategic Policy, 1890-1987,* Wheatsheaf Books, Brighton, Sussex, 1988.

Snyder, Timothy, & Ray Brandon, *Stalin and Europe: Imitation and Domination, 1928-1953,* Oxford U. P., Oxford, 2014.

Spykman, Nicholas J., *America's Strategy in World Politics: the United States and the Balance of Power* (with A New Introduction by Francis P. Sempa), Transaction Publishers, New Brunswick, NJ., 2008. 小野圭司訳『米国を巡る地政学と戦略——スパイクマンの勢力均衡論』芙蓉書房出版、2021年

———, *The Geography of the Peace,* (ed. by Helen R. Nicholl) (with An Introduction by Frederick Sherwood Dunn), Harcourt, Brace & Com., New York, 1944. 奥山真司訳『平和の地政学——アメリカ世界戦略の原点』芙蓉書房出版、2008年

Stephanson, Anders, *Kennan and The Art of Foreign Policy,* Harvard U. P., Cambridge, MA.,1989.

Stueck, William W., Jr., *The Road to Confrontation: American Policy toward China and Korea, 1947-1950,* The University of North Carolina Pr., Chapel Hill, 1981.

Talbott, Strobe, *The Russia Hand: A Memoir of Presidential Diplomacy,* Random House, New York, 2002.

社、1977年。北村謙一訳『マハン海上権力史論』原書房、2008年
Martel, William C., *Grand Strategy in Theory and Practice: The Need for an Effective American Foreign Policy*, Cambridge U. P., Cambridge, 2015.
Mastny, Vojtech, *The Cold War and Soviet Insecurity: The Stalin Years*, Oxford U. P., Oxford, 1996. 秋野豊・広瀬佳一訳『冷戦とは何だったのか——戦後政治史とスターリン』柏書房、2000年
———, and Zhu Liqun ed., *The Legacy of the Cold War: Perspectives on Security, Cooperation, and Conflict* (Preface by Mark Kramer), Lexington Books, Lanham, Maryland, 2014.
Mayers, David, *George Kennan and the Dilemmas of US Foreign Policy*, Oxford U. P., New York, 1988.
McAllister, James, *No Exit: America and the German Problem, 1943-1954*, Cornell U. P., Ithaca, 2002.
McCoy, Donald R., *The Presidency of Harry S. Truman*, University Pr. of Kansas, Lawrence, 1984.
McCullough, David, *Truman*, Touchstone, New York, 1992.
Mcglothlen, Ronald, *Controlling the Waves: Dean Acheson and U.S. Foreign Policy in Asia*, W. W. Norton, New York, 1993.
McLellan, David S., *Dean Acheson: The State Department Years*, Dodd, Mead & Company, New York, 1976.
McMahon, Robert J., *Dean Acheson and the Creation of an American World Order*, Potomac Books, Washington, D.C., 2009.
———, (ed.), *The Cold War in the Third World*, Oxford U. P., Oxford, 2013.
Mearsheimer, John J., *The Tragedy of Great Power Politics*, W. W. Norton, New York, 2001. 奥山真司訳『大国政治の悲劇』(新装完全版) 五月書房新社、2019年
Milward, Alan S., *The Reconstruction of Western Europe 1945-51*, Methuen, London, 1984.
Miscamble, Wilson D., *George F. Kennan and the Making of American Foreign Policy, 1947-1950*, Princeton U. P., Princeton, 1992.
Mitrovich, Gregory, *Undermining the Kremlin: America's Strategy to Subvert the Soviet Bloc, 1947-1956*, Cornell U. P., Ithaca, 2000.
Murray, Williamson, Richard Hart Sinnreich, James Lacey (ed.) *The Shaping of Grand Strategy: Policy, Diplomacy, and War*, Cambridge U. P., Cambridge, 2011.
———, and Richard Hart Sinnreich (ed.), *Successful Strategies: Triumphing in War and Peace from Antiquity to the Present*, Cambridge U. P., Cambridge, 2014.
Naimark, Norman M., *The Russians in Germany: A History of the Soviet Zone of Occupation, 1945-1949*, The Belknap Pr. of Harvard U. P., Cambridge, MA, 1995.
———, & Leonid Gibianskii (ed.), *The Establishment of Communist Regimes in Eastern Europe, 1944-1949*, Westview Pr., Boulder, 1997.
———, Silvio Pons & Sophie Quinn-Judge ed., *The Cambridge History of Communism Vol. II The Socialist Camp and World Power 1941-1960s*, Cambridge U. P., Cambridge, 2017.
———, *Stalin and the Fate of Europe: The Postwar Struggle for Sovereignty*, the Belknap Pr. of Harvard U. P., Cambridge, MA, 2019.
Nation, R. Craig, *Black Earth, Red Star: A History of Soviet Security Policy, 1917-1991*, Cornell U. P., Ithaca, 1992.
Offner, Arnold A., *Another Such Victory: President Truman and the Cold War, 1945-1953*, Stanford U. P., Stanford, 2002.
Ovendale, Ritchie ed. *The English-Speaking Alliance: Britain, the United States, the Dominions and the Cold War 1945-51*, George Allen & Unwin, London, 1985.
Palmer, Michael A., *Origins of the Maritime Strategy: American Naval Strategy in the First Postwar Decade*, Naval Historical Center, Washington, D.C., 1988.

———, *Russia and the West under Lenin and Stalin,* Mentor, New York, 1961.
———, *From Prague after Munich: Diplomatic Papers, 1938-1940,* Princeton, U. P., Princeton, 1968.
———, *The Nuclear Delusion: Soviet-American Relations in the Atomic Age,* Pantheon, New York, 1983.
———, *American Diplomacy* (Expanded ed.), University of Chicago Pr., Chicago, 1984. 近藤晋一・飯田藤次・有賀貞訳『アメリカ外交50年』(増補版) 岩波書店、1986年
———, *Sketches from a Life,* Pantheon Books, New York, 1989.
———, *Around the Cragged Hill: A Personal and Political Philosophy,* W. W. Norton, New York, 1993. 関元訳『二十世紀を生きて――ある個人と政治の哲学』同文書院インターナショナル、1994年
———, *At a Century's Ending: Reflections, 1982-1995,* W. W. Norton, New York, 1996.
Kennedy-Pipe, Caroline, *Stalin's Cold War: Soviet Strategies in Europe, 1943 to 1956,* Manchester U. P., Manchester, 1995.
Kent, John, *British Imperial Strategy and the Origins of the Cold War 1944-49,* Leicester U. P., London, 1993.
Kershaw, Ian, *To Hell and Back: Europe 1914-1949,* Penguin Books, 2016.
———, *Roller-Coaster: Europe 1950-2017,* Penguin Books, 2019.
Kolko, Joyce and Gabriel Kolko, *The Limits of Power: The World and United States Foreign Policy, 1945-54,* Harper & Row, New York, 1972.
Kuniholm, Bruce R., *The Origins of the Cold War in the Near East: Great Power Conflict and Diplomacy in Iran, Turkey, and Greece* (with a New Epilogue), Princeton U. P., Princeton, 1994.
Lacey, Michael J., ed., *The Truman Presidency,* Woodrow Wilson International Center for Scholars & Cambridge U. P., Cambridge, 1989.
Lane, Ann, and Temperley, Howard, ed., *The Rise and Fall of the Grand Alliance, 1941-45,* St. Martin's Pr., New York, 1995.
Layne, Christopher, *The Peace of Illusions: American Grand Strategy from 1940 to the Present,* Cornell U. P., Ithaca, 2006.
Leffler, Melvyn P., *A Preponderance of Power: National Security, the Truman Administration, and the Cold War,* Stanford U. P., Stanford, 1992.
———, & David S. Painter ed., *Origins of the Cold War: An International History* (2nd ed.), Routledge, New York, 2005.
———, & Odd Arne Westad ed., *The Cambridge History of the Cold War, Vol. I, Origins,* Cambridge U. P., Cambridge, 2010.
———, & Odd Arne Westad ed., *The Cambridge History of the Cold War, Vol. II, Crises and Détente,* Cambridge U. P., Cambridge, 2010.
Lewis, Julian, *Changing Direction: British Military Planning for Post-war Strategic Defence, 1942-47* (2nd ed.) Frank Cass, London, 2003.
Loth, Wilfried, *Stalin's Unwanted Child: The Soviet Union, the German Question and the Founding of the GDR,* St. Martin's Pr., New York, 1998.
Lowe, Peter, *Containing the Cold War in East Asia: British Policies towards Japan, China and Korea, 1948-53,* Manchester U. P., Manchester, 1997.
Mackinder, Halford J., *Democratic Ideals and Reality* (With additional papers, ed. and with an introduction by Anthony J. Pearce), W. W. Norton, New York, 1962. 曽村保信訳『デモクラシーの理想と現実』原書房、1985年
Mahan, Alfred Thayer, *The Influence of Sea Power upon History, 1660-1783,* Dover Publications, New York, 1987. 麻田貞雄訳・解説『アメリカ古典文庫 8 アルフレッド・T・マハン』研究

Gowing, Margaret, *Independence and Deterrence: Britain and Atomic Energy, 1945-1952, Volume I, Policy Making*, Macmillan, London, 1974. 柴田治呂・柴田百合子訳『独立国家と核抑止力──原子力外交秘話』[原書2巻本の抄訳] 電力新報社、1993年
Graebner Norman A., Richard Dean Burns, and Joseph M. Siracusa, *America and the Cold War, 1941-1991: A Realist Interpretation, Vol. 1*, Praeger, Santa Barbara, 2010.
Hamby, Alonzo L., *Man of the People: A Life of Harry S. Truman*, Oxford U. P., Oxford, 1995.
Harper, John Lamberton, *American Visions of Europe: Franklin D. Roosevelt, George F. Kennan, and Dean Acheson*, Cambridge U. P., Cambridge, 1994.
Hasegawa, Tsuyoshi (ed.), *The Cold War in East Asia 1945-1991*, Woodrow Wilson Center Pr., Washington, D.C. & Stanford U. P., Stanford, 2011.
Haslam, Jonathan, *Russia's Cold War: From the October Revolution to the Fall of the Wall*, Yale U. P., New Haven, 2011.
Heer, Paul J., *Mr. X and the Pacific: George F. Kennan and American Policy in East Asia*, Cornell U. P., Ithaca, 2018.
Herken, Gregg, *The Winning Weapon: The Atomic Bomb in the Cold War*, (With a New Preface), Princeton U. P., Princeton, 1988.
Hixon, Walter L., *George F. Kennan: Cold War Iconoclast*, Columbia U. P., New York, 1989.
Hogan, Michael J., *The Marshall Plan: America, Britain, and the Reconstruction of Western Europe, 1947-1952*, Cambridge U. P., Cambridge, 1987.
————, *A Cross of Iron: Harry S. Truman and the Origins of the National Security State, 1945-1954*, Cambridge U. P., Cambridge, 1998.
Holloway, David, *Stalin and the Bomb: The Soviet Union and Atomic Energy, 1939-1956*, Yale U. P., New Haven, 1994. 川上洸・松本幸重訳『スターリンと原爆』(上・下) 大月書店、1997年
Hoopes, Townsend, & Douglas Brinkley, *Driven Patriot: The Life and Times of James Forrestal*, Alfred A. Knopf, New York, 1992.
Hopf, Ted, *Reconstructing the Cold War: The Early Years, 1945-1958*, Oxford U. P., Oxford, 2012.
Hopkins, Michael F., *Dean Acheson and the Obligations of Power*, Rowman & Littlefield, Lanham, 2017.
Imlay, Talbot C. and Monica Duffy Toft ed., *The Fog of Peace and War Planning: Military and Strategic Planning under Uncertainty*, Routledge, London, 2006.
Immerman, Richard H., & Petra Goedde ed., *The Oxford Handbook of the Cold War*, Oxford U. P., Oxford, 2013.
lsaacson, Walter, and Evan Thomas, ed., *The Wise Men: Six Friends and the World They Made*, Simon & Schuster, New York, 1986.
Jensen, Kenneth M. ed., *Origins of the Cold War: The Novikov, Kennan, and Roberts 'Long Telegrams' of 1946* (Revised ed.), United States Institute of Peace Pr., Washington, D.C., 1993.
Jian, Chen, *China's Road to the Korean War: The Making of the Sino-American Confrontation*, Columbia U. P., New York, 1994.
————, *Mao's China and the Cold War*, The University of North Carolina Pr.. Chapel Hill, 2001.
Jones, Howard, *"A New Kind of War": America's Global Strategy and the Truman Doctrine in Greece*, Oxford U. P., New York, 1989.
Judge, Edward H. and John W. Langdon, *A Hard and Bitter Peace: A Global History of the Cold War (3rd ed.)*, Rowman & Littlefield, Lanham, Maryland, 2018.
Kahin, Audrey R. & George McT. Kahin, *Subversion as Foreign Policy: The Secret Eisenhower and Dulles Debacle in Indonesia*, The New Pr., New York, 1995.
Kaplan, Lawrence S., *NATO and the United States: The Enduring Alliance*, Updated ed., Twayne Publishers, Boston, 1994.
Kennan, George F., *Russia, the Atom and the West*, Harper & Brothers, New York, 1958.

Donovan, Robert J., *Conflict and Crisis: The Presidency of Harry S Truman, 1945-1948,* W. W. Norton, New York, 1977.

———, *Tumultuous Years: The Presidency of Harry S Truman, 1949-1953,* W. W. Norton, New York, 1982.

Earle, Edward Mead (ed.), *Makers of Modern Strategy: Military Thought from Machiavelli to Hitler,* Princeton U. P., Princeton, 1943. 山田積昭・石塚栄・伊藤博邦訳『新戦略の創始者——マキアヴェリからヒトラーまで』(上・下) 原書房、2011年

Edmonds, Robin, *Setting the Mould: The United States and Britain 1945-1950,* Clarendon Pr., Oxford, 1986.

Eisenberg, Carolyn, *Drawing the Line: The American Decision to Divide Germany, 1944-1949,* Cambridge U. P., Cambridge, 1996.

Engerman, David C., Max Paul Friedman & Melani McAlister ed., *The Cambridge History of America and the World, Vol. IV, 1945 to the Present,* (General Editor, Mark Philip Bradley), Cambridge U. P., Cambridge, 2021.

Feis, Herbert, *From Trust to Terror: The Onset of the Cold War 1945-1950,* W. W. Norton, New York, 1970.

Felix, David, *Kennan and the Cold War: An Unauthorized Biography,* Transaction Publishers, New Brunswick, NJ., 2015.

Fink, Carole K., *Cold War: An International History,* (3rd ed.), Routledge, New York, 2022.

Freedman, Lawrence, & Jeffrey Michaels, *The Evolution of Nuclear Strategy* (New, Updated and Completely Revised) (4th ed.), Palgrave Macmillan, London, 2019.

Gaddis, John Lewis, *The Long Peace: Inquiries into the History of the Cold War,* Oxford U. P., New York, 1987. 五味俊樹他訳『ロング・ピース——冷戦史の証言「核・緊張・平和」』芦書房、2002年

———, *We Now Know: Rethinking Cold War History,* Oxford U. P., New York, 1997. 赤木莞爾・齊藤祐介訳『歴史としての冷戦——力と平和の追求』慶應義塾大学出版会、2004年

———, *The Strategies of Containment: A Critical Appraisal of American National Security Policy during the Cold War,* (rev. & exp., ed.) Oxford U. P., Oxford, 2005.

———, *The Cold War,* Penguin Books, London, 2005. 河合秀和・鈴木健人訳『冷戦——その歴史と問題点』彩流社、2007年

———, *George F. Kennan: An American Life,* Penguin Books, New York, 2012.

———, *On Grand Strategy,* Penguin Press, New York, 2018. 村井章子訳『大戦略論』早川書房、2018年

Gellately, Robert, *Stalin's Curse: Battling for Communism in War and Cold War,* Oxford U. P., Oxford, 2013.

Gilbert, Mark, *Cold War Europe: The Politics of a Contested Continent,* Rowman & Littlefield, Lanham, 2015.

Gillingham, John, *Coal, Steel, and the Rebirth of Europe, 1945-1955: The Germans and French from Ruhr Conflict to Economic Community,* Cambridge U. P., New York 1991.

Gimbel, John, *The Origins of the Marshall Plan,* Stanford U. P,, Stanford, 1976.

Goncharov, Sergei N., John W. Lewis, and Xue Litai, *Uncertain Partners: Stalin, Mao, and the Korean War,* Stanford U. P., Stanford, 1993.

Gordin, Michael D., *Red Cloud at Dawn: Truman, Stalin, and the End of the Atomic Monopoly,* Farrar, Straus and Giroux, New York, 2009.

Gori, Francesca, and Silvio Pons ed., *The Soviet Union and Europe in the Cold War, 1943-53,* St. Martin's Pr., New York, 1996.

Gorlizki, Yoram and Oleg Khlevniuk, *Cold Peace: Stalin and the Soviet Ruling Circle, 1945-1953,* Oxford U. P., Oxford, 2004.

Beisner, Robert L., *Dean Acheson: A Life in the Cold War,* Oxford U. P., Oxford, 2006.
Black, Cyril E., et al., *Rebirth: A History of Europe since World War II,* Westview Pr., Boulder, Colorado, 1992.
Blum, Robert M., *Drawing the Line: The Origin of the American Containment Policy in East Asia,* W. W. Norton, New York, 1982.
Borden, William S., *The Pacific Alliance: United States Foreign Economic Policy and Japanese Trade Recovery, 1947-1955,* The University of Wisconsin Pr., Madison, 1984.
Borg, Dorothy, and Waldo Heinrichs ed., *Uncertain Years: Chinese-American Relations, 1947-1950,* Columbia U. P., New York, 1980.
Botti, Timothy J., *The Long Wait: The Forging of the Anglo-American Nuclear Alliance, 1945-1958,* Greenwood Pr., New York, 1987.
———, *Ace in the Hole: Why the United States Did Not Use Nuclear Weapons in the Cold War, 1945 to 1965,* Greenwood Pr., Westport, Connecticut, 1996.
Brands, Hal, *What Good is Grand Strategy: Power and Purpose in American Statecraft from Harry S. Truman to George W. Bush,* Cornell U. P., Ithaca, 2014.
Brinkley, Douglas, ed., *Dean Acheson and the Making of U.S. Foreign Policy,* Macmillan, London, 1993.
Brown, Anthony Cave (ed.), *Operation: World War III, The Secret American Plan 'Dropshot' for War with the Soviet Union, 1957,* Arms & Armour Pr., London, 1979.
Bullock, Alan, *Ernest Bevin: Foreign Secretary, 1945-1951,* W. W. Norton, New York, 1983.
Cardwell, Curt, *NSC 68 and the Political Economy of the Early Cold War,* Cambridge U. P., Cambridge, 2011.
Carter, Donald A., *Forging the Shield: The U.S. Army in Europe, 1951-1962,* Center of Military History, U.S. Army, Washington, D.C., 2015.
Chase, James, *Acheson: The Secretary of State Who Created the American World,* Simon & Schuster, New York, 1998.
Clark, Ian and Nicholas J. Wheeler, *The British Origins of Nuclear Strategy, 1945-1955,* Clarendon Press, Oxford, 1989.
Cohen, Warren I., *The New Cambridge History of American Foreign Relations, Volume 4: Challenges to American Primacy, 1945 to the Present,* Cambridge U. P., Cambridge, 2013.
Condit, Kenneth W., *The History of the Joint Chiefs of Staff: The Joint Chiefs of Staff and National Policy, Vol. 2, 1947-1949,* Michael Glazier, Wilmington, DE.,1979.
Condit, Doris M., *History of the Office of the Secretary of Defense, Vol. II, The Test of War, 1950-1953,* USGPO, Washington, D.C., 1988.
Craig, Campbell, & Sergey Radchenko, *The Atomic Bomb and the Origins of the Cold War,* Yale U. P., New Haven, 2008.
Crockatt, Richard, *The Fifty Years War: The United States and the Soviet Union in World Politics, 1941-1991,* Routledge, London, 1994.
Deibel, Terry L., and John L. Gaddis ed., *Containment: Concept and Policy,* 2 vols, National Defense University Pr., Washington, D.C., 1986.
Deighton, Anne, ed., *Britain and the First Cold War,* (Foreword by Lawrence Freedman), St. Martin's Pr., New York, 1990.
———, *The Impossible Peace: Britain, the Division of Germany, and the Origins of the Cold War,* Clarendon Pr., Oxford, 1990.
De Santis, Hugh, *The Diplomacy of Silence: The American Foreign Service, the Soviet Union, and The Cold War, 1933-1947,* The University of Chicago Pr., Chicago, 1979
Djilas, Milovan, *Conversations with Stalin* (Translated from the Serbo-Croatian by Michael B. Petrovich), Harcourt Brace Jovanovich, New York, 1962.

外国語文献

回顧録・日記・個人文書集など

Acheson, Dean, *Present at the Creation: My Years in the State Department*, W. W. Norton, New York, 1987.

Bohlen, Charles, *Witness to History 1929-1969*, W. W. Norton, New York, 1973.

Bland, Larry I., Sharon R. Ritenour and Clarence E. Wunderlin, Jr., (ed.) *The Papers of George Catlett Marshall, Vol. 2, "We Cannot Delay," July 1, 1939-December 6, 1941*, The Johns Hopkins U. P., Baltimore, 1986.

Clifford, Clark, with Richard Holbrooke, *Counsel to the President: A Memoir*, Random House, New York, 1991.

Gladwyn, Lord, *The Memoirs of Lord Gladwyn*, Weidenfeld and Nicolson, London, 1972.

Clay, Lucius D., *Decision in Germany*, Doubleday, Garden City, NY, 1950.

Jones, Joseph M., *The Fifteen Weeks: An Inside Account of the Genesis of the Marshall Plan*, Harcourt, Brace & World, New York, 1955.

Kennan, George F., *Memoirs 1925-1950* (Paperback ed.), Pantheon Books, New York, 1983. 清水俊雄・奥畑稔訳『ジョージ・F・ケナン回顧録』(Ⅰ)(Ⅱ)中公文庫、2016〜17年

———, *Memoirs 1950-1963* (Paperback ed.), Pantheon Books, New York, 1983. 清水俊雄・奥畑稔訳『ジョージ・F・ケナン回顧録』(Ⅲ)中公文庫、2017年

———, *The Kennan Diaries*, (ed. by Frank Costigliola), W. W. Norton, New York, 2014.

Kimball, Warren, (ed. with a Commentary), *Churchill & Roosevelt: The Complete Correspondence, [Vol.] I. Alliance Emerging, October 1933-November 1942*, Princeton U. P., Princeton, 1984.

Kindleberger, Charles P., *Marshall Plan Days*, Allen & Unwin, Boston, 1987.

MacArthur, Douglas, *Reminiscences*, Da Capo Pr., New York, 1964.

Millis, Walter (ed.), *The Forrestal Diaries*, The Viking Pr., New York, 1951.

Nitze, Paul (with Ann M. Smith & Steven L. Rearden), *From Hiroshima to Glasnost: At the Center of Decision — A Memoir*, Grove Weidenfeld, New York, 1989.

Roberts, Frank, *Dealing with Dictators: The Destruction & Revival of Europe 1930-70*, Weidenfeld & Nicolson, London, 1991.

Strang, Lord, *Home and Abroad*, Andre Deutsch, London, 1956.

———, *The Diplomatic Career*, Andre Deutsch, London, 1962.

Truman, Harry S., *Memoirs of Harry S. Truman, Vol. 2., Years of Trial and Hope, 1946-52* (Paperback ed.) Da Capo Pr., New York, 1986.

著作

Aldrich, Richard J., ed., *British Intelligence, Strategy and the Cold War, 1945-51*, Routledge, London, 1992.

Art, Robert J., *A Grand Strategy for America*, Cornell U. P., Ithaca, 2003.

Bark, Denis L., & David R. Gress, *A History of West Germany (1) From Shadow to Substance, 1945-1963*, Basil Blackwell, Oxford, 1989.

Barker, Elisabeth, *The British between the Superpowers, 1945-50*, Macmillan, London, 1983.

Baxter, Christopher, *The Great Power Struggle in East Asia, 1944-50: Britain, America and Post-War Rivalry*, Palgrave Macmillan, London, 2009.

Baylis, John, *The Diplomacy of Pragmatism: Britain and the Formation of NATO, 1942-1949*, Macmillan, London, 1993.

———, *Ambiguity and Deterrence: British Nuclear Strategy, 1945-1964*, Clarendon Press, Oxford, 1995.

Behrman, Greg, *The Most Noble Adventure: The Marshall Plan and How America Helped Rebuild Europe*, Free Pr., New York, 2007.

外務省『日本外交文書 占領期 関係調書集』白峰社、2019年
外務省『日本外交文書 サンフランシスコ平和条約準備対策』外務省、2006年
太田勝洪、袖井林二郎、山本満（編）『冷戦史資料選――東アジアを中心として』法政大学現代法研究所、1982年
茂田宏・小西正樹・倉井高志・川端一郎編訳『戦後の誕生――テヘラン・ヤルタ・ポツダム会談全議事録』中央公論新社、2022年
歴史学研究会編『世界史史料 11 二〇世紀の世界 II』岩波書店、2012年

マイクロフィルム

Claussen, Martin P.. *State-War-Navy Coordinating Committee and State-Army-Navy-Air Force Coordinating Committee, Case Files, 1944-1949*. Scholarly Resources, Wilmington, DE., 1977.
Kesaris, Paul, ed. *The Records of the Joint Chiefs of Staff, Part2. 1946-53.* University Publications of America, Frederick, MD., 1979.
U.S. Department of State, *Secretary of State's Memoranda of Conversation, 1947-52, Microfiche supplement to FRUS*. USGPO, Washington, D.C., 1992.

インターネット

Cold War International History Project (Woodrow Wilson International Center for Scholars)
https://www.wilsoncenter.org/program/cold-war-international-history-project
Cold War Studies at Harvard University (Harvard University, Davis Center for Russian and Eurasian Studies)
https://projects.iq.harvard.edu/coldwarstudies/home
Harry S. Truman Presidential Library
https://www.trumanlibrary.gov/
Dwight D. Eisenhower Presidential Library
https://www.eisenhowerlibrary.gov/
Parallel History Project on Cooperative Security (PHP)
https://phpisn.ethz.ch/lory1.ethz.ch/index.html

オンライン史料集（明治大学図書館）

Cold War Intelligence (Brill Online Primary Sources).
Country Intelligence Reports/ State Department's Bureau of Intelligence and Research Reports Japan (1941-1961) (Gale Primary Sources).
Country Intelligence Reports/ State Department's Bureau of Intelligence and Research Reports USSR (1941-1961) (Gale Primary Sources).
US Declassified Documents Online (Gale Primary Sources).
US Intelligence on Asia, 1945-1991 (Brill Online Primary Sources).
US Intelligence on Europe, 1945-1995 (Brill Online Primary Sources).
Declassified Documents Online: Twentieth Century British Intelligence (Gale Primary Sources).

事典

Cook, Chris, & John Paxton, *European Political Facts 1900-1996*, (4th ed.), Macmillan, London, & St. Martin's Pr., New York, 1998.
Findling, John E., *Dictionary of American Diplomatic History* (2nd ed., Revised and Expanded), Greenwood Pr., New York, 1989.
Smith, Joseph, & Simon Davis, *Historical Dictionary of the Cold War*, (2nd ed.), Rowman & Littlefield, Lanham, Maryland, 2017.

U.S. Department of State, *Documents on Germany, 1944-1985*, USGPO, Washington, D.C., 1985.
U.S. Department of State, *A Decade of American Foreign Policy: Basic Documents, 1941-1949* (Revised Edition), USGPO, Washington, D.C., 1985.
U.S. Department of State, *Committee of European Economic Cooperation: General Report*, USGPO, Washington, D.C., 1947.
U.S. Department of State, *Postwar Foreign Policy Preparation, 1939-1945*, USGPO, Washington, D.C., 1949.
[U.S.] The President's Committee on Foreign Aid, *European Recovery and American Aid*, USGPO, Washington, D.C., 1947
U.S. Department of State, *The State Department Policy Planning Staff Papers, 1947-1949*. 3 vols. (Anna K. Nelson ed. with a Foreword by George F. Kennan). Garland, New York, 1983.
U.S. Department of State, *The Foreign Relations of the United States [FRUS], The Conferences at Malta and Yalta, 1945*, USGPO, Washington D.C., 1955.
U.S. Department of State, *The Foreign Relations of the United States, The Conference of Berlin (The Potsdam Conference),1945*, 2vols. USGPO, Washington D.C., 1960.
U.S. Department of State, *The Foreign Relations of the United States, 1945*, 9 vols., USGPO, Washington D.C., 1967-69.
U.S. Department of State, *The Foreign Relations of the United States, 1946*, 11 vols., USGPO, Washington D.C., 1969-72.
U.S. Department of State, *The Foreign Relations of the United States, 1947*, 8 vols., USGPO, Washington D.C., 1971-73.
U.S. Department of State, *The Foreign Relations of the United States, 1948*, 9 vols., USGPO, Washington D.C., 1972-76.
U.S. Department of State, *The Foreign Relations of the United States, 1949*, 9 vols., USGPO, Washington D.C., 1974-78.
U.S. Department of State, *The Foreign Relations of the United States, 1950*, 7 vols., USGPO, Washington D.C., 1976-80.
U.S. Department of State, *The Foreign Relations of the United States, 1951*, 7 vols., USGPO, Washington D.C., 1977-85.
U.S. Department of State, *The Foreign Relations of the United States, 1952-54*, 16 vols., USGPO, Washington D.C., 1979-89.
U.S. Department of State, *The Foreign Relations of the United States, 1945-50: Emergence of The Intelligence Establishment*, USGPO, Washington D.C., 1996.
[UK] Her Majesty's Stationary Office (HMSO), *Documents on British Policy Overseas [DBPO], Series I, Vol. I (with microfiche supplement) The Conference at Potsdam, July-August 1945*, HMSO, London, 1984.
[UK] Her Majesty's Stationary Office (HMSO), *Documents on British Policy Overseas [DBPO], Series II, Volume II (with microfiche supplement) The London Conferences: Anglo-American Relations and the Cold War Strategy, January-June 1950*, HMSO, London, 1987.
[UK] Her Majesty's Stationary Office (HMSO), *Documents on British Policy Overseas [DBPO], Series I, Vol. V (with microfiche supplement) Germany and Western Europe, 11 August-31 December 1945*, HMSO, London, 1990.
[UK] Her Majesty's Stationary Office (HMSO), *Documents on British Policy Overseas [DBPO], Series II, Volume IV (with microfiche supplement) Korea, June 1950-April 1951*, HMSO, London, 1991.
Hyam, Ronald ed., *The Labour Government and the End of Empire, 1945-1951, Part II, Economics and International Relations (British Documents on the End of Empire, Series A, Volume 2)*, HMSO, London, 1992.

1952-61
Library of Congress, Washington. D.C.
Papers of Hoyt S. Vandenberg
Papers of Curtis E. LeMay
Papers of Carl Spaatz
Papers of J. Robert Oppenheimer
Papers of Paul Nitze
Papers of Averell Harriman
Seeley G. Mudd Manuscript Library, Princeton University, Princeton, New Jersey
George F. Kennan Diaries
George F. Kennan Papers
James V. Forrestal Diaries
James V. Forrestal Papers
Edward M. Earle Papers
David Lilienthal Papers
The National Archives (TNA), Kew, London
AIR 75 Marshal Sir John Slessor Papers
ADM 205 Admiralty: Office of the First Sea Lord, later First Sea Lord and Chief of the Naval Staff: Correspondence and Papers
CAB 128 Cabinet minutes
CAB 129 Cabinet memoranda
CAB 131 Defence Committee
CAB 133 Commonwealth and international conferences
DEFE 4 Chiefs of Staff minutes
DEFE 5 Chiefs of Staff memoranda and reports
DEFE 6 Report of the Joint Planning Staff
FO 371 Foreign Office Papers
FO 800 Foreign Secretary's Files, Ernest Bevin
FO 1093 Foreign Office: Permanent Under-Secretary's Department: Registered and Unregistered Papers
PREM 8 Prime Minister's Office Records, 1945-1951 (Clement Attlee)
National Security Archive, Washington, D.C.
Nuclear History Database

刊行史料

Cold War International History Project, *Bulletin, Issue 1~13* (1992~2001), Woodrow Wilson International Center for Scholars, Washington, D.C.

Etzold, Thomas H. and Gaddis, John Lewis, ed. *Containment: Documents on American Policy and Strategy, 1945-1950,* Columbia University Press, New York, 1978.

Ferrell, Robert H. (ed), *Off the Record: The Private Papers of Harry S. Truman*, Harper & Row Publishers, New York, 1980.

Ross, Graham, ed. *The Foreign Office and the Kremlin: British Documents on Anglo-Soviet Relations, 1941-45.* Cambridge U. P., Cambridge, 1984.

U.S. Congress. Senate. *The Vandenberg Resolution and the North Atlantic Treaty,* Hearings Held in Executive Session on S. Res. 239 and on Executive L. 80th Cong., 2nd sess., 1948; 81st Cong., 1st sess., 1949. Historical Series, USGPO, Washington, D.C., 1973.

U.S. Department of State, *Germany 1947-1949: The Story in Documents,* USGPO, Washington, D.C., 1950.

主要参考文献

未公刊史料

The National Archives and Record Administration (NARA), College Park, Maryland, U.S.

RG 59 Records of the Department of State

Records of the Policy Planning Staff, 1947-1953

Records Relating to State Department Participation in the Operations Coordinating Board and the National Security Council, 1947-1963 (Lot 63 D 351)

Records of the Special Assistant to the Secretary of State for Atomic Energy Matters, 1944-1952

Records of Charles E. Bohlen, 1942-1952

Records of Dean Acheson (Lot 53 D 444)

Records of the Office of European Regional Affairs

Records Relating to the North Atlantic Treaty Organization, 1947-1953 (Lot 57 D 271)

Records of the Bureau of European Affairs

Records Relating to European Defense Arrangements, 1948-1954 (Lot 55 D 258)

Decimal Files

RG 218 Records of the Joint Chiefs of Staff

Omar Bradley Papers

William Leahy Papers

RG 273 Records of the National Security Council

Mill Papers

P Papers

RG 319 Records of the Army Staff, Plans & Operations Division

RG 330 Records of the Secretary of Defense

RG 341 Records of Headquarters, U.S. Air Force

RG 353 Records of Interdepartmental and Intradepartmental Committees, Records Related to the Establishment of NATO

Harry S. Truman Presidential Library, Independence, Missouri

Papers of Harry S. Truman

President's Secretary's File (NSC Meetings)

Rose Conway Files, Papers of Mathew J. Connelly

Records of the National Security Council

Naval Aide Files, Map Room File

Papers of Dean Acheson,

Assistant Secretary and Undersecretary of State

Secretary of State, 1949-1953

Papers of Stuart Symington

Papers of Clark Clifford

Papers of George M. Elsey

Dwight D. Eisenhower Presidential Library, Abilene, Kansas

Papers of Dwight D. Eisenhower

Pre-Presidential Principal File

Papers of Alfred Gruenthur

Papers of Lauris Norstad

[Records of] White House Office, Office of the Special Assistant for National Security Affairs,

鈴木健人

明治大学情報コミュニケーション学部教授。1958年生まれ。学習院大学大学院政治学研究科博士後期課程満期退学。広島市立大学国際学部准教授などを経て現職。2016年〜18年、ロンドン大学アジア・アフリカ研究学院（SOAS）客員研究員。博士（政治学）。戦略研究学会理事。
主要著書・訳書 『米中争覇とアジア太平洋：関与と封じ込めの二元論を超えて』（共編著、有信堂高文社、2021年）、『「封じ込め」構想と米国世界戦略：ジョージ・F・ケナンの思想と行動、1931年〜1952年』（溪水社、2002年）、ジョン・L・ガディス『冷戦：その歴史と問題点』（共訳、彩流社、2007年）など。

封《ふう》じ込《こ》めの地政学《ちせいがく》
——冷戦《れいせん》の戦略構想《せんりゃくこうそう》

〈中公選書 136〉

著　者　鈴木健人《すずきたけと》

2023年3月10日　初版発行

発行者　安部順一

発行所　中央公論新社
〒100-8152　東京都千代田区大手町1-7-1
電話　03-5299-1730（販売）
03-5299-1740（編集）
URL　https://www.chuko.co.jp/

DTP　市川真樹子
地図作成　関根美有
印刷・製本　大日本印刷

©2023 Taketo SUZUKI
Published by CHUOKORON-SHINSHA, INC.
Printed in Japan　ISBN978-4-12-110137-2 C1322
定価はカバーに表示してあります。

落丁本・乱丁本はお手数ですが小社販売部宛にお送り下さい。
送料小社負担にてお取り替えいたします。

本書の無断複製（コピー）は著作権法上での例外を除き禁じられています。
また、代行業者等に依頼してスキャンやデジタル化を行うことは、たとえ個人や家庭内の利用を目的とする場合でも著作権法違反です。

中公選書　好評既刊

109
クレメント・アトリー
――チャーチルを破った男

河合秀和著

第二次大戦の勝利の立役者であるチャーチルを抑え、総選挙で圧勝したのはアトリー率いる労働党だった。現在の英国社会の基礎を築くと同時に、帝国を解体したアトリーの本格的評伝。

127
聯合艦隊
「海軍の象徴」の実像

木村　聡著

日清戦争時の臨時組織に過ぎなかった聯合艦隊は日露戦争の栄光を引っ提げ、常置されるものとなったが――。これまで海軍史の一部分でしかなかった聯合艦隊を中心に据えた初の通史。

128
分断の克服　1989-1990
統一をめぐる西ドイツ外交の挑戦

板橋拓己著

「ベルリンの壁」は崩れた。だがソ連は統一に反対、英仏が大国ドイツ復活を警戒する中、新生ドイツと新しい国際秩序はいかに創られたか。最新史料を駆使し描く。大佛次郎論壇賞受賞作。

130
矢部貞治
――知識人と政治

井上寿一著

戦争の時代、東大で政治学講座を担い、近衛文麿のブレーンとして現実政治で実践を試みた矢部。敗戦後は、よりよき民主主義を模索。言論を通じ変革を求め続けた。ある政治学者の生涯。